兒童文學的啟發式教學
運用圖畫書引導提問

Don't Leave the Story in the Book

Using Literature to Guide Inquiry in Early Childhood Classrooms

Mary Hynes-Berry 著

葉嘉青 編譯

Don't Leave the Story in the Book

Using Literature to Guide Inquiry in Early Childhood Classrooms

Mary Hynes-Berry

目次 *Contents*

PART 1 實踐與實作

PART 2 受過訓練的提問

對瑪莉・海因斯－貝莉（Mary Hynes-Berry）來說，故事就像是雞湯——能夠與其他的事物結合，讓一切變得更美妙。她源源不絕地說出在她的家庭背景中從聆聽與說故事中所獲得的收穫。同樣地，她在教室中進行口說故事的三十多年經驗，讓她學習到有力的工具性故事能夠跨越課程，激勵學習。事實證明，當瑪莉在美國艾瑞克森學院（Erikson Institute）的兒童發展研究所擔任教職，負責教師與職前教師的專業發展時，故事是她非常重要的工具。

編譯者簡介

葉嘉青

■ 教育背景
美國紐約哥倫比亞大學教育碩士
美國加州大學教育博士候選人

■ 現任
國立臺灣師範大學、輔仁大學、臺北市立大學幼兒文學與幼教
　　課程兼任講師
國立臺灣圖書館「適合寶寶看的書」評選委員
臺北市立圖書館好書大家讀「圖畫書及幼兒讀物組」評選委員
臺灣「Bookstart 閱讀起步走」推廣講師
文化部文化資產局重要民俗兒童繪本審查委員
文化部兒童文化館網站「繪本花園」動畫選書委員
文化部中小學生課外優良讀物推介評選委員
臺北市親子館巡迴輔導委員
新北市公立托育中心督導
台灣彩虹愛家生命教育協會監事
台灣彩虹愛家生命教育協會《彩虹月刊》專欄作者
香港《喜樂少年》月刊童書專欄作者

■ 曾任
行政院文建會兒童文學推廣計畫講師
國家四技二專入學考試幼保科命題委員

經國管理暨健康學院幼保科專任講師

國立臺南大學、空中大學、實踐大學兼任講師

臺北市、新北市幼稚園、托兒所評鑑委員

臺北市、新北市立圖書館說故事志工評選委員暨培訓講師

臺北市立圖書館好書大家讀「文學讀物組」評選委員

香港豐子愷圖畫書獎評審委員

信誼基金會幼兒文學獎評審委員

行政院勞委會保姆檢定醫護組監評委員

中華民國幼兒教育改革研究會總幹事

基督教青年會 YMCA 幼兒園園長

美國哥倫比亞大學醫學中心附設幼兒園教師

馬偕醫院小兒科護理師

美國惠氏藥廠、幫寶適公司、迪士尼電視頻道幼兒教養顧問

廣播節目「九點強強滾」幼教特約來賓

■ 著作及編譯作品

《從搖籃曲到幼兒文學——零歲到三歲的孩子與故事》、《幼兒文學——零歲到八歲的孩子與繪本》、《兒童文學在幼兒園中的運用——發展孩子的閱讀理解力及興趣》、《兒童文學與寫作教學——五歲到十二歲孩子的寫作指南》、《臺北市立圖書館好書指南》、《因材施教——多元智慧之光譜計畫的經驗》、《托育機構經營與管理》、《教育部適合寶寶看的書閱讀手冊》、《家庭不只是家庭》、《臺北市幼稚園教學與保育評鑑結果分析》、《零到六歲幼兒繪本的選擇與應用》等。

推薦序

幾年前我參加了瑪莉家的晚餐派對。晚餐後，我建議餐桌上所有的人說一個個人的故事，之後我問我兒子：「你最喜歡哪一個故事？」「瑪莉的！她最會說故事！她的故事很吸引我。」我的兒子自主地確認了一件大家都公認的事實：瑪莉是鎮上最會說故事的人之一，她一生中已說了超過三十年的故事。當她說故事時，不論大人小孩每個人都非常喜愛。她將你完全帶入故事中，即使故事說完了，依然久久持續在你的腦中。瑪莉在這本書裡說了一系列的故事，能夠幫助我們豐富與深入地了解幼兒教室中優質的智力工作（quality intellectual work）。

當教育者談到有關教室中優質的智力工作時，經常會使用一些專門術語，例如：「理解式的教學」（teaching for understanding）、「受過訓練的提問」（disciplined inquiry）、「建構式的學習」（constructive learning）、「批判性思考技巧」（critical thinking skills），以及「心智習慣」（habits of the mind）來指稱。在我們書架上的許多學術性作品都聚焦在這些教與學的重要問題上。這本書為我們開啟了一扇新的窗，讓我們用一種故事與童書的不同觀點來看這些問題。

在幼兒教室中，繪本與故事可說是針對教與學所能運用最有力的工具。它們涵蓋了孩子心中所關心的各種主題與問題，例如：分享、觀點取替與調皮的行為。它們幫助孩子提升在學校中所學的重要概念與技巧、相關的領域內容，例如：早期的讀寫能力、數學、科學與社會學科。它們表現出解決困難任務時的多元觀點，並且鼓勵當遇上兩難情境時，運用批判性的思考。書本及

故事將孩子從此時此地的當下中解放出來，延伸他們的想像力，並且探索許多的可能性。

書籍與故事的力量來自於它們與孩子的經驗、掙扎與夢想間的連結。有了這樣的連結，好的故事抓住了孩子的注意力，並且將正面的情緒帶入了學習的過程中。一開始故事觸動了孩子們的感覺，然後打動了孩子們好奇的心智。透過觸動情感與心智，故事以一種自然的、有意義的與持久的方式影響孩子的整個學習。

在教室裡，書籍與故事不會自動地產生優質的智力工作。智力的品質也仰賴成人──有使命與企圖心的老師和父母活化故事。為了幫助老師們將教學建立在所知道的故事基礎上，瑪莉描述了運用書本的實際方法，它們是以明確定義的教與學的原則為基礎：聚焦在孩子們的反應、思想與問題，而非只注意在故事中發生了什麼。幫助孩子們為他們自己建構故事的意義而非限制他們做單一的詮釋，並且問孩子各種不同的問題，去引發不同種類的回答。讀者們會發現瑪莉所描述的指導很容易學得與應用，每一種實務演練都是以故事來舉例說明與支持。這些故事都是瑪莉與幼兒和他們的老師相處時所發生的。

本書所呈現的實務演練都已由作者、她的同事，以及許多與瑪莉在教室中一起工作的老師及孩子共同測試過證明有效。在現今的教育環境中，教與學的優先順序受到了嚴重的影響，為了履行解釋說明的責任，教與學的焦點被擺在個別的技巧上。這些實務演練傳達出一個特殊的迫切訊息：呼求教育者看重幼兒，重視他們如何學習，傾聽他們理解的方式，並且記住孩子有潛力去創造優質、有水準的作品。

將瑪莉的書闔上時，我想到了十八世紀初中國唐代詩聖杜甫的詩：「好雨知時節，當春乃發生。隨風潛入夜，潤物細無聲。」好的書就像好

雨，以溫柔的觸碰影響孩子的情感與心智，並具有持久的影響力。這本書在你的手中也像好雨，用它豐富的故事及實用的策略滋養讀者。當你展現故事時，會引領人們發現用文學產生優質的智力工作所能帶來的美好與力量。

艾瑞克森學院

陳杰琦（*Jie-Qi Chen*）

致謝辭

如果沒有一群很棒的人數十年來與我愉快地交流、實踐想法與故事，這本書絕不可能完成。我無法一一列出每個人的名字，但是以下這些朋友和專業的同事們數十年來不斷地啟發與支持我（我無法將他們對我的友誼與他們的洞見對我的幫助區分等級，因此將他們的名字依字母順序列出）：Jie-Qi Chen（陳杰琦）、Ann Connaughton Felker、Sue Gottschall、Joan Grimbert、Dan 與 Lois Holm、Liz Hurtig、Rebeca Itzkowich、Donna Johnson、Rick Laurent、Marlene McKenzie、Gil McNamee、Basia Miller、Eleanor Nicholson、Pam Whalley，以及 Mary-O Yeager。

我深深感謝數百位和我一起快樂地說故事的孩子們。一開始是年輕時與我最小的弟弟們：Michael、TMore、Tim 和 Chris Hynes，然後是我所愛的四個兒子：Geb、Sebastien、Nico、Daniel Berry，以及他們很棒的 Hynes 家族表親，而最近則是與我親愛的孫子們：Broccoli-Headed 一家的女孩們、Mireille、Savannah、Ava、Tyra、Simone 與 Saskia Berry。我從安科納學校（Ancona School）以及芝加哥公立學校固定對這些天生的聽眾說故事中學到非常多，感謝這些學校：馬可尼小學（Marconi）、莫瑞語言學校（Murray Language Academy）、羅賓森小學（Jackie Robinson）、里維爾小學（Revere Elementary）與華德小學（James Ward）。

此外，我要感謝我所曾投入不同專業學習社群的成員們：

• 自從我們 1972 年搬到芝加哥後，我投身於芝加哥安科納學

校。在與一群很棒的同事，像是 Rona Brown、Carol Burch-Brown、Ellen Cole、Eliza Davey、Molly Day、David Dunning、Gwen Ford、Anne Goudvis、Charlotte Johnson、Annika Levy、Hannah McLaren、Jan Migaki、Bea Mitchell、Eleanor Nicholson、Pam Pifer、Mickey Sommerman、Pam Whalley、Bonnie Wishne、Mary-O Yeager 與 John Zurbrig 一起探索教與學動態過程中，我的思想成長許多。

- 「擁抱一本書」（Hug-a-Book）與許多其他計畫的夥伴們，尤其是 Sue Gottschall、Gwen Hilary、Liz Hurtig、Mary Lee、Greenfield、Lisa Ferguson、Rebeca Itzkowich 與 Donna Johnson；我也要感謝「石頭湯讀書計畫」的帶領者：Judy Avila、Mary Bartgen、Renee Henner、Peggy Johnson、Mireya Mata-Donnelly、Ontario Wilkins，以及在 Marconi、James Ward 與 Irma Ruiz 學校的所有老師與職員；「父母與嬰兒介入計畫」（Parent Infant Intervention Project, PIIP）中的 Jean Clements 與 Dorothy Kirschner；Gil McNamee 和 Le Claire Courts 的參與者；以及許多在芝加哥公立學校工作，帶給我極大激勵的專業人員，包括：Diane Asberry、Chiquita Augusto、Steve Gilbert、Heather Pogue、Julie Snyder、Veronica Thompson、Aretha Turner-Jones 與 Ginny Vaske。

- 我特別感恩 Sandra Belton，她幫助我開始成為一位自由作家，並且教了我許多生命中難能可貴的事。也謝謝 Marty Hopkins 說服了我負責 Britannica 數學計畫。

- CAN TV 做了特殊的貢獻，為芝加哥的一般民眾發聲。感謝 Barbara Popovic、Greg Boozell 與許多具有先見之明的人士。他們製作了超過五十集的說故事秀〈奇幻與童話故事〉（*Fantasies and Fairytales*），讓我從說故事的現場轉換到錄影表演，去探索用極少的道具說故事的力量。其中若沒有工作人員 Nico 與 Daniel Berry 的協助，我也無法做到。

在艾瑞克森學院中，我有許多好朋友與同事，他們在豐富我的思想方面提供了莫大的幫助。

- 萬分感謝 Debby Mantia 分享對書與故事的熱情，也感謝她透過擔任推廣教務組的主管角色，讓我參與「故事巴士」（StoryBus）的課程。也謝謝 Lou Banks 與 Dolores Kohl 基金會支持這個課程。

- 感謝「艾瑞克森早期數學」（Erikson Early Math）計畫小組，包括我們的重要研究員陳杰琦、課程負責人 Jennifer McCray，以及其他組員：Jeannine Brownwell、Lisa Ginet、Rebeca Itzkowich、Donna Johnson 與 Cody Meirick。也感謝我們的主要贊助者：CME 基金會、McCormack 基金會與美國聯邦教育部改革基金（i3）的贊助。

- 多年來大力支持與鼓勵我的教職員們，包括：Chip Donahue、Jane Fleming、Patty Horsch、Chris Maxwell、Marvell Pomeroy、Dan Scheinfeld、Chris Simons 與 Sharon Syc。我有許多傑出的學生無法逐一列出，他們都是哥倫比亞大學／艾瑞克森學院和艾瑞克森 MST 課程的一員。我非常感激能經由教導你們而教學相長。

我也十分感謝哥倫比亞教師學院出版社的 Marie Ellen Lacarda 對這個計畫整個過程的所有支持。謝謝 Frances Rust 的鼓勵，也特別謝謝 Colleen Sims，她獨到的眼光、鋒利的文筆與敏銳的理解力拯救了這本書的原稿。

最後特別要感謝的是我的家人。我自小到大從這個令人驚喜的學習社群中學到了非常多。謝謝我的父母 Emerson 與 Arleen McCarty Hynes，以及我的兄弟姊妹：Denis、Patrick、Hilary、Brigid、Peter、Michael、TMore、Timothy John、Christopher，和他們的伴侶與子孫。我無法想像生命中沒有我所愛的四個兒子，以及他們可愛的另一半和美麗的女兒們所帶來的歡樂。同樣地，我也無法想像若沒有我在明尼蘇達州的許多親朋好

友們的日子。所有我從小到現在最好的朋友，他們總是在我需要時願意支持我、批評我。除了我的父母，我要感謝其他滿足我對於故事的喜愛的重要導師，包括：Joe O'Connell、Nancy Brown、Eugene Vinaver，以及我的啟蒙老師 Leonida 修女。

接下來我要感謝我多年來的終身伴侶 Gordon「GoGo」Berry。他一生認真地研究物理，這也意味著我們有機會住在法國、瑞典與英國（他的家鄉）。我慶幸自己有機會成為一位第二語言的學習者，因此能親身體驗故事如何超越文化。或許同樣重要的是，我逐漸了解科學與文學真的不同，但我與伴侶研究的都確實是優質的智力工作，而研究的過程中總伴隨了高低起伏的學習。

每當翻閱《兒童文學的啟發式教學：運用圖畫書引導提問》（*Don't Leave the Story in the Book: Using Literature to Guide Inquiry in Early Childhood Classrooms*）時，都感到驚豔又愉快，因這本書的確是理論背景扎實、實務演練有系統又具體的絕佳教學寶典。

作者瑪莉・海因斯—貝莉（Mary Hynes-Berry）是一位兼具數十年幼兒教育研究與實務經驗的優秀教育家，她善用故事與說故事。編譯者多年前曾在紐約哥倫比亞大學修習過她開的暑期行動研究研討會，當時即被她深厚的文學素養、開放的教育觀念，以及落實將兒童文學結合各學科領域的教學法折服。很高興瑪莉能與哥倫比亞教師學院聯手，將她畢生的研究以極具文學性的表現方式呈現給讀者，其中除了以文學為基礎的教學法，對於她所推崇的艾瑞克森（Erikson）的心理社會發展理論、改革教育所提倡的多元智能（multiple intelligence）與瑞吉歐（Reggio Emilia）教學模式等教學策略也著墨不少，明確地闡釋如何將它們融合應用在革新的教育中。

書中的核心信念強調班級是一個活潑、具吸引力的學習社群，成員能得到適當的引導、自由地提問、發揮潛能、養成批判性的思考習慣與涉獵多元的學科領域，老師不僅是教學者也是一位好奇與充滿想像力的學習者。這本書每一章都是以一個瑪莉親身輔導過的例證作開始，以說故事人的角度描述在教室中使用了哪些書、哪些一系列的開放性問題，以及學生的反應與表現。每一章結束前，都會以「嘗試與應用」幫助讀者思考與反省，進而

建構自己的教學與提問。為了讓讀者以書中的研究為基礎，延伸出更多適合自己學習社群的教學，瑪莉特別在書中附錄列出了豐富優良的圖畫書清單，可以作為在職或職前老師、家長以及幼教單位有效的教學資源。

　　為了將這本書中的教學法在地化的介紹給臺灣讀者，編譯者特別邀請了「紐約蒙特梭利學校」的師生參照書中的實例與書單在臺灣的幼教環境中演練，並將教學紀錄以照片形式呈現在各章中。由衷感謝「紐約蒙特梭利學校」全體師生熱情參與實踐書中的教學法。也非常感謝慷慨提供中文版封面圖片的各家出版社，謝謝你們出版了這麼多優質的好書。出版好書不僅費時費力，也需要使命感與分享的熱情，必須特別感謝主持本書出版的林總編輯敬堯先生與林編輯汝穎小姐。由於他們的鼓勵及不辭辛勞地支持，使得編譯者能順利在心理出版社出版了一系列有關兒童文學的好書與讀者們分享，除了本書，還包括《從搖籃曲到幼兒文學——零歲到三歲的孩子與故事》、《幼兒文學——零歲到八歲的孩子與繪本》、《兒童文學在幼兒園中的運用——發展孩子的閱讀理解力及興趣》、《兒童文學與寫作教學——五歲到十二歲孩子的寫作指南》，其中年齡層涵蓋了零歲到十二歲。當然也要特別感謝願意欣賞這本書的親愛讀者們，因你們的賞析與實踐，讓這本書發揮了它不凡的意義與價值。

葉嘉青　謹識

2015 年 7 月 2 日

終生的工作

　　這本書本質上談的是一種終生的工作。這裡所討論的想法與策略在我童年時已立下，且發展至今。首先我經歷了教與學就像是一種動態關係，如果兩者在一個社群中能夠合一將發揮最好的功能。我在家中排行老三，兄弟姊妹共十人。我的小學校舍共有兩間教室，每班各有四十名學生。合作就像教與學一樣，是必要的而不是一種理論，也不是一種選項。

　　故事陪我一起長大，它是一種讓我了解世界的方法。我們的父母為我們說故事、朗讀故事。每天午餐後，老師會朗讀章節故事給我們聽。我是一個難以滿足的讀者；我和我的兄弟姊妹都很高興斯特恩斯郡（Stearns County）的流動圖書館車固定為我們提供書籍閱讀，包括了經典的章節書籍、推理小說、傳記、歷史小說，以及許多各式各樣的書。

　　我很快就成為一位說故事的人，就像我立刻成為一位讀者一樣。我為年幼的弟弟們朗讀與說故事。我說故事時，會特別製造高潮的時刻，加入一些童話故事與奇特的事實成分。

　　大約八歲時，我激動地從一位在大學主修英文的親戚處得知，我可以花我的餘生去閱讀與說故事。我立刻決定了將來要做什麼，直到現在我所做的也確實是如此。我受到中世紀文學的吸引，我的學位論文探討的是亞瑟王傳奇故事的敘述結構，觀察角色、背景、情節，以及觀點的風格與細節如何轉變意義。

　　遺憾的是，儘管我發現這個領域很有趣，事實上中古史學家

是一群極無希望的過度受教者。更複雜的原因是，我的家庭成員擴大了：從積極面來看，我可以說故事給更多的小男孩聽。我之後在兒子所就讀的安科納學校中變得很活躍，那是一所以蒙特梭利教學法為基礎的（Montessori-based）學校。我負責建立與管理一個部分時間開放的資源教室及圖書館。這似乎很自然地將我的活動範圍擴大到在幼兒園與小學的教室裡說故事。

在我十五年來每週固定進入十到十五個班級的日子裡，我比為家人說故事更刻意地挑選與準備故事。我先諮詢老師們正在進行的課程是什麼，然後研究世界各地的傳說、神話，以及民間與童話故事，並且選擇其中一些來說。它們為孩子所認知的主題與問題做了補充。

我對於說故事的方式如何精準地影響故事的意義，進而產生新的力量感到著迷。我開始熟悉民間傳說的分類工具「史提斯─湯普生索引」（Stith-Thompson Index, MacDonald, 1982, 1999），它提供了一個杜威十進制圖書分類法系統依據相關的成分，例如：角色、主旨或情節，來分類世界的民間故事、神話與傳說。我使用循環的方式說故事：每年一開始我大致會講五到六週有關「為什麼」的故事──關於地球或天體像是太陽與月亮創造的神話，或是火的由來。我也會說一些其他系列的故事，看看深入人心的童話故事類型，例如《仙度瑞拉》（Cinderella）的不同版本。有時一年中，我會花六到八週去詳述一個敘述詩般的長篇作品，包括：《伊利亞德》（Iliad）與《奧德賽》（Odyssey）；源自印度的《羅摩衍那》（Ramayana）；《貝奧武夫》（Beowulf）；《羅蘭之歌》（Song of Roland）；非洲史詩的戰士《桑迪亞塔》（Sundiata）；《吉爾迦美什》（Gilgamesh）；以及芬恩‧麥庫爾（Finn McCool）的愛爾蘭英雄故事。

我通常會和幼兒園的孩子說一個故事，對小學生說另一個故事，視孩子的發展而定。我一向保持口說故事的傳統，不論我將一個故事說幾次，

每一次說的時候總會用不同的版本，以回應每個聆聽團體中的孩子。結束時，我會提醒孩子，如果他們喜歡故事，故事就是屬於他們的——他們可以用自己的話、自己的方式說給他們自己或其他人聽。

以透明的方式說故事是什麼意思？

我察覺自己會刻意減少將說故事當作一種表演的情形。我沒有使用道具，由於缺乏音感我也不敢唱，除非是扮演反派角色。實際上，我想讓我的說故事是以一種「透明的」（淺顯易懂的）方式呈現，也就是讓故事發揮吸引聆聽者、製造出意義的美好功能。我確實也為此做足準備。當我準備好時，我會先說為什麼我會說這個特別的故事。當他們聆聽時，我可能會建議一個開放性的問題讓大家去思考。為較小的孩子說故事時，我會帶一個玩具恐龍，告訴大家：恐龍提議我對孩子們再說一次幫助他解決了一個疑問或問題的故事。對於較大的孩子，我會使用地球儀去表現某個故事如何穿越了時空與距離，直到現在故事仍然對我們說話。說完故事以後，我們會進行一個與故事相關的簡短對話。或許會用因果關係的方式將它與其他的故事做比較。有時我會提出一個計畫和老師討論，將故事與正在學習的一些主題連結在一起。

我的學術背景讓我在不加思索下自然有這樣的做法。當時我並不知道自己所做的有專門的術語，就是現今所謂的「教師行動研究」（teacher action research）。每個活動段落結束後，我都會回家整理筆記，並且仔細思考哪些對話使得相同的故事在不同的教室中產生了火花。我也會繼續追蹤哪些故事深刻地吸引孩子，以及他們重複要聽哪些故事。

隨著時間的推移，我了解到雖然我是一位好的說故事者，孩子會被我的話語吸引，但真正的原因是因為我說了「好的」故事——它們禁得起時間的考驗，因為這些故事說出了生活周遭困擾著人類的一些神祕的本質。

是什麼讓像石頭湯網狀組織這樣的計畫如此重要？

我適時將說故事擴展至幾個幼兒與家庭的讀寫能力課程中。一開始，Sue Gottschall 與「擁抱一本書」基金會（Hug-a-Book Foundation）開啟了新的方式與孩子及老師們一起探索，這種情形發生在當你將故事從書中帶出來時。多年來我與「擁抱一本書」互相合作，持續地充實增長。

然後我花了大有斬獲的六年與「石頭湯網狀組織計畫」（Stone Soup Network Project）合作，這個計畫是由安納柏格基金會（Annenberg Foundation）所資助。我十分投入於設計、指導與執行當中，在三所芝加哥學校裡的六十個教室設立了教室圖書館。我們的目標不只是用優質的兒童文學來填滿空書櫃以彰顯多樣性。我們真正的使命是在學校中建立一種「讀寫的文化」（culture of literacy），那麼孩子與他們的家人將會視閱讀與寫作為一種有意義的、吸引人的活動，並且將發展出終身讀者與寫作者的心智習慣。這個計畫包含了學校工作人員的持續專業發展，以及定期的現場諮詢與示範教學策略，使用跨課程的正宗文學。

作為網狀組織計畫的課程指導者，我每週所做的田野調查筆記就像我在安科納所做的一樣——蒐集資料、向資助者報告，以及開發講義與概念的書籍，這些都增強了我們致力促進讀寫能力的策略與信念。為了加強網狀組織社群，我們製作了週刊，並且協調讀寫能力的活動項目，將學校中與不同學校的學生、他們的家人與老師定期地集合在一起。感謝芝加哥公共電視的 call-in 秀〈熱線 21〉（Hotline 21）贊同我們的「石頭湯網狀組織」，讓學校的孩子為他們自己說出所喜愛的故事。

這個計畫令人欣喜的做法之一是，我們能一再返回相同的教室去說故事，聆聽孩子聽到了什麼，以及示範能夠連結課程目標的示範教與學策略。我在安科納的幾年偶爾會帶書進教室，現在我會有目的地選擇一些能

夠在我們所設立的教室圖書館中找到的故事。我會以我自己的話說故事，就像我一直以來所做的那樣，並且我會持續以一個為什麼我選擇某個故事的問題或資訊問題作開場。最後我會將書作展示，並且和老師一起建議一個延伸活動：我們經常會讓孩子們創作一本班刊、展覽或表演。我們的資料提供了一個壓倒性的證據，證明透過大聲朗讀介紹過的書，或者透過說故事然後延伸進入課程中的書，會變成教室圖書館最受歡迎的書。我數不清有多少孩子當我一進學校或教室時湊近我，要求我說一個幾個月或是幾年前說過的故事。他們甚至還記得細節。

再次強調，重點不是我具有說故事人的技巧。實際上好的故事會停留在孩子的腦中與心裡；故事告訴了他們所需要知道的事。優秀故事中真實的社會情緒是如此的引人入勝，會讓聆聽者問越來越多的問題。這讓故事成了學習中我們所擁有最有力的工具。

當我同意與我的母親 Sister Arleen Hynes 一起工作時，我開始了解並欣賞社會情緒的力量。我們一起合作一本有關圖書—詩歌治療的手冊，書名是《圖書—詩歌治療：互動的過程》（*Biblio-poetry Therapy: The Interactive Process,* 1984, 2011），這是一種創意的藝術治療，我母親是這領域的先鋒。手冊在 1984 年由 Westview Press 出版，並且目前持續出版。經過多年與有才氣的圖書—詩歌治療的從業人員討論，豐富了我的思考面向，了解了透過討論各種形式的文本的力量與重要性。

科學與數學如何成為故事？

創意的藝術治療與數學和科學似乎看起來相去甚遠，事實上，依據我的經驗正好相反。孩子對於他們最愛的故事相關的各種事情都想要討論。此外，更確切地說，當他們對於其中重要的社會情緒的真實性感到懷疑時，同時也對事實、邏輯性或情節的細節感到好奇：「英雄們曾經感到害

怕或困擾嗎？真的有巨人嗎？為什麼故事裡說豆莖會長成那樣？」

當我在 1990 年代早期負責為大英百科全書教育協會（Encyclopedia Britannica Educational Corporation）指導一項計畫後，我以一種不同的方式讓孩子了解了有關豆莖的問題。因為這樣，以及和一位「純科學家」同住（我的先生是一位原子物理學家），我開始進行研討會與發表會，運用書本促進數學與科學的讀寫能力，以及傳統的讀寫能力。

在 1990 年代中期，我也開始在芝加哥艾瑞克森學院的兒童發展研究所擔任副教授。近十年來，我將我的專業生涯專注在教學法的課程上，包括了聚焦在數學與科學的課程，為艾瑞克森的教師教育部門督導學生和幾個重要的專業發展（professional development, PD）計畫，包括：

- 作為「新學校計畫」（New Schools Project）的一份子，在 Patty Horsch 的指導下，我與羅賓森小學（Jackie Robinson）及里維爾小學（Revere Schools）共同促進學校的氛圍，以運用教室的架構與教學策略增加學生的成就。我和參與的艾瑞克森小組四年來的討論很寶貴地幫助我澄清了有關學習的思考。

- 為「故事巴士」（StoryBus）計畫設計課程與實施研討會，延伸我們為「擁抱一本書」所做的，特別是就認真地運用故事的方面來看。

- 最後，身為「艾瑞克森早期數學計畫」的成員之一，我真的非常喜悅能夠積極地思考基礎的數學。作為一個小組，我們發展了一整年的 PD 會議，加深了我們對於基礎數學的了解，並且用最有效的方式將它教給三百位芝加哥公立學校的幼兒園老師。

教與學帶來何種意義？

詳述我專業生涯的曲折道路，用意是要突顯這本書所描述的確實是一

種終生的工作。然而我的經驗並不是唯一的，它反映出自從人類生命開始就發生的事。無論如何，故事在人類渴求去發現我們存在的意義方面扮演了核心的角色。再者，對於學與教的基礎理解本身是相同的，我不分年齡長幼，與那些了解學與教是不可分開的人分享這個觀點。如果你不持續當一個學習者，那麼你將無法有良好的教學。

因此本書是「實踐」（praxis）的陳述：它提綱挈領略述了一系列的教學實踐，每一個策略徹底地反映出信念，以及有關教與學本質的核心哲學信仰，包括了以下四點：

- **教與學之間是動態的**——有效能的老師是終身學習者，他們的目標是去發展與促進心智的終身習慣，這將激勵他們的學生在離開教室後仍持續長久的學習。

- **理解式的教學**不是為了成果，應該是以不同的程度推動教室中所發生的所有事情。我們所學的課程如果沒有扎實的基礎知識與確實的理由，很快就會被遺忘。

- **優質的智力工作**是令人渴望的教與學動態的結果。這個術語在第二章中被定義為：「證明顯示透過受過訓練的提問，學習者會積極地投入建構式的理解中，這超越了課堂中所能學習的。」

- **學習的社群**對班級來說是一種最能發揮功能的有效方法，在其中提問透過學習者與同樣一起學習的老師的投入，而具有激勵與支持的效果。

最終，我花了三十多年的時間當一個口說故事者，直接與孩子以及在職和職前的老師一起工作，我的信念基礎是：深入探索一個豐富的故事，好讓我們能從文學的理解去發現與探索潛在的意涵，它們將故事與自我和其他文本連結，並且連結到想像的世界，這比拋出一張具有許多例子的網更有效。因此每一章會以一個個案研究作為開始，來探討一個特殊的故事

或文本在幼兒教室中如何使用，藉由這樣的方式舉例說明所聚焦的教與學問題。個案研究是透過章節來重新回顧，以幫助讀者建構出他們自己對於關鍵點的自我理解。儘管聚焦在幼兒教室，但在這個實踐中所強調的信念與策略延伸跨越了教與學的所有年齡和發展階段。

這本書如何架構而成？

本書分為兩部分：第一部分的五章是有關哲學信念的探索，它們說明了我所認同的那種練習。大部分所討論的是對讀寫能力有影響的教與學例子，包括了許多與所知的「平衡的讀寫能力」（balanced literacy）有關的實作經驗。

第一章運用《石頭湯》（*Stone Soup*）的故事傳達出老師與學習者都需要具有在教室裡進行優質的智力工作的確實經驗。每一章的個案研究都是「並行處理」（parallel processing）的例子，在其中，在職與職前老師透過身為成人新手學習者的經驗，去了解教學的實作與策略。

第二章利用經典故事《三隻小豬》（*Three Little Pigs*）來了解優質的智力工作的涵義。它的定義需要透過投入（Engage）、探索（Explore）、評量（Evaluate）的 3E，而非死記教育的 3R，積極地讓學習者熱衷於建構式的理解。

第三章介紹一本《仙度瑞拉》（*Cinderella*）的中文版本，來檢視在教與學動態中提問的本質與談話的決定性角色。本章著重在問題解決的過程如何能夠吸引全班的社群來討論開放性的問題，它是從較低層次的思考到較高層次的思考間來回移動。

第四章透過故事《阿比優優》（*Abiyoyo*）設立一個戲劇性的活動，以挖得更深，進入到遊戲的本質，而它的決定性角色在於引起提問與解決問題。這一章包含了聚焦在讀寫能力的互動教與學策略的描述。

第五章為本書的第一部分做結束，透過留意幾種《歌蒂拉克》（*Goldilocks*）的版本來設立評量文學類與知識類青少年文學品質的標準。它們對於促進優質的智力工作是非常重要的工具。

本書的第二部分著重基本的原則如何連結優質的智力工作，進入數學、科學與社會學科裡的理解性教學。儘管所舉的主要例子發生在幼兒的教室中（從幼兒園到小學三年級），有完整的證據顯示引導的提問方式適用於所有發展程度的各種領域中，而且這種方式與「真正的」專家們所使用的相似。

第六章運用了一種測量活動，它是從故事《踢踢踢踢天寶》（*Tikki Tikki Tembo*）中發展出來的。這一章檢視了聚焦在數學與數學化的重要性。取代了鑽研於算術與計數的「原本的數字」（naked numbers），更應該強調在問題的解決上，故事背後有許多數學的問題情境都能在我們的周遭發現。

第七章以一個關於為什麼太陽與月亮會在天上的西奈及利亞傳奇故事作為開始，它探索了引導式的提問在科學的教與學中的核心角色。這一章探討的是策略，就是建構式的學習，它支持美國的國家標準，將教科學視為一種問題解決的過程。

第八章探索幾本有關拼布被的圖畫書在課程融合中的情形，將社會學科深入各種學科的全面展示中。這一章注意到刻意設計的重要性，所以教與學的動態反映出了特殊的教室社群的需要、興趣與能力。

第九章使用了〈誰最強壯？〉（*Who Is the Strongest?*）的寓言故事，一探確認幼兒期的發展軌跡的重要性，以及每個人帶到學習中的個人的智力檔案的重要性。

PART 1
實踐與實作

學習社群如何能像《石頭湯》？
探索一種實踐方法

～ 例 證 ～

　　多年以來，我說著我自己版本的《石頭湯》（*Stone Soup*）故事。我回憶兒時從一本古老讀本中讀過一個北歐的故事「釘子湯」（*Nail Soup*）[1]。不論我將其說給孩子們聽，或是當作社區感恩節大餐活動的一部分，我會把故事的場景設定在目前發生國內恐怖行動，有很多難民的地方：波士尼亞、蘇丹、伊朗、阿富汗、美國德州與墨西哥的交界，或是任何貧民區。

　　我說了一個有關具破壞力的暴風雨突然來襲，一些疲倦、驚恐與互相猜忌的家庭或人們去尋找避難所，一起聚集在一個古老穀倉中的故事。只有一位跛腳的老士兵自在地與每一個人分享他極為美味的石頭湯。這個石頭湯是由一鍋沸騰的水和一顆石頭所煮成的。倘若說故事的人用「釘子」代替「石頭」真的也無妨，因為故事接下來的重點是放在人們的互動而非一樣物品上。當老士兵暢談如果他有一點這個或那個，湯可能會嚐起來更美味時，人們找出他們緊緊守護的袋子，並且為湯添加了一些馬鈴薯、紅蘿蔔、洋蔥、豆子，甚至幾根熬湯的骨頭，最後還添加了一些美味無比的鹽。故事的最後，有足夠的湯提供給每一個人喝。隔天，曾經彼此疏離的一群難民開始一起相處，願意互相信任扶持。他們都懷疑那位老士兵和他的釘子（或石頭）是不是具有魔力？

1　這個古老故事最為人知的版本之一是由凱迪克獎（Caldecott Award）得主 Marcia Brown 所繪著，但是她讓幾位士兵欺騙一位老婦人。我覺得由 Heather Forest 與 John Muth 所繪著的現代版本好很多，它傳達出合作與分享為每個人帶來回報。兩本書都有絕妙的插圖，傳達出故事的多元面向。

往往當我們討論完後，結論是合作與分享真的有一種魔法——比一根魔法棒或三個願望還要棒，因為它總能如我們所願。

對於學習社群來說什麼是湯裡的石頭？

在《石頭湯》中發現的魔法是複雜的，需要三種成分的相互作用：石頭、老士兵和群眾。將其中一項拿走，那麼你擁有的只是一個冰冷的石頭與一群疏離的個體。透過所有認為故事像高效能學習工具的人，它能產生相同的複雜性。就魔法來說，三個必需的成分是：一個豐富的故事、一位促進互動的老師或助人者，以及一個促成進一步的問題與具洞察力的學習者或聆聽者。以上三者聚在一起，在某種意義上能促進每個人的理解。

許多年前，有一個五歲大的孩子深信那顆石頭本身具有魔力。我請他協助我們其餘的人了解魔法是如何發揮功能的——它是一種魔術師的咒語，或是一種轉換的力量？「不是，」他說，「它像是媽媽放在湯裡小小棕色的東西，它綜合了各種的味道，你只要把它們煮一煮。但是它是魔法，所以你可以將它們煮成你喜歡的味道。」

在許多方面來說，孩子對故事或石頭的想法很適合比喻成是一個高湯塊，能夠依照個人的喜好改變味道。這也就是說使用一個豐富故事與石頭的重要性——它包含了所有價值的成分。這也顯示了老士兵、老師與助人者有意圖地引起評論與問題方式的重要性。在接下來的章節中，我將更精確地探索保持問題開放的策略，還會引導與聚焦在學習社群進行的提問上。

然而，當我們想像故事或文本像是一種「催化劑」時，高湯塊的比喻並不完全符合。「催化劑」在化學反應中，有時會造成改變，但它本身不會改變。同樣地，故事或文本本身也維持不變，就像是老士兵主張不斷地使用相同的石頭或釘子去煮湯一樣。是回應或過程讓每一次都有所改變，換句話說，它是促進者與學習社群間的一種互動。根據我說了數十次《石

頭湯》的經驗可以證明，每次後來發生的對話都是獨一無二的，這導致了所產生的理解與衍生的問題有細微的差異。

　　儘管如此，所有的討論都有一個常見的元素，反映出故事本身的特質，這也與催化劑的特質一致。某些物品對於某種反應是一種有效的催化劑，但與其他的成分綜合在一起時則無效。因此，當《石頭湯》很適合用來探索「分享」與「合作」的力量時，卻不是一個非常適合用來討論「憤怒」的催化劑。在稍後的章節中，我們將注意力放在關鍵性的教學決定上。它們與選擇故事有關，對於我們將特定問題帶入某一學科或跨學科的目標方面，能成為一種催化劑。

文本如何能在圖書—詩歌治療中扮演催化劑的角色？

　　當我與母親合寫一本關於「圖書—詩歌治療」（biblio-poetry therapy）——使用文學中的詩或精髓作為一種治療——的書時，[2]我開始意識到故事與石頭成為一種催化劑的複雜性。我們一起釐清當我在文學課堂裡使用文學中的詩，與她在精神科醫院的治療時段中使用的詩之間的不同。我們發現為一個人開「處方的」書單，讓他開始閱讀，並且因此洞悉他的問題是不夠的；真正的影響力是透過一種技巧性的引導式討論，讓詩或故事成為自我了解的催化劑。

　　就像其他的創意藝術治療一樣，圖書—詩歌療法是優勢導向的。課程不是以病人的問題作為開端，而是以病人對豐富文本的反應作為開始，那會促發病人將詩的影像與他們生活中的某些事物連結在一起的認知。當謹慎地促進討論繼續進行時，參與者更能深入探究他們自己的反應，以及將它們與其他參與者的並置。這樣的目標不是為了讓每個人都有單一的「正

---

2 Arleen McCarty Hynes 從 1970 到 1981 年在美國華盛頓特區聖伊莉莎白醫院（St. Elizabeth's Hospital）與 Ken Gorelick 博士擔任病人的圖書館員。她在圖書—詩歌治療的領域方面，創立了第一個訓練與認證課程。有關這種創意藝術治療的進一步細節，可參考 Hynes 與 Hynes-Berry 的著作（1984/2011）。

確答案」，而是對每個人所建構的能有充分了解。這是一個個包含了促進者與團體的互動過程，它帶出了能被治療的見解與意義（Hynes & Hynes-Berry, 1984/2011）。

我們討論了她所服務的心理疾病患者與個人成長團體的工作和我已做了十年的說故事工作之間有什麼不同。我絕對沒有在進行治療。但是，毫無疑問，我說的故事中的神奇部分具有強烈的圖書—詩歌治療成分。在有關遊戲的一章中，我會更深入探討這種特性，以及保持界線的重要性。然而，我的田野調查筆記顯示能夠強烈吸引孩子的故事，會讓他們更清楚地思考他們是誰、他們的感覺是什麼，以及他們是否是討人喜歡、有能力、有力量的，或是他們如何能以處理這些特質的方式來處理問題。

文本如何在教與學的動態中發揮催化劑的功能？

催化劑的重要性也發生於 1990 年代早期，當時 Sue Gottschall 要我參加計畫一個安納柏格學校創世基金會（Annenberg Foundation Schools Initiative）的提案。[3] 我們以「石頭湯網狀組織」（Stone Soup Network）獲得了補助；如同第三年年報中所指出的，我們覺得具暗喻效果的「石頭湯」對我們正在做的事是一個完美的比喻。

> 在成立超過三年的期間中，我們已了解我們以 Network 為名非常適合我們。石頭湯是一個有關合作與催化劑重要性的故事。「擁抱一本書」的外來夥伴，就像是故事中的老士兵一樣。他知道當大家各自孤立而沒有許多食物可以吃時，有一種可能會讓大家吃得比飽足更多的辦法，就是每個人放下隔離的界線與害怕，並且攜手合作。結果他

---

3 1990 年代早期，幾位在芝加哥獻身於幼兒教育的專家成立了一個非營利組織「擁抱一本書」（Hug-a-Book），以因應這樣的事實：許多包括了參與「先鋒計畫」（Head Start）的幼兒班級雖各有教室圖書館，但藏書量距離每個孩子平均有兩本書的標準還很遠。Sue 在組織的貢獻非常重要，沒有人會否認最大功勞應歸功於她。Sue 將她家的起居室改成書庫，參與「擁抱一本書」的老師們能夠前往選擇最適合他們班級需要與興趣的書籍。

的辦法奏效了，但他是第一個了解混合物的豐富性的人。以此作比喻，帶動起真實的讀寫能力文化的不是他，而是來自於理智、內心和參與學校的班級中所發生的事物。（Stone Soup Network, 1999）

所有我說有關催化劑的作用，僅在於強調《石頭湯》故事的深奧訊息。最豐盛的石頭湯來自於大家表現出如同一個共同體的行為。催化劑很重要，但是某人扮演老士兵去促進每個人在互動中匯集所有的成分的角色也很重要，這個互動能夠將他們一起帶向集體意識的意圖與了解。對於最好的湯來說，某些社會情緒與認知的成分都一樣重要。

當我繼續談到有關學習透過故事的交互作用與引導方式來發展的細節時，必須澄清我所說的不是有關獨立的策略或課程。我的考量是非常根本的：它與「實務演練」（praxis）這個專業用語有關，代表在某人的實務演練活動中所使用的策略，因為這些策略奠基在有關教與學特性的明確信念上。事實上，這種實務演練需要延伸石頭湯網路組織的任務，從在幼兒教室中的創意讀寫能力的文化到創意的「發問文化」。因此，總體目標是讓教室的學習社群進行優質的智力活動。促進教育的根本就是建立一種能夠讓學習被「激發或引導出來的情境」。[4]

它要求老師視自己為教室社群中的「成員」，扮演《石頭湯》中的老士兵角色。同時老師也需要來自於一個「專業的實務社群」（professional community of practice）[5] 的支持，這個程度各異的社群成員積極地彼此支

----

4 實際上，動詞「教育」（educate）源自於拉丁字，意思是建構：字首「e-」代表「ex」，意思是「出去」；字根「ducare」意思是「去引導」。「教導」（instruction）這個字也增強了這種方式：「instructus」字首「in-」代表「加上」；字根「struere」代表「堆積、建造」。另一方面，「成就」（achievement）則發出了一種結尾的信號而非一種進行的過程。追溯它語意的根源「ad caput venire」意思是「走到盡頭」。

5 Wenger（2006）定義一個「實務社群」為：「一群為了共同的興趣與熱情而聚集在一起分享的人們。透過彼此規律地互動，學習如何做得更好。」在幼兒教育中，專業的組織像是美國國家幼兒教育協會（National Association for the Education of Young Children, NAEYC）構成像這樣的社群，此外教師的研究團體也是一樣。

持，持續地發展與促進他們的能力，以反映出他們信念的方式，刻意地安排學習。

故事中有關教學的內容知識為何？

或許我們所討論的實務演練，其中最基本的核心信念就是教與學徹底地互相結合。終身學習者永遠是自己的老師，不論他們多麼年幼或非常年老。但是他們在所有的階段與年齡持續延伸的知識，許多要歸功於教導者或促進者的引導還有同儕學習者，同樣也受到探索過的文本與概念的引導。

事實證明，在引導學習者的過程中，好的老師自己總是學到更多。他們就像是終身學習者一樣，養成了深入挖掘與高度企圖心的思維習慣。這樣的實務演練啟發了他們自己持續的努力：

- 更加了解什麼樣的特殊知識（資訊或事實以及概念）與提出的問題相關，並且適合某特定學習團體的發展階段興趣。
- 一種自我澄清、了解「好的想法」（big ideas）的基本概念。這也構成了某種特殊的提問基礎；如果你對所教的不能充分理解，就無法教別人理解。
- 探索看來似乎最能有效地幫助某些特殊的學習團體產生優質智力活動的策略、結構性的課程與活動。

Schulman（1987）創造了專業用語「學科教學知能」（pedagogical content knowledge, PCK）來描述這三種成分的複雜互動：內容知識、教學策略，以及學生的需求。[6] 這些與老師所教各學科的教育有關，特別是在科學與數學領域。目前已發現它的架構對強調學習與教學的應用方面特別

---

6 「學科教學知能……代表將內容與教學法融合，以理解特定主題、問題或論點的組織方式，並且針對學習者的不同興趣與能力做調整，還有教學的呈現。學科教學知能似乎是一種最能將內容專家的理解與老師的理解做區分的方法」（Shulman, 1987, p. 4）。

有幫助，原因如下：

- 大多數的幼兒園老師發現教導孩子理解力，或去引導他們豐富的提問很困難，因為老師本身的學科知識有限。特別在某些領域，例如：數學與科學，老師或許本身抱持消極的態度，這使他們大量參考教師指導手冊，依賴直接教學法，而非考慮發展情形、評量班上孩子們的需要與興趣來設立教學目標。
- 由於老師自己對於學科內容的不確定，以及過度強調孩子的成就就是透過高度不確定的測驗來評量的，許多課堂中都無法發揮學習社群的功能。這樣的水準往往形成老師高度指導的教室，在其中很少關心孩子的參與、動機或賦予他們權利。教室的管理策略也是分等級的，強調外在的學科管理，而非孩子本身的自我管理。

根據 Chen 與 Chang（2006）的主張，「學科教學知能」方法是為了職前與在職老師訓練，所強調的「全人教師」（whole teacher）訓練與幼兒教育專家認為重要的教育全人兒童一樣。

並行處理如何促進「學科教學知能」？

強調全人教師的訓練除了代表幼兒教室的實務演練，也應該鼓舞職前與在職老師的教師發展。兩者應該促進教與學之間的動態，其崇尚孔子（Confucian）的格言：

- 如果我透過講述來教你，你可能會忘記。
- 如果我透過示範來教你，你也許會記得。
- 如果我透過吸引你去探索與評量，你將會終身為自己學習。

 ### 何謂並行處理？

每當我第一次開始進行某個研討會與簡報時，會很自然地以一個故事

與延伸的活動作為開始。尊崇艾瑞克森的其他同事們也同樣用這種方法，這可以稱之為「並行處理」（parallel processing）。老師們引入了一種能夠施行並行教育的內容知識的策略或概念，以支持他們的教室學習社群。這個策略的力量是成人學習者被故事吸引，並且運用它去解決問題。事實上，他們不僅有一個如何使用故事吸引年輕學習者解決問題的模式，他們的內心與理智都知道一個故事能夠如何吸引一個人去探索與學習。

 ## 為什麼以一個故事作為開始？

故事可能是以口說的方式完成，它也常策略性地使用一本圖畫書，使聽眾真實地投入一個讀者劇場表演中。在任何情況下，以一個故事和延伸的活動作為開始能創造一種活力，它和完全以論述或講課作為開始非常不同。以最樂觀的角度來看，「講臺上的聖人」（sage on the stage）散布教學的珍珠，觀眾或許會（也或許不會）爭先恐後地拾起，但是對於誰「擁有」知識是無庸置疑的。以最悲觀的角度來看，當教學呈現聚焦在什麼應該或什麼不應該在教室中進行時，授課與申斥之間幾乎沒有差別。相對而言，聆聽一個好的故事總是一件愉快的事，而且它是「故事」──是在文本中有關某人如何面對問題，這樣的背景距離足以讓聽眾卸下心防或自在地細看內容。通常所有的聽眾都會被故事吸引並了解內容。即使聽眾群與故事的焦點會轉移回到自己本身與他們的教學上，但去預測角色或問題情境會如何與課程主題發生關係，是一件有趣的事。

聽眾群被賦予一種學習的任務，它被設定在複雜的高層次上。意圖不是要示範老師可能在教室中如何使用這個特殊的任務，也不是利用它們去假裝或刺激孩子可能會有的反應。更確切地說，它是一個有目的的與真實的問題情境，企圖去吸引成人體驗一個新手學習者的認知不一致性。換句話說，老師要去建構自己對於某事的了解，並且也引導學生去了解。

舉例來說，我們要求成人去了解英國牧羊人的計數系統，以幫助他們了解幼兒為什麼很容易混淆反覆無常的數字名稱，以及一個數字代表的數目多少或總數（Hynes-Berry & Itzkowich, 2009）。在後續的任務報告中，研究團隊分析他們的假設與誤解，也分析了他們個人對於數學理解的程度，在他們完成任務的經驗中，可能扮演了令他們感到沮喪與突破的角色。他們也討論團體功能在學習中所扮演的角色。然後尋找介於他們的經驗，以及他們可能使用的策略間的相似處與關係，去幫助幼兒跨越學

⬆ 在說《石頭湯》前，先讓孩子討論書封與預測故事內容。

（照片提供：紐約蒙特梭利學校）

習的範圍（landscape of learning），從困惑到誤解到了解。並行處理已經被職前與在職的老師所使用，並且用在本書所討論的策略與實務演練中，包括：

- 一個有關高階層思考的專業發展課程，首先以成人團體成員進行一個經典故事的讀者劇場，例如：《歌蒂拉克》或《仙度瑞拉》，然後從成人的觀點進行問題的腦力激盪。
  - ✧ 任務報告透過檢視如何開啟或如何結束他們的問題作為開端，然後繼續分析這些問題如何引起團體來回地進行提問。

✧ 隨著他們更深入地鑽研所提出的問題與導致的思考與學習之間的關係，參與者和夥伴合作去計畫如何讓他們班上的孩子提出與回答更多開放性的問題。

• 在強調能強烈影響班級氣氛的力量方面，一位老師研究團體課程以大聲朗讀一本圖畫書作為開端。在其中，強調社會情緒的重要性在繪本的問題情況中扮演了最主要的角色。我以這種方式使用了一些書，包括 Pete Seeger 的《阿比優優》、John Burningham 的《艾德華：世界上最恐怖的男孩》（*Edwardo, the Horriblest Boy in the Whole Wide World*，中文版由阿布拉教育文化出版）、Alice Schertle 的《沿著路走》（*Down the Road*）、David Shannon 著的《小毛上學去》（*David Goes to School*，中文版由臺灣麥克公司出

◉《艾德華：世界上最恐怖的男孩》
文・圖／約翰・伯寧罕
譯者／林真美
出版／阿布拉教育文化

◉《小毛上學去》
文・圖／大衛・夏儂
譯者／歐陽菊映
出版／臺灣麥克公司

版），以及 K. W. Willis 的《先生與我》（*Mr. and Me*）中的一章。

✧ 討論聚焦在成人角色對一個孩子的錯誤與不禮貌的反應；它從文本中的文字與插畫中的身體、語言與面部表情描繪出跡象，老師研究團體考慮用什麼方式反應可能會（或可能不會）有效地幫助孩子認清或改變行為。

✧ 教師團體快速地檢視他們自己對班級氣氛與管理問題間關係的信念。他們也探索他們的學校與教室中管理規則的功能，以及是否處罰或正面的紀律比較有效。許多老師指出他們運用繪本中的問題作為與學生討論問題的開端。

 學習者與老師所做的問題解決有什麼相似處？

並行處理也會發生在教與學動態的計畫和運用過程中。一個有效的問題與研究需要老師和學習者都是問題的解決者。然而每個人面對的問題情況雖然相似，但彼此之間卻又相當個別化。

• 老師的首要任務是去安排一個真實、開放的難題或問題研究，並且讓它看來能夠被學習者成功地解決。

• 在運用的階段，當學習者在探索可能的問題解決方法時，老師須評量什麼概念或挑戰可能會對學習是種障礙，並且尋找方法以建構和促進每個孩子去體驗作為問題解決者的勝任感。

一天結束時，教室學習社群與實務演練功能的社群都處於相同的情況。某事或某人發揮催化劑的功能，讓學習者團體進行有意義的問題研究。當問題解決的過程發生，每個人都會有所學習，並且彼此互相學習。每一個人都渴望走得更遠、更深入地探索，或是繼續展開新的問題。

嘗試與應用

1 ┃描述一個你有過的教與學的經驗，它與故事中製作石頭湯的經驗類似。總之，就是曾經有某事或某人在動態互動中，發揮了催化劑的功能，導致了豐富的學習。成果不一定是學業上的，也可能是某種了解社會情緒的啟蒙，或者可能是你在某種運動或其他活動專業或技巧的增進。

2 ┃針對以下的學科，你認為自己在哪方面教學的內容知識最強或最薄弱，寫下感想：有意義的閱讀、寫作、數學、科學、社會學科。談談什麼原因可能會造成這樣的結果，包括了你在這個主題領域的勝任感、你自己的學校經驗、個人生命的影響，例如：家庭成員或你成長的環境。

CHAPTER 2

我們從《三隻小豬》學到什麼？

優質智力工作的 3E

∼ 例 證 ∼

海蒂班上二十四個一年級的學生在上英文會話課，他們學校有 97% 的學生是西班牙人。他們花了幾個星期的時間討論與進行讀寫能力的活動，探討傳統《三隻小豬》的故事，並對照不同的版本，像是 Jon Scieszka 的《三隻小豬的真實故事》（*The True Story of the Three Little Pigs*，中文版由三之三文化出版）和 Susan Lowell 的《三隻小野豬》（*The Three Little Javelinas*）。基於孩子們非常熱衷於這樣的活動，海蒂決定利用《三隻小豬》向孩子們介紹科學的方法，也就是在一個問題情境中，建立假設，發展一種測試它的實驗，最後分析結果。

◉《三隻小豬的真實故事》

　文／雍・薛斯卡

　圖／藍・史密斯

　譯者／方素珍

　出版／三之三文化公司

海蒂與孩子們討論三隻小豬的房子，以及為什麼要蓋一些夠「堅固」能抵擋強風，像是颱風、龍捲風、暴風或是一隻壞野狼吹的風的房子。她準備了許多種材料，包括冰棒棍、小樹枝、不同種類的硬紙板、塑膠與紙，也準備了不同種類的膠帶與膠水。

當和兩、三個孩子組成小團體時，在一張包括了假設、實驗、結果與評量的記錄表上記下孩子的決定後，每一個小團體有幾天的時間可以用自己所選擇的材料來蓋一間房子。

星期五時，所有的小團體都渴望了解他們蓋的房子如何「被狼測試」。他們很自豪地向一位欣賞他們所展示的作品的來賓解釋：「我們在做一個科學實驗」，另一個孩子補充：「我們做出假設，現在我們要測試它。」

在班級會議中，孩子們決定做一個公平測試，每一間房子會被兩個沒有參與建造的孩子做吹氣檢測，並且限制吹七口氣，就像是孩子七歲的數字一樣。

經過一再吐氣、吹氣與歡呼，所有的房子都通過了多次的吹氣測試，並且獲得喝采。然後孩子們一起合作完成展示在走廊上供其他班級與他們的家人賞析的報告。

孩子們準備繼續做更多有關《三隻小豬》的活動，但是海蒂提議他們現在不妨來看看另一個角色壞野狼，例如《小紅帽》（*Little Red Riding Hood*）中的大野狼，這個故事也有好幾種版本。

優質的學習是由什麼組成的？

海蒂優秀的學習活動是六十個從幼兒園到五年級班級所發展出來的活動之一，這些班級都投入了「石頭湯」掃盲行動。這些班級的老師挑選了二十本優良讀物在班上使用。這一年，我們要求老師至少要選十本民間故事與童話故事，我們都知道孩子喜歡一讀再讀。海蒂與許多老師都選擇了同一個故事的不同版本。負責輔導的督導一星期來學校一次與老師一起工作，去探索與分享這些故事能夠跨課程延伸的方法。

發生在海蒂班上的想法與計畫已遠超過在「做與拿」（make-and take）研討會中所學到的一個可愛的想法。它象徵了如何從書中吸取豐富的文本並移入孩子的心裡和腦中，以及在優質的學習與教學經驗中所產生的顯著影響。

死亡到歡樂：什麼最能引起學習的動機？

我們在有關優質的討論中反映出對有關學習意義的一些基本了解。大腦的功能遵循了一種生物的誡命：所有的學習是對「知的需求」所做的一種回應。然而，這種需求所觸發對學習的慾望涵蓋了廣大的範圍。

以一種極端的說法，需求是迫切的，一旦戰鬥或逃跑的本能被觸發了，我們所做的決定會以已知或所學有關哪種選擇能提供最佳的生還機會為基礎。我們的考量是立即性的，而且如果花太多時間在形而上學或概念的架構上，可能會殺了我們。

有時候知的需求是從文化與社會的考量發展出來的。然後我們可能被驅使發展出「好的想法」，這與過去學習一些知識與技巧一樣，它們能夠幫助我們成功地發揮作為家庭、社區與社會和文化中較大單位裡的成員的功能。同樣地，知的需求或許有社會情緒的根源——我們或許在尋找認可、成功或力量。為了過生活並獲致成功，我們學習我們所需要的。

從生到死兩極端的範圍內，人類需要從純粹與簡單的「喜悅」中去了解春天；一個人從簡單到最難的範圍中，想要且需要知道的是：

- 五歲大的孩子會因為能夠正確辨認出五十種不同的恐龍，並且了解牠們每一種喜愛的食物而感到高興。
- 對某些人來說，會因為了解自己是優秀的購物者，且具有對所有的物品都精打細算的技巧而感到極大的滿足。
- 進行奧祕的冥想活動，會鼓舞一些人的心靈。

我們不應該低估愉悅在學習中扮演的角色，愉悅讓學習能夠持久是相當自然的事。在脅迫的情況下，我們容易忘記所學。為了考試而囫圇吞棗的名字與日期，很快就會忘記。另一方面，距離我在高中生物課學「胚胎重演律」已超過四十年了，但我發現自己仍會大聲地說出那時所學的詞語，脫口而出那些音節是多麼有趣的事啊！我一面得意地笑，一面在想經過多年之後，雖然我幾乎不需要去思考或應用這些概念，但我還清楚它們的意義。

　　同樣地，我更高興了解有些所學對我個人與專業生涯有用處且有意義。某些詩句幫助我振奮與度過一天，那真是一種情緒的宣洩。對於早期的語言發展具有敏銳的覺察力讓我具有信心，我能有效地觀察與評量我所關心的孩子及照顧者。

何謂求知慾的喜悅？

　　「喜悅」（delight）一詞在這裡顯然不容許被輕率使用，它不是一種模糊或瞬間的感覺，而是意味著一種本質上有意義的滿足。當終身學習者發現或了解了某件他原來不了解的事時，會產生這樣的經驗。學習的喜悅別稱是「求知慾」（intellectual curiosity），已成為一種心智的習慣。

　　這種學習的喜悅溢出與貫穿一個人可能必須去了解某事所需的範圍。同時，具有對於什麼、為什麼與世俗和外來的來龍去脈「好奇的習慣」，或者我們可以說是一種「喜歡提問的意向」（disposition toward inquiry），意味著學習似乎具有一種本質的好處——也就是值得去做。更好的是，求知慾對於知識具有一種「魔鬼氈效應」（velcro effect），我們嚴重傾向於去接受對於自己有價值且學過的訓練的再教育。所以當罹患急症失能時，我們曾經愉悅地學習過的重要知識，會比一些只因必須而去學的事恢復得迅速許多。

Lillian Katz（2010）在她有關學習的意向討論中，談得更進一步：她暗示求知慾的意向是天生的，當我們沒有成功地去滋養這種意向時，我們便未盡到身為教育者的責任。

誰擁有學習？

事實上，這幾年大腦的研究有了非凡的進步，證實了 Katz 的推論。當知的需求回歸到在大腦最原始部分的存活本能時，愉悅觸發了更複雜的化學反應，包括了更精密的大腦功能。正面的情緒釋放出的化學成分，所知的有腦內啡與多巴胺，兩者都能刺激認知功能所在的大腦前葉。當學習者對學習的過程有正面的感覺時，他們會學習到新的事物，或更了解一些事，從中「獲益」。所有產生的腦內啡與多巴胺都會讓他們感覺良好。這種正面的意向讓學習變得較容易，並且給予學習者動機，當他們遇見困難時會繼續堅持下去。同樣地，當知識、技巧和理解與個人產生意義並發揮功能，讓學習者覺得擁有它們時，意味著這種知識往往較快移入長期的記憶，並且能被一次又一次的保留與參考。

然而，負面的意向也會產生強大的後果。當一種學習狀態觸發了負面的感覺，例如：害怕、焦慮、乏味或不喜歡，化學成分可體松（cortisol）會活躍於大腦聚焦在情緒的邊緣區域。當負面的情緒越強時，會讓大腦前葉的皮質或認知中心越難發揮功能。一個人有越多緊張的學習經驗，越無法消除負面的情緒。當成人能克服他們的情緒反應，並聚焦在學習時，孩子們仍在發展一種稱為「執行的功能」（executive function），這是一種有意識控制他們反應的能力（Sousa, 2006, 2009; Washburn, 2010）。

實際上，以上所值得討論的都歸結於一個問題：誰擁有學習？一些擁護正面訓練方法的人，例如 Alfie Kohn（1999, 2000, 2006）與 Gartrell（2003）提出了具說服力的主張，本質的回饋比起非本質的行動所誘發的

回饋更能有效地保留。Kohn 主張，打星星、打分數與行為評分表，會將孩子對於問題解決以及一個特殊主題或概念的深層理解焦點給轉移掉。他們全神貫注於得到與正在學習的事物沒什麼相關的一個甜點或一張貼紙上，而忽略了了解更多有關為什麼真的有恐龍、而龍是幻想的生物所產生的喜悅。一旦這樣的情形發生，已熟悉的事實或熟練的技巧往往很快會從短期記憶中消失，或是被深深埋藏在我們的長期記憶中。

　　同樣地，負面的結果，例如：處罰或是成人對於孩子不佳表現或行為的不認同，很少能激勵孩子學習或發展出自我管理（Sousa, 2009; Kohn, 1999）。已有良好的證據顯示，負面的學習環境很可能觸發對學校強烈的負面反應，並且導致教室的管理問題（Bowen, 2007）。[1]

能力、自信與優質的智力工作間的關係為何？

為什麼勝任感對學習來說很重要？

　　另一種說法是成功的學習者具有自信與能力的特徵，他們不僅有動機去了解，並且「他們相信自己具有學習的能力」。在 1970 年代的早期，Bandura 開始研究這個信念間強烈的相互關係，稱其為「自我效能」（self-efficacy），以及成就、學業或其他方面的程度（有關自我效能請參考 Bandura, 1997）。近幾年來，Dweck（2007）做了有關「思維模式」（mindset）在學習方面所扮演角色的重要研究。她的研究顯示，相信自己的智力是固定的那些學習者，比起那些相信自己的努力對於成功與否扮

---

1 有關學生因參與活動的正面影響而提升他們本能的學習動機的研究，可參考 Bowen 的文學評論〈學生的參與和對優質工作設計的關係〉（Student Engagement and Its Relation to Quality Work Design）。刻意地設計豐富的參與活動，涉及到一種正面的孩子／老師關係對學校成功的影響（Bowen, 2006; Hughes et al., 2008; Pianta, 2007）。有關建立正面的讚美力量的研究至少須追溯到 1980 年代（Brophy, 1988）。

演重要角色的學習者來說，表現得較不佳。終身學習者相信他們為獲得知識與技巧所做的努力，意味著可以被用來面對新的問題情形，並且合理地感到有信心能成功解決它們。

當有關這些理論的許多研究反映出較年長學習者的學習情形時，也有一個良好的研究證明從出生開始即感到自己具有能力的重要性。被忽略或疏忽的嬰兒與學步兒缺乏動機去嘗試事物，他們面臨了可怕的危機，永遠比不上那些受到鼓勵與正面回應的孩子（Bowen, 2006; Hughes, Luo, Kwok, & Loyd, 2008; Pianta, La Paro, & Hamre, 2007）。

然而，整體來說，在二十一世紀的最初十年，幼兒教室所受到的威脅提高了；在驅策之下，需越來越早測驗孩子，以評量與預測他們之後的學業成就，這種情形不適當地嚴重發展。但是更嚴重的問題就是強調測驗，並且教學是為了測驗，這完全適得其反。

就像我當農夫的親戚所證實的，重複地測量一頭豬的重量並不能讓牠變成一頭得獎的牝豬。給予學業成就的壓力，統一使用單一的評量標準，對學生和老師都會產生極高的壓力。甚至更糟的是，有關大腦的研究顯示，負面的氣氛可能會造成孩子越來越早對學校教育失去興趣的傾向，而這種傾向越早形成，就越難被改變（Williams et al., 2008; Zins et al., 2004）。

介於標準的學業成就與真正的學習之間複雜的緊張狀態，在美國與其他國家中，由來已久。如同 Diane Ravitch（2000, 2010）依年代所記載的。[2] 一個問題是，以孩子所能製造的意義和使用與應用知識的觀點來測量孩子的成功，比起標準的學業成就測驗打分數來得複雜多了。

....

2 中國的教育改革運動在二十一世紀的前十年裡受到了關注與推動，諷刺的是雖然他們的學生在國際標準的數學與科學測驗中獲得高分，但是中國的教育系統幾乎沒有產生重要的創新思想家或革新——只有模仿（Zhao, 2009）。有關美國與中國這兩個系統如何不同地看待故事的有趣評論，參考〈教導仙度瑞拉的童話：中國與美國〉（Teaching the Cinderella Fairytale: China vs. America, Tingting, 2009）。

即便如此，長久以來總有一種強烈的傳統，想要將學校變成一個促進問題解決與學習的地方。我花了超過十年的時間去評量教室裡的這些關係，運用 Newman、Lopez 與 Bryk（1998）所發展的一種架構，進行一項由安納柏格學校挑戰獎學金（Annenberg Schools Challenge Grant）計畫委託的研究，這個研究小組將焦點放在他們所稱的「真正的智力工作」（authentic intellectual work）方面。在我的研究中，我比較喜歡使用專業用語「優質的」（quality）而不用「真正的」（authentic）當作客觀的標準，去評斷從高到低的等級。

何謂優質的智力工作？

　　Newman 的研究小組主張，評量真正的學習最好的方法是看看學生們是否得到了提供的工具以勝任一種複雜的智力活動，他們會像有能力的成人一樣，被要求完成工作：「這些成人具有知識的工作方式，與學生平時在學校中具有知識的工作方式不同。這些不同顯示智力品質的標準來自於基本的知識與技巧，但也延伸超越了它們。」（Newman, Lopez, & Bryk, 1998, p. 12）他們的小組所蒐集與分析的資料包含了老師分配的作業與學生成果的樣本。

　　以 Newman（1996）較早的研究為基礎[3]，他的報告將真正的智力工作定義為具有三種要素：

3　安納柏格報告（Annenberg Report）使用了威斯康辛大學的 Newman、King 與 Secada 在聯邦基金贊助的五年研究中發展的定義，檢驗學校重組與學生成就間的連結（Newman, 1996）。遺憾的是，在芝加哥學校計畫的第一年，結果顯示活動與優質的智力工作的標準間相距很大。Philip Schlechty（2001）為智力工作定義了十種重要的品質，和這裡所使用的三種標準具有極大的相關性。Schlechty 的定義包括了：「產品焦點」（product focus）、「清楚與強制性的標準」（clear and compelling standards）、「保護不受最初失敗的不利結果所傷害」（protection from adverse consequences for initial failure）、「執行的重要性」（significance of performance）、「關係」（affiliation）、「新奇與變化」（novelty and variety）、「選擇」（choice）、「真實性」（authenticity）、「知識的組織」（organization of knowledge），以及「內容與本質」（content and substance）。

- 知識的建構。
- 徹底運用受過訓練的提問方式。
- 產生學校價值以外的討論、成果或表現。

為了剖析這些特徵，讓我們回到一年級的學生與他們的《三隻小豬》教學實驗中，並且考慮每種要素。

知識是如何建構的？

大聲朗讀完《三隻小豬》後，許多老師會問：「三隻小豬的房子中，哪一間最堅固？」這是一個封閉性的問題，只有一個正確的答案，一個非常明顯的答案，很難想像會答錯。它無法促進新的學習。

現在讓我們思考一下海蒂選擇提出的疑問：「一間房子堅固到不會被吹走的意思是什麼？」這個開放性的問題與大範圍的討論觸發了一個都市小學一年級學生的英語學習者（English Language Learners, ELL）團體透過以下的條件去省思：

- 建立一個架構，讓他們在故事與所關心的問題間產生連結：堅固的意思是什麼？
- 當學生釐清他們的想法與提出更多的問題時，提供他們一個真正的機會去解決問題。
- 證實他們是有能力與自信的學習者；孩子們能了解當老師促進討論時，她也同樣參與在問題解決的過程中。

事實上，當孩子忙碌地建構他們堅固的房子時，他們也同時在「建構他們自己的理解」，這兩者都代表堅固，也代表徹底思考和評量一個人的答案。他們都為第一個情況中真正的與優質的智力工作感到滿足。

就像是「知識的建構」（construction of knowledge）這個語詞簡單易懂一樣，真正的智力工作的概念反映出教育的建構主義哲學，它意謂學習

不是一種被動的行動，將知識集中注入或伴隨著痛苦加入學生的心智中。學習者必須在建構他（她）的理解方面是一個主動的行動者。除此之外，更確切地說，因為學習是主動的投入，製造意義的過程就「更有效能」。也就是說，它具有更長的持久力和更大的潛能朝向更進一步的理解，而不只是死記的學習。以生物化學的專業用語來說，腦內啡與多巴胺會排除可體松的負面影響。

　　建構主義來自於二十世紀前期 Vygotsky 與 Piaget 的開創性思維，並被認知理論者例如 Bruner（1992）、Katz（2010）、Katz 與 Thomas（2003），以及 Duckworth（2006）等人在二十世紀的後期加以豐富與延伸。他們將學習視為一種「本質的創意」（essentially creative）過程。這些所主張的知識或理解並不代表完全的獨特，以及之前從未有人想過或理解。我們寧可說它是創意的，透過它，我們理解了以前我們所不了解的一些事物。我們已搭起某種階梯，通往滿足我們的求知需求。如同 Piaget（1970）昭然若揭地聲明：「每一次當我們過早教孩子某些他們自己能發現的事物時，會避免孩子去創造它們，結果無法完全了解它們。」（p. 715）

　　在下一章中，我將進一步關注在建構主義理解學習的方式如何與行為主義者所抱持的本質方式不同。行為主義者主張人類與老鼠在迷宮中可以被訓練，或被回饋所約制，而發現找到正確答案或出口的方式。

 何謂受過訓練的提問？

　　如同之前我們所提的，有關是什麼讓房子變得堅固，這個問題是經過「有意圖的策劃的」（intentional）。當海蒂在規劃這個課程時，她有一些考量。

　　海蒂一年級的學生非常著迷於《三隻小豬》，並且她知道如何持續進行讀寫活動的許多方法。然而，她需要證明她的教學符合州的科學標準。

在我們的石頭湯夥伴會議與諮詢中，我們討論在一週裡只有四十分鐘可以進行科學與社會學科下，要符合這樣的要求是多麼困難。我們主張整合這些區域成為讀寫能力的角落，這不僅是一種策略，也是一種符合要求的適當做法。總之，我們注意到，讀寫能力的定義不僅是為了不同目的的讀寫能力，也包括了獲得資訊的能力。

同時，以發展來看，一年級學生的思維仍處於非常具體的時期。即使在州的科學標準中包括了「科學的方法」，如果孩子在能夠吸引他們興趣的活動全程中受到一步步的引導，也只能理解有關一個好的科學實驗的一般性原則。

這位有心的老師也將孩子的發展納入她選擇材料時的考量。她有目的地使用環保的材料，但是也選擇一些像是輕盈的硬紙板、冰棒棍、毛絨條，以及塑膠或木頭碎片等材料，容易看出孩子如何利用它們去蓋一間房子。

就像一般好老師所做的，海蒂仔細地思考，當孩子分成小團體工作時，她可以在當中使用什麼樣的問題與提示。她避免立刻就表示贊同，也避免建議孩子嘗試某些事物。取而代之，她以一種中立，但表現出感興趣的語氣與聲音，要求孩子解釋他們為什麼選擇某些材料或發展一個計畫。她讓整個程序簡單易懂，改變計畫成為過程的一部分，她也提供一塊模板讓孩子較容易預先記錄自己正在做些什麼，在某種程度上，這樣強化了他們對於過程的理解。當她使用專業用語，像是「假設」（hypothesis）時，她首先關心的是孩子是否了解它的意思，即使他們將單字錯發成「hippo-thing」。此外，仍處於英文初學者階段的孩子，也能透過他們的西班牙母語表達他們的想法。

這個經過小心策劃的活動的結構性，反映出 Newman（1996）設立的標準。他們主張一個受過訓練的提問必須做三件事情：

1. 以已知的知識為基礎，尤其是根據所討論的學科或領域

工作對象為六、七歲孩子的人都知道，這個年齡的孩子注意力很容易被概括性的問題所岔開，例如：堅固的意思是什麼。要向他們詳細說明結構必須禁得起風力，好讓他們維持提問與科學直接有關的問題。

2. 努力地探求深層而非膚淺的了解

即使孩子是具體思考的思想者，他們也能針對問題相當快速地歸納出答案，例如：「為什麼磚塊比稻草或木頭堅固？」除此，當問他們能夠促進思考的問題時，也能夠讓他們做深層一點的思考。像是問孩子：「有可能在蓋一間木頭房子時，用一種方法讓它像磚塊蓋的一樣堅固，或是更堅固嗎？」同時展示給孩子看一般隨處可見、由枝條與石頭建造的房子與小木屋的照片。換句話說，如果我們不能想出一些能夠促進孩子多問一些問題的方法，並且利用一些他們已經了解的知識去嘗試回答，會局限了他們在智力方面的好奇心與活動。

3. 透過複雜的溝通表達發現

雖然自從維多利亞時代開始，人們可能渴望年幼的學習者能同時眼觀四面、耳聽八方。但是在一個混亂的教室中，會有一些截然不同的情形發生。一種是每個孩子都沉默順從，除非他們被點到才發言；另一種是孩子積極地進行談判與澄清他們的想法。當孩子進行一種由 Newman 等人（1998, pp. 14-16）所定義的精緻化溝通（elaborated communication）時，可能需要有提示者運用內在的聲音去協助他們發展理解。要達到真正的與優質的學習往往不簡單，即使是這樣，去澄清、延伸或重新建構理解可能會讓孩子樂意參與。學習變得有活力、更積極地進行，而非只是被動地吐出正確的答案。

此外，有關於已經學了什麼的溝通，絕不僅只是口頭上的，它也包括了孩子所做的、所理解的與所感覺的，就像伴隨著討論和寫作所進行的畫畫、搭建積木、吹氣，如同在海蒂的教室中所呈現的。

什麼是超越教室之外，富有意義的討論、作品展示或表演？

參與像是蓋一間堅固房子活動的孩子或許會很欣賞自己的工作，但不需要用分數或打星星讓他們了解自己做了什麼優質的智力工作。然而，在幼兒所熟悉的教室中，舉行一些討論、作品展示或表演給其他的班級或受邀的父母觀賞是值得這麼做的，例如：展覽活動、班刊或表演。透過公開對外的慶祝儀式，獲得有意義的知識本質以及勝任感本身就是加乘的獎勵。然而，如果成果要超越教室範圍的意義，這些活動或作品則應該被含括在內，而不只局限於「最好的」。當孩子知道他們的成果將被「對外公開」，他們往往有較強的動機去克服重複單調且辛苦的工作。如果他們預先了解儀式的規則與程序，他們的動機甚至會更強。這幫助他們了解「好的工作」看來如何，以及在決定要展示什麼時，自己是否能夠投入。[4]

海蒂班上的孩子拉著其他的學生、父母和兄弟姊妹去解釋為什麼他們選擇某些材料來蓋房子，並且推測為什麼他們的設計能通過試吹的測驗時，他們的自信感與勝任感的本質回饋相當顯而易見。更棒的是，家庭成員的參與和意見顯示出，每個人都帶著新的概念與進一步去探索的問題離開。

---

4 將給孩子發言權的相同原則應用到他們的檔案資料與評量上。如果孩子參與和投入在一個計畫或工作中，很重要的是他們要全力以赴，就像是運動員要設立「個人最佳的」目標一樣。

3E 如何促進優質的智力工作？

3E 如何與 3R 做比較？

教與學的動態給予建構主義活力，尋求一個與傳統的學校教育概念完全徹底的改變。在十九世紀後期進入二十世紀，有關公立教育的強烈爭論促進了 3R——閱讀（Reading）、寫作（'Riting）與算術（'Rithmetic）。這樣的理解根深蒂固，幾乎沒有人注意到它導致了意外的結果：有人可能錯拼了 3R 中的其中兩個，但是這意外的結果並不真正屬於課程的一部分。更確切地說，他們所關心的是去產生具有熟練技巧的工作者，他們能夠快速地反應變形的 2R——「死記」（Rote）答案、「迅速」（Rapidly）發表。

- 閱讀教學強調解碼與字彙活動，這對於學習語音是一大挑戰的誦讀困難者來說是一大災難。

- 寫作除了作文，有更多包括了筆法、文法與拼音的工作，這對誦讀困難者同樣是一大災難。此外，對於精細動作技巧有困難，和母語不是英語的人來說，也是一大災難。

- 算術在小學中專門著重在數字操作的快速執行，膚淺地認同說出形狀的名稱就當作是幾何學，這對所有「數學恐慌症者」，特別是女孩（絕大部分幼兒園與國小老師是由長大成人的這些女孩所擔任）是一大災難。

到了二十世紀晚期，當科技開始支配工作場所，強烈地顯示教育必須超越 3R，此外二十世紀中更多的社會適應課程也讓許多孩子落後。[5] 顯而

---

5 有關更多美國學校教育的歷史延伸討論，以及 3R 所引導的系統應用，可參考 Ravitch（2000），特別是第一章。她告誡即使是進步運動（Progressive movement）往往也會犧牲學業的學習以作為學校教育的主要目標。

易見，1980 年代後期，大部分進入幼兒園的孩子對未來從事的職業都還無法夢想，這個事實一直維持到今天，非常像是一個人在他的職業生涯中將改換二或三種職業這個事實一樣，毫無疑問，3R 已經被轉型了：

- 「閱讀與寫作」已被歸屬於「讀寫能力」（literacy）：正當語音學戰爭還在激烈地進行時，大家已普遍同意讀寫能力的定義為「為了各種目的（包括資訊與愉悅）的閱讀與寫作」。這個定義意味著能讀寫最起碼要能「建構意義」（meaning-making）。除了解碼或拼字較機械性的方面，事實上，讀寫能力已被概括成跨學科了，所以會說成數學讀寫能力、科學讀寫能力、社會學科讀寫能力，以及音樂或藝術讀寫能力。[6]

- 同時，「算術」幾乎變成了數學字彙的一隻恐龍。當美國數學教師協會（National Council of Teachers of Mathematics, NCTM）出版他們的架構時，他們談到「數感與數字運算」作為數學的五個基本架構之一。

- 大家普遍認為背誦記憶以及重複練習與直覺反射的訓練確實有利於自動檢索出資訊。然而，最有利的方式還是當孩子能「用心感受」與他們有關的事物。[7]

在專業用語方面的改變，是一種有關學習與教學信念新的方向的反省。Galinsky（2010）在她近來受高度讚賞的一本書中定義了七種必要技巧，孩子要成為成功的成人學習者，必須熟練：集中焦點與自我控制、觀

....

6 「教育發展中心」（Education Development Center）網站的願景主張代表了目前對於讀寫能力的廣義了解：「學生同時需要一般的讀寫能力技巧與特殊內容的讀寫能力技巧，才能夠製造意義與建立理解」（www.EDG.org）。

7 參考 Willingham（2008/2009）。也參考「童年時代聯盟」（Alliance for Childhood）的 Joan Almon 與 Daniel Willingham、Justin Snider 討論有關從Jackstreet.com網站（jackstreet. com/jackstreet/WMBK.RTRoteMemorization.cfm）以 mp3 收聽的網路廣播學習的機械式記誦法的問題。

點取替、溝通、製造連結、批判性思考，以及接受挑戰與投入學習。注意這些技巧是「心智習慣」，而不是內容知識的一小片段或是熟練的背誦技巧。學校應該不只強調「成果」，而須確定孩子能夠處理與解決問題，否則他們將無法在二十一世紀找到工作。

當學科間彼此的內容不同時，跨學科與超越課程的教與學動態並不偏離：學步兒以察覺意義來探索他的世界，就像一個八十多歲的人對現今大部分有關生命起源的理論著迷一樣。

 ## 何謂投入、探索與評量？

如果我們想確認學步兒會成為好奇的八十多歲的人，無論如何，我們需要強調的是過程而非內容，並且用 3E——「投入」（Engage）、「探索」（Explore）與「評量」（Evaluate）來取代 3R 跨越學科。[8] 優質的智力工作伴隨著一個動態循環：

- **開始投入**——所有的學習以知的需求作為開始，為了實用或為了求知的喜悅。如同腦部研究所顯示的，越正面的學習者傾向於有較多急速的活動會轉移到大腦前額葉皮質的「思考」部分。較低或較來自於外力的參與行為比較看不出學習者在進行學習，因為負面的情緒會使其消沉（Immordino-Yang, 2007, 2008; Sousa, 2009）。

- **促進探索**——學習者開始系統地探索引起他（她）興趣的問題。有

---

8 生物科學課程研究（Biological Science Curriculum Study, BSCS）在主要研究者 Roger Bybee 的領導下，為建構主義發展出一種教學的模式，稱為「5E」（Five Es），包括了「參與」（Engage）、「探索」（Explore）、「解釋」（Explain）、「延伸」（Extend）與「評量」（Evaluate）。他們進一步將模式與科學教育連結（Bybee, 2006）。在我知道這個模式前的許多年，威斯康辛大學梅迪遜校區的 Thomas Romberg 博士曾討論過 3E 像是一種建構的方法。實際上，「探索」、「解釋」與「延伸」被組合成一個單獨的 E，Romberg 將它設計成「探索」。從那時起，基於很多原因，我開始使用 3E 的想法。一方面來說，用 3E 取代 3R 是一種美好的對位法，三個一組比五個一組更優雅。當「探索」被視為一種受過訓練的提問時，「解釋」與「延伸」屬於過程的一部分。就像是討論所指出的，我了解這種模式的延伸超越了課程。

效的學習使用一種受過訓練的提問，也就是探索是建立在適合主題的了解與步驟上。好的老師建構探索，為學習者提供一個鷹架。

- **發展評量**——我們仔細留意我們的探索發現了什麼：它符合我們想要了解的嗎？它夠好嗎？或是我們應該試著去得到一個甚至更好的理解與答案嗎？它引起了另一個問題，引導我們重返 3E 循環嗎？

是什麼讓「錯誤」成為有價值的第四個 E？

在對 3R 的顯著對比中，傳遞了一個正確與背誦答案的潛臺詞，3E 察覺出「錯誤」（Error）在教與學的動態中扮演了重要的角色。一方面來說，投入經常開始於認知的不一致，也就是我們了解到，我們絕不了解自己所面對的一些事，或是我們認為理所當然的事卻不是真實的，又或者是解決一個問題比我們所假設的要複雜許多。另一方面來說，如同 Dweck（2007）的研究所證實的，所有的工作調查者都了解，最棒的發現就是努力去調停許多錯誤與失策的結果。

對於一些我所知道的科學家而言，嚴格精確地顯示他們如何犯錯以及在哪裡犯錯，往往是令他們在研究中感到最滿意的階段。在一篇有關問題解決的闡述性文章中，Martinez（1998）指出：「錯誤是問題解決過程的一部分，這意味著教學者與學習者兩者都需要較為寬容。『假如沒有錯誤發生，那麼幾乎可以確定不會有問題解決發生』。」（p. 609）

換句話說，Martinez 的討論提出當孩子探索如何蓋一間堅固的房子時，他們能夠自在地使用一些試驗或嘗試錯誤。這是一個好的現象，代表他們投入優質的智力工作，它的意義超越了在教室中所能得到的。

同時，讚賞錯誤的作用，將「評量」與優質的智力工作的第三種情形做了連結，也就是為目的而做的工作超越了教室範圍。有效的評量不是「對學習者做的」一些像是隨堂測驗或期末考試，而是由「建構的學習

者」自然而然做的一些事。學習者與工作者必須決定知的需求是否有被滿足。

 計畫與引導的提問如何與學習社群產生關係？

眾所皆知的，在實行活動的過程中，使用 3E 讓學習者投入優質的智力工作是必要的。它比起直接教學和學習單自是較為麻煩，然而，運用此方法會發現計畫和實行起來都更加有趣。

它似乎也造成了更好的學習，就像 Philip Schlechty（2002）在他 WOW 因素（Working on the Work，在工作中工作）討論中的說明：越多老師致力於提供學生需要優質智力工作的活動，越可能造成學生不僅更加努力，學業表現也將會提升。

Katz 等人（Helm & Katz, 2001; Katz, 1998）大力提倡在幼兒教室中實施方案教學（project approach），也提出了類似的論證，強調優質智力工作的設計與實踐的重要性。[9] 我們很早就意識到在科學方面，引導式的提問是很有用的。

 在《三隻小豬》的計畫中，學習社群投入了什麼？

在第一章中有關並行處理的討論指出，讓教室運作得像學習社群的效能與力量。[10] 值得注意的是在《三隻小豬》計畫中，優質的工作能完成，大部分要歸功環環相扣的學習社群的投入。一方面來說，孩子能夠分享概

---

9 透過這種教育的智庫，像是「指導與課程發展協會」（Association for Supervison and Curriculum Development, ASCD）出版了許多資料，不是為了聚焦在有意義的工作效能方面提供進一步的證據（例如：Grennan, 2002），就是為了展現能夠被用在中學與小學高年級的課堂上的策略來回應這種工作。舉例來說，這種工作是 Marzano 方法的焦點（Marzano, 1992, 2007）。

10 舊金山的發展研究中心（Developmental Studies Center, http://www.devstu.org；參考 Schaps, et al., 2004）以及東北兒童基金會（Northeast Foundation for Children, Inc., http://www.responsiveclassroom.org）的回應的教室課程，在有創意與效能的學習社群中進行非常重要的工作。

念、進行錯誤分析，以及透過與他人的工作達到成功的方式都顯示，教室的運作像是一個學習社群。同時，海蒂與其他人非常感激石頭湯網狀組織建立了一個實務的社群。在他們自己的學校場所中，同事間的延伸討論與分享就像是其他網路組織學校所支持與延伸他們的理解，以及增加他們的能力去設計根植於優質的兒童文學的豐富課程一樣。

幼兒園到三年級教室裡優質的智力工作看起來像什麼？

一位好老師促進優質的智力工作就像是第三隻小豬，慎重地採用 Schectly 的 WOW 因素。老師所設立的任務超出了文本，提出了一個引人注目的問題，學習者能更深入地進行問題解決，並且最後會成為他們的建構理解能力。

一位較缺乏技巧的老師在文本中發現了一些吸引人之處，並且產生了一個想法，這是「可愛的」想法而不需要豐富的思考或學習。最終，像是一間草率蓋成的稻草房，屬於最低的等級，僅有一個「表面的」企圖去連結文本與活動；同時，學習者被給予一個封閉性的問題，那除了為了成績所提供的資料外，具有極少的意義或目標。表 2.1 將在教室中看來「可愛的想法」（cute ideas）與「好的想法」（big ideas）做一比較。

如何將施行變成實踐？

在海蒂的班上，投入活動的一年級學生將焦點放在蓋他們的堅固房子上，並未察覺他們的活動可能會如何反映出學術的理論與研究。同樣地，海蒂自己無意識地進行建構一個活動（這個活動或許能夠以它如何反映 Piaget 與 Vygotsky 的哲學被分析），也沒有一項一項檢核她的課程如何

適切地符合 Newman [11] 或 Schlecty 的優質智力工作形式的標準。

表 2.1 「可愛的想法」活動 vs.「好的想法」的優質智力工作

「可愛的想法」活動	「好的想法」的優質智力工作
一次完成的計畫或活動，具有： ● 鬆散或與其他課程計畫毫無連結性。 ● 活動或計畫沒有明確的介紹或架構，明確的學習目標在腦海中。 ● 促進活動中的算術技巧，而非處理技巧。 ● 對活動有所限制，或是活動對未來的學習與思考未能發揮反思或延伸的作用。	計畫或活動被仔細地建構，具有： ● 與其他學科學習間的特定連結。 ● 活動的介紹（預期的形式）很確切地與學習目標相關，並且吸引孩子「投入」。 ● 所提供的幫助鼓勵了孩子的處理資料技巧、組織技巧以及數理邏輯技巧。 ● 確切的討論與某種程度的「公開」，幫助孩子加深他們的思考與理解能力，並且反思他們所學的。
計畫或活動也許是 ●「高度的教師導向」： 老師或許提供明確的方向或做了許多的準備與介入，以至於在成人的眼中完成的計畫都「看起來很美好」。 ●「兒童導向」： 雖然提供孩子材料，但只允許他們在極少或沒有活動的架構下「富創意的、到處玩、做他們想做的事」。	計畫或活動為孩子們提供一個機會： ● 將一個特定的概念與理解當作一個「受過訓練的提問」來「探索」，但是提供孩子自由去呈現他們自己的陳述與解決方法。 ● 為團體與他們自己做評量或彙報，了解他們已學到了什麼，以及他們認為自己的工作有什麼意義。

---

11 海蒂在「分享會議」（Sharing Session）中介紹了她的活動，之後 Newman 等人（1998）發表了他們的立場聲明報告。「石頭湯網狀組織」還未審理這項研究的訴求，而我們的組織也還未納入這個研究或所屬單位中。

也就是說，當海蒂與其他有效能的老師將一本好的書以絕佳的方式運用到一個活動中，並不是因為閱讀完理論而去照樣做。情形比較像是這些好老師本身就是終身學習者，並且是故事的愛好者。

他們用自己的方式進行像是伊索（Aesop）、荷馬（Homer）、佚名的「西非吟遊詩人」、哈西德派猶太教教士，以及村落中編造民間故事的人自遠古以來所做的事。他們被如何教導特定的團體理解某事這個問題所吸引。他們本能地使用一種最初像是鉤子（投入）的工具，然後提供引人注目的材料去研究（探索），最後將它留給學習者去發現意義，那滿足了個人知的需求（評量）。

嘗試與應用

1 │ 你個人曾經歷的優質的智力工作情況如何？

回想你曾經學習過的某件事，或者是因為你有「知的需求」而去學習如何做某件事，並且討論這些學習如何符合優質的智力工作的標準。

- 首先想想一種嗜好、運動，或是一些其他自願的活動與興趣。
- 現在想想你在學校環境中曾經學過，而現在仍記得的某件事。

以上哪一種學習較容易讓你記起來？它對你的學習提供了什麼建議？你所希望的學習曾經發生在你的教室中嗎？

2 │ 你如何運用一個經典的故事去吸引學生投入優質的智力工作？

以《三隻小豬》為例，檢閱以下課堂活動的清單。用以下這些或是選擇一個看來特別吸引你的作為靈感，來呈現你自己的一個想法。確認你可能想要與誰一起嘗試運用這個想法，如果你不是直接與孩子工作，可以指定一個特別的年紀與年級。關於這個想法，你知道哪些方法需要被調整、修正或延伸，以確信它會是一個「好的想法」與優質的智力工作的活動，而不只是一個「可愛的想法」？

注意這些計畫中有些會讓孩子進行一到三週,而有些會讓他們工作一、兩天。有些計畫能夠在幼兒園到小學,或甚至中學裡使用,其中一些特別適合用在某個既定的發展程度中。[12]

- **狼真的又大又壞?**

  以兩位幼兒園老師為一組去發展一個科學的單元,將自然界中的狼與故事中的狼做比較。兩位一組的老師在第一年與其他年度中,與不同團體的孩子一起使用這個比較法,每位老師在單元的運用上方法各有一些不同。參與這個計畫的一位老師安排學生去看豬,以實際比較真實動物與故事中動物的概念。另外一位老師讓三年級的學生針對故事中的動物反派角色與美好角色做腦力激盪的活動,並且調查有關他們名聲背後的事實。

- **如果你用磚頭去蓋一間堅固的房子,你會用什麼去做磚頭?**

  一位小學老師在看過了《從泥巴到房子》(*From Mud to House,* Knight, 1998)後,讓她的班級學生去探索了這個問題。他們使用的《三隻小豬》版本,包括了《三隻小野豬》(Lowell, 1992),在這本書中,第三隻豬的房子是由曬乾的泥磚造的。他們也讀了《豬小弟、豬二哥、豬大哥》(*Pig, Pigger, Piggest,* Walton, 2003),這本書描寫了泥巴建築物的特徵。還有一個班級,其中一位孩子的祖父是水泥匠,他到班上談他的職業。這個活動的高潮是讓孩子們使用方糖、木頭磚塊與縮小的磚塊練習疊磚塊的技巧。

- **圖畫如何改變故事?**

  三年級的學生使用 Whately(2005)的《等等,沒有油漆了》(*Wait No Paint*)與 Wiesner(2001)的《豬頭三兄弟》(*The Three Pigs,*

---

12 這些活動是「石頭湯計畫」的前後,我在教室中所做的或看到別人做的。它無法歸功於計畫的創始者,因為這些想法是由共同合作的討論所引發、改編自其他的活動,或從一個特別的班級的興趣所產生。

中文版由格林文化出版）去調查故事的插畫者所做的決定，以及那些決定會如何改變故事的格調與感覺。每個小團體都各自讀一種《三隻小豬》的不同版本，並且報告插畫的風格，以及它們如何賦予狼和三隻小豬特徵。

- 「小、較小、最小」與「大、較大、最大」如何做比較？

在班級圖書館有《豬小弟、豬二哥、豬大哥》的班級中，無可避免會在語言藝術課程中，將它應用在比較級與最高級的實例中。他們許多接著會進行寫作的功課，以 Walton 的文本作為示範，運用許多的比較級與最高級寫一個簡短的故事。在其中一個班級，大家第一次寫的稿子都非常有趣，學生們投票，將這些作品蒐集起來放入班刊中，取名為《故事、好故事、最好的故事》（Story, Storier, Storiest），雖然也有人提議取名為《滑稽、很滑稽、最滑稽》（Silly, Sillier, Silliest）。有個幼兒園的班級朝向一個相當不同的方向發展，並且將書本用在數學課中。有一組做了一個樣本的圖表，將一間房子畫在中心點上，然後畫出其他的房子去表現尺寸的逐漸變化。一邊是從一間較大的到最大的房子，而另一邊則是從一間較小的到一間最小的房子。接下來，孩子各自發表有關一個物品如何呈現出從最小到最大。

- 我們想如何說這個故事？

許多幼兒園與小學低年級的班級讓孩子渴望看到與他們所讀的不同的版本，然後決定想要用什麼方式說故事。幼兒園的班級往往會將它們編成簡單的戲劇、旁白敘述的啞劇，或是口述的故事。小學的班級以小團體或全班一起的方式製作一本班刊，而少數的班級會將故事做成漫畫書。在其他的教室中，則是集中在手寫一本劇本的原稿，或計畫一個表演、進行一場傀儡戲。不論在何種情況下，當學

→ 老師說完《三隻小豬的真實故事》後，提供相關配件讓孩子自行說故事。

→ 孩子輪流說《三隻小豬的真實故事》。

→ 孩子獨立說《三隻小豬的真實故事》。

（照片提供：紐約蒙特梭利學校）

生掌握以下的問題時，專業用語如背景、情節與角色，都富有意義：

✧ *哪些版本改變了背景？*

　　哪些情節是不一樣的？例如：每間房子是用什麼蓋成的？或是哪一種危險生物威脅了豬？如果年幼的作者決定變更背景，他們針對這些細節將會做些什麼決定？

✧ *哪些情節經常改變？*

　　例子像是讓狼吃掉了前面兩隻小豬，而不是讓他們逃跑了，或是在狼從煙囪跳下去前添加一些意外，就像是第三隻豬比狼更早得到蘋果一樣。這種說法對於情節的元素產生了什麼影響？

✧ *角色具有多少個性？*

　　有的版本沒有賦予角色許多個性或甚至是名字，而有的則賦予每個角色一個清楚的個性。這樣的做法對名字和個性產生了什麼影響？

✧ *什麼元素讓一些版本富有趣味性？*

　　有些版本很有趣，而有些版本則非常傳統。如果年幼的作者決定讓他們的版本很好玩，他們將會添加哪些細節？

✧ *大壞狼的審判*

　　當海蒂班上的孩子致力於蓋堅固的房子的那一年，「石頭湯網路組織」中另一所學校的學習社群進行了狼 A 先生的審判活動。這個計畫從一班五年級的學生研究司法系統開始。一位七年級的學生扮演法官，而一些父母與教職員扮演提告與辯護律師。所有二到六年級的學生，以及來自石頭湯計畫中的學校的兩個班級出席審判會。狼 A 先生被控「殺豬」以及破壞財產的重罪。提告的證人包括了小紅帽。在小心謹慎的協議後，五年級學生組成的陪審

團認為狼無罪。當辯護律師讓狼展示他氣喘用的吸入器時，證實了他沒有吹倒房子的意圖，因此狼獲救了。

CHAPTER

仙度瑞拉的玻璃鞋有可能是金子做的嗎？

在優質的智力工作中問題扮演的角色

∽ 例 證 ∼

　　珍妮是位剛取得執照的三年級老師，被建議用提問及對話的方式教學。她同意我進入教室說故事，然後進行討論；儘管如此，她仍然懷疑真的有方法可以改變她在貧民區中任教的學生嗎？當學生們被問到有關學業，包括要求他們放聲朗讀時，他們總是只想彼此說話，或只是咕噥一、兩個字。

　　由於當時接近中國的新年，我決定對他們說《葉限》（*Yeh-Shen*）的故事。這本《仙度瑞拉》（*Cinderella*）的中文版本與許多其他同類的故事一樣，是描述一位受虐兒的故事。主角的媽媽去世了，她的爸爸不明智地娶了一個帶著自己的女兒嫁過來的殘酷女人。[1] 葉限從一條神奇的魚和一棵樹那裡找到了慰藉，其中的樹取代了迪士尼版本中神仙教母的角色。幸好靠著它的魔法，葉限能夠穿著華麗的衣裳和金縷鞋去參加一個重要的慶典。但午夜過後，美麗的葉限因為怕被發現而逃跑，趕著去歸還她華麗的衣裳。當她沿著崎嶇、布滿岩石的山路往前奔時，掉了一隻金縷鞋，當她發現時已經太遲了。當然，最終那隻遺失的金縷鞋引導她被王子發現，並且嫁給王子。

　　當我提出問題，並要求他們評論時，幾位學生將它與迪士尼版本的《仙度

1　幾乎每一種文化所流傳的故事中，至少有一種被民俗專家歸類為「仙度瑞拉」類型，更精確地說，至少符合了 Aarne 與 Thompson 類型 510A、510B 或 511（Sierra, 1992, p. 162）。迪士尼中順從的女英雄現在常被認為是「真的」仙度瑞拉。然而在五百種不同的版本裡，大部分的女英雄都不是公主，而且因為她們自己的行為從此帶來幸福。「玻璃鞋」的主題是因為意指「鹿皮」的古老法文字「vair」與意指「玻璃」的「verre」之間混淆了而來的。

瑞拉》的相似處做了比較。後來，被認為是麻煩製造者的安東尼向我挑戰：「妳說這是一個仙度瑞拉的故事，那為什麼妳說她有一雙金縷鞋？仙度瑞拉穿的是一雙玻璃鞋。」

他滿懷疑問地聽我解釋，這個版本與我們最熟知的版本同類，但有一些細節不一樣。我指出黃金在中國非常昂貴，他們或許認為金子的鞋能讓服裝看起來非常特別。

當討論來回地進行時，出現了其他的問題。我看到了安東尼和坐在隔壁的孩子持續地聊與文本有關　的訊息，但我沒有加以評論，因為他們慢慢地就安靜下來。正當我們即將結束討論時，安東尼舉起手說：「我知道為什麼妳說這個仙度瑞拉穿的不是玻璃鞋。」他提醒我們，在這個故事中，女孩是沿著一條布滿岩石的山路奔跑。這代表如果玻璃鞋子掉落將會碰到岩石而破碎，那麼就不會有鞋子留下可以讓王子去配對。因為她一直奔跑，鞋子不可能是玻璃做的，金子做的比較合理。安東尼考慮到因果的一致性：「是的，她的腳若跑在岩石路上，會滿滿都是血的！」我和班上的孩子一樣訝異於他所提出的好解釋。

當我稍後與珍妮老師討論這樣的上課情形時，她坦承利用了我進行訪問教學的時間去處理一些文書工作，但她仍然注意到了所有的討論。她訝異於安東尼的參與和侃侃而談。她說：「他幾乎不回答問題。有時我故意叫他，看他上課是否有注意，我能得到『是』或『不是』的答案就很幸運了！」

當珍妮催促學生去午餐時，我覺得有些挫折。珍妮並未對如何引發討論留下印象，她顯然沒有看出是安東尼「自己提出的問題」使他開口討論。事實上，安東尼是我一再見過許多令我驚訝的例子之一：所有讓這些良好的討論繼續進行的開端，都是透過問孩子們有什麼問題及意見開始的。而這種情形總是讓我更了解一個故事是如何進行的，並且從中獲得新的發現。雖然我已說過幾十遍《仙度瑞拉》的故事，我從未想過或被問過像安東尼一樣的觀點。此外，我也見識到為什麼一個好的故事值得被重複

閱讀，每一次新的交會都能引導出一個新的或更深入的理解。

我們提出的問題如何影響我們得到的答案？

珍妮的焦點放在書面作業與算術上，而不是在她的學生學到什麼或如何學習上，她就讀的是一所典型的老師訓練工廠。她已經被調教成將重點放在管理一種以教科書為導向的課程上，評量等於標準的測驗分數。沒有人要求她注意不要只看重孩子的學業成就，而應該注意孩子真正在學習的證據。她認為背誦等於理解，她不知道意向（disposition）在學習中是一個重要的因素。

 可以提出什麼樣的問題？

當珍妮被要求進行她的問題與對話時，很明顯不了解有許多不同種類的問題，而且每一種問題對於什麼是「好的答案」設下了不同的期待。

1. 非常簡單的封閉性問題

這是尋求是或不是，或者可以用一個字或一個片語回答的問題。很不幸，在傳統的教室中，大多數的問題以及在許多標準測驗中的問題都是屬於這一類。在讀完或說出《葉限》的故事後，問孩子：「葉限的鞋子是用什麼做的？」唯一可被接受的答案是：「金子。」如果回答：「玻璃。」代表這個孩子沒有注意到這個故事與迪士尼版本的《仙度瑞拉》不一樣。

2. 開放的封閉性問題和引導性問題

這類的問題尋求一個需要一些解釋或支持論點的回答。然而所表達的回應或許相當不同，它們可以追溯回文本。「描述葉限的繼母對她所做的一些殘酷的事情」，這可以透過詳述故事中發生的一件事來回答。「為什麼葉限被選為新娘，而不是她的姊姊們？」這樣的問題需要推理或較深入

的思考，但是回應應該顯示葉限（像世界上其他的仙度瑞拉）是善良的，而她的姊姊是刻薄與自私的。

3. 開放性問題

開放性問題需要評量與整合——也就是建構一個連結網，形成新的理解。有可能會出現一種以上的回應，但是所有的回應都必須包含了解釋或支持的論點。安東尼的問題：「妳說這是一個仙度瑞拉的故事，那為什麼妳說她有一雙金縷鞋？」這是一個令人驚訝的例子，表現出孩子的問題經常是開放性的。他們也以真誠的方式表達出提問者真正想知道的一些事。[2]

 「得到正確的答案」等於「理解」嗎？

問題對老師來說是重要的工具。此外，問題的類型最常讓我們知道許多教室中有關教與學的核心信仰。

- **為了學業成就或學業精熟的教學**：這種方法強調直接教學法，它依賴封閉性與引導的問題去評量學生是否知道「正確的」答案。簡單地說，就是他們是否熟練了所提供的基本技巧與資訊？這種看法著重於特別強調死記的學習法，並且增強了 Dweck（2007）所稱的一種「固定型思維模式」（fixed mindset）。

- **為了理解或學習的教學**：開放性的問題被用來引起發問。在強調過程超越最後成果的教室中，所關心的是去發展學習者較深入理解的特殊資訊，以及資訊、概念的架構與學科的「好的想法」間的關係。

2　由 M. Chouinard （2009）所著的《孩子的問題：一種認知發展的機制》（*Children's Questions: A Mechanism for Cognitive Development*）是一份優秀的研究，內容是有關孩子能夠問問題和參與在有關答案的對話中是多麼的重要。參考 Small（2010）的研究，他討論了超越一個正確答案有多麼重要。

教導閱讀時將焦點放在正確的答案上,可能會造成什麼問題?

雖然珍妮認同安東尼確實曾想說些什麼,但忽略了去了解所發生的這些和她所接受過的教導學生精熟問題的訓練有哪些相符或為什麼相符。另一個與安東尼和珍妮有關的事件也顯示了有些問題來自於當學習者的天賦才能展露時,受到了壓抑。

在說《葉限》故事前的幾個星期,我曾在下堂課開始前的準備時間到珍妮的教室諮詢。那時安東尼本應在體育館中,但他卻懶散地趴在桌上,辛苦地罰抄一封給他家人的信,內容是告知他又被再次評為「壞的」。

珍妮表明了安東尼是一個令她感到挫敗的主要個案,「這是他第三次必須寫一封通知信,而且我看不出他有任何的改變。我不知道該拿他怎麼辦,真是令人絕望!」

當珍妮同意讓我與安東尼聊聊時,他看來悶悶不樂的,而不是懷有敵意。當安東尼被要求大聲朗讀他所抄的信時,他承認了沒有做好他的作業。安東尼結巴地朗讀所有多音節的字:responsibility(責任)、disruption(打斷)、misbehaving(行為不端)。這很清楚是件痛苦的事,他在解讀所唸或寫下的字,但並不了解這些字。

當問他是否能以他自己的話告訴我那封信的意思時,安東尼看來茫茫然,直到珍妮命令:「告訴她為什麼你被處罰!」他再次直率地承認他一直在玩,而沒有做「星星」(Starts)的字彙理解活動。我問他是否覺得玩耍是壞的時,他聳聳肩。

我不經心地說:「我在想星星的活動是不是對你很難?」

他喃喃低估:「是,有一點。」

「你在行任何有關閱讀的事嗎?」我大聲地提出疑問。

安東尼變得開朗一些,並且說:「我能發出非常美妙的聲音!」

他表演發出文字牆上幾個熟悉字彙的聲音。但當我指著 opinion(觀

點）這個字時，他緩緩地發出：「up...in...yon」。無論他如何辛苦地罰抄與正確地解讀出文字，或是我已經將文字的音節混合，示範發出 opinion 這個字，而他也了解了這個字的意思，但他還是無法混合音節或辨認出這個字。

珍妮必須去接班上的其他孩子。當我和她一起走出去時，她搖搖頭：「妳可以看出安東尼的技巧有多麼差，並且不管我怎麼試，他都在玩而不把功課做好，我幾乎已經放棄他了。我只要全神貫注在那些真正想學習的孩子身上就好。」

珍妮顯然未察覺到安東尼一貫不注意的行為像是一個信號，顯現出他與珍妮一樣深感挫敗。在他們之間，僵局來自於珍妮固有的信念：閱讀有一種固定的路徑，如果你沒有依循它或不能依循它，你不會想要學習。

珍妮反映出「基本的技巧方法」（basic skills approach），它將字母知識、音標與其他解碼的技巧視為蓋積木，必須被堅固地黏合在正確位置上；一旦這些技巧被訓練與精熟了，讀者能透過給予有關序數成分的正確答案，例如：順序、角色的定位與背景，或是透過給予字彙的定義進一步建立文學的理解力。當孩子在機械式閱讀中逼近「流利」時，所需尋求參考資料的問題數目增加。雖然它們大部分被敘述成封閉性或引導性的問題，老師總是「握有」問題與答案。

在這種方法中，只有熟練的讀者被允許沉浸在由引導性問題或開放的封閉性問題所引發，能夠引起興趣的意義建構中。一般二或三年級的孩子，至少定期會有一些機會去探索主題、動機、意像，或產生與個人的連結。

能力較差的讀者像安東尼，連續被分配到一種以訓練技巧為基礎、不同於一般的團體中，有時候這種情形甚至從小學一直持續到高中。根據大腦的研究證據指出，許多接受這樣訓練的孩子的大腦神經被固化，能力遭

削減，學習了一種隔離的技巧方式去閱讀。他們從未被允許使用重要的問題解決技巧，而容易伴隨著 Davis 與 Braun（2010）所稱的「讀寫障礙的天賦」（Gift of Dyslexia，請參考 Hart & Risley, 2003; Miller & Almon, 2009）。

我們並不意外，安東尼常喜歡和朋友說一些能立即獲得滿足的笑話，以面對引不起他興趣且非常可能失敗的課業競爭帶來的恥辱。如同第二章中所指出的，他的反應產生了生物化學的影響力。來自珍妮老師的重複訊息讓安東尼感到受攻擊與無力感，體內可體松燃燒形成一種負面的感覺；他的「心不在焉」可被視為企圖去得到由多巴胺和腦內啡所帶來至少些微的愉悅感。

隨著時日一久，與學校有關的負面感覺持續增強，代表了為他做的學習安排是迂腐的。孩子被踐躪般地接受 Dweck 所稱不變的固定思維模式，且被貼上「壞的」標籤，一開始就被視為「學業成績很差」。這樣的悲劇造成安東尼與無數像他一樣的孩子不是成為中輟生，就是未來成為入獄的服刑者。[3]

如同 Reyhner（2008）所指出的，超過半個世紀以來，教學目標是為了學業的成就還是為了真正的理解，已造成老師之間激烈的衝突。[4] 然而，十年來深植的危機來自於要求《沒有孩子落後》（No Child Left Behind, NCLB）的國家政策所造成的──教學是為了訓練孩子熟練的技巧。聯邦的「閱讀優先」（Reading First）計畫，為讀寫能力的課程挹注了逾 60 億美元，例如：「公開法庭」（Open Court）強調基本技巧的直

---

3 儘管利用三年級的閱讀成績去預測將來需要多少張囚犯床是一種虛構的迷思，但不容置疑的是囚犯中有許多人是文盲，或具有低落程度的讀寫技巧。

4 Reyhner（2008）提供了一篇完整的評論，內容是有關行為主義者強調直接教導發音的一種閱讀教學法與建構主義者強調的「全語文」（Whole Language）運動教學法之間的爭論。現今的策略與哲學是由「全語文」的精神導師如：Goodman（1987）所倡導的，與「平衡的讀寫能力」方法（Balanced Literacy）一致。

接教學。一份美國教育部科學教育機構（Institute of Education Sciences, IES）的研究指出，在這樣的教學下，學生解碼的技巧確實有進步，但是早期熟練的技巧與孩子長期的學業成就沒有關係。事實上，「閱讀優先」的學生在理解力方面並沒有比其他課程的孩子表現得更好，但理解力是「閱讀優先」的五個目標中被公認為最重要的。[5]

學習閱讀與學習思考間有什麼連結？

幸運的是，對於世界上像安東尼這樣的孩子來說，平衡的讀寫能力方法已經出現，它介於教學是為了讓孩子熟練與教學是為了讓孩子理解兩種主張之間。它需要一個針對讀寫教學的策略方法，以及使用解碼技巧與理解力。

- 一方面，需要明確的教學去幫助啟蒙的讀者，讓他們熟練利用字母與語音的知識去解碼的基本技巧，以及發展字彙與使用語言藝術的協定。老師或許是針對迷你課程採用技巧，以直接教導的方式傳授給孩子。而且，孩子被鼓勵發展出一份方法的清單，那是孩子策略性所挑選的。

- 另一方面，理解力也被認為是基本的技巧，它應該從最早的階段就發展出來。啟蒙的讀者需要解說明確的指引去了解如何發現複雜的連結網路。它們提供了文本的意義，當孩子一旦解碼了，它們也提供了許多機會去體驗勝任的感覺。

- 教學的目標是讓孩子達到足以熟練所有個別的技巧的境界，那麼讀

5 從 Miller 與 Almon（2009, p. 45）所著的《在幼兒園中的危機》（Crisis in the Kindergarten）中顯示，支持發音教學的研究反映出對高風險型測驗（high-stakes testing）的需求。應該注意的是各自孤立的解碼技巧比起較複雜的、讀寫能力的整體特質的，例如理解力，更容易反覆練習與測量（Gamse, Bloom, Kemple, & Jacob, 2008, p. 72; Manzo, 2008）。這些發現證實了 Goodman（2006）所提出的評論的有效性，內容是關於採用 NCLB 標準所必要做的「基本早期讀寫能力動態指標」（DIBELS）測驗的有用性。這個研究所依據的評論也是可靠的。

者就能策略性地運用它們。因此「好的讀者」會進行問題解決，它們是解碼與背景線索的最佳混合，能讓他們了解一個複雜的段落。

 什麼樣的連結值得參考？

位於丹佛的公立教育與商業聯盟（Public Education and Business Coalition, PEBC）在特定的教學策略上，已產生了特殊的影響力，老師能示範並使用它們去發展理解的技巧。Keene 與 Zimmerman（1987/2007）所著《思考的馬賽克》（*Mosaic of Thought*）是其中第一個企圖去討論在閱讀之前、之間與之後使用開放性問題的。Routman（1999）和公立教育與商業聯盟的其他同僚，包括了 Harvey 與 Goudvis（2000/2007）、Miller（2002），以及 Buhrow 與 Garcia（2006）一樣，以他們擁有的豐富實務與反思為基礎，提供了理解力策略的進一步討論。近年來，Boushey 與 Moser（2006, 2009）的每日五方法（Daily Five approach）[6] 變得很受歡迎。儘管他們沒有忽略讀寫能力的機械性特徵所扮演的角色，例如解碼與拼字，但這些專家都認為精熟這些技巧有助於讀寫能力的必要核心：製造意義。

除此之外，他們認為製造意義需要學習者與讀者進行重要的問題解決，以連結他們自己的經驗中已具有的知識，以及在文本或故事中正在發生的事物。他們會為年幼的讀者示範並教導如何去「活化基模」（activate schema），也就是要察覺四種不同的連結：

- **文本對自我**——連結故事中正在發生的事物與讀者自己的經驗或情緒。當我說《仙度瑞拉》的故事，特別是在內地都市的學校中時，

6 譯註：每日五方法是一系列當老師與小團體會面或與個別的學生討論時，學生們每日需完成的讀寫任務。每日五方法不只是一種管理系統或一種課程架構——它是一種能夠幫助學生發展每日閱讀習慣的一種結構。與同僚們一起書寫及工作將養成終身的獨立讀寫能力。若想進一步了解每日五方法，請參考 http:// www. the2sisters.com / the_daily_5.html。

男孩與女孩都會談論他們對於失去父母保護的那種失落的感覺；其他孩子則說到如果不能參加令每個人都感到興奮的舞會或特殊活動時，會感覺如何。

- **文本對文本**——比較具有類似情節、主題或角色類型的故事或文本。安東尼所提出有關鞋子是用什麼材質製作的問題，代表了當孩子探索各種受歡迎的版本的故事時，自然會提出的問題。而且具有提問習慣的孩子會發現和文本字面標準看來沒什麼關係的故事之間的連結。許多故事提供證據，證明當其他人以殘酷或威脅相待時，仍鼓起勇氣不屈不撓，終究堅持與善行會獲勝。仙度瑞拉具有那種勇氣，許多其他童話故事的英雄與英雌也一樣；而且在《夏綠蒂的網》（*Charlotte's Web*，中文版由書林出版社出版）中的夏綠蒂與韋伯也是如此。

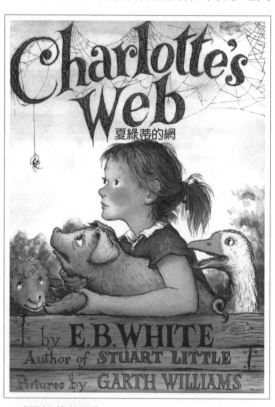

◉《夏綠蒂的網》
文／E. B. White
圖／Garth Williams
出版／書林出版社

- **文本對世界**——文本中所說或發生的事物，和讀者的先備知識或理解力之間複雜

的關係與學科訓練有關。舉例來說，安東尼對於鞋子問題的解決顯示他對於玻璃與金子特性的了解。

- **文本對圖像**——文本與插畫或讀者的視覺想像間的連結。大聲朗讀、口說故事與沒有插畫的文本促進了心智圖像與想像，它們依賴個人的經驗與之前學過的知識。安東尼所提到布滿岩石的蜿蜒小路，指出他是運用視覺想像出來的，並且那是他問題解決的關鍵。在第五章中，我會更聚焦於圖像在包括像知識類文本的圖畫書中，製造意義的重要性。

 ## 讀寫能力與文學理解力之間的連結是什麼？

一般來說，「讀寫能力的發展」（literacy development）如同一個有限制與規定的目標，一旦達到被認為流利的精熟程度，閱讀的技術性教學即停止（雖然或許拼字、標點與文法的傳統規則仍為了寫作的能力持續教授）。中、高年級的小學生從開始直到最高的學業程度，所強調的趨向於轉換到了解與表達「文學的」鑑賞。如同安東尼的經驗所表現的，程度差的讀者通常被參與這種更有趣的討論與意義製造攔阻在外。

還有另一種複雜的情形，需追溯到直接教學與建構教學對學習間緊繃的張力。如同 Sipe 在《故事時間》（*Storytime*, 2007, pp. 36-81）中所指出的，關於所謂成為一位專業閱讀者（expert reader）的看法有一個範圍。在其中的一端，有些人相信作者深植了一種「真正的」意義在文本中，好的讀者則透過將文本敘述的文學水準與能推理的部分放在一起來了解。這樣的討論相當依賴引導性的問題，然而，當讀者追隨不同的路徑到「正確的」答案時，他們確實也考慮到某些問題解決法。而另一端的看法是，建構主義者主張作者的意圖比起讀者個人理解的「建構或解構」來說較不

重要。[7]

Sipe（2007）則主張中間的立場：一種對文學理解的平衡方法（a balanced approach to literary understanding）。就像 Keene 與 Zimmerman（1987/2007）、Harvey 與 Goudvis（2000/2007）以及 Miller（2002）一樣，Sipe 主張好的讀者會持續將文本與他們自己的經驗和原有的知識連結——最終，閱讀最好的回饋是在我們願意主動閱讀的書中及故事中發現重要的意義。

Sipe（2007）的研究顯示，所有正在發展不同程度讀寫能力的讀者都能夠且應該被鼓勵去發展「文學的理解力」。即使處在比讀寫能力的啟蒙階段更早之前的幼兒，也能夠理解他們所閱讀的或聽到的故事。學習者必須去探索和討論書籍與故事的機會越多，他們將基本技巧「解碼」的動機就越強。相反地，像安東尼一樣的孩子越被基本的技巧限制，就越會將閱讀與寫作視為繁重困難而討厭的例行工作。

班級氣氛與思考間的連結是什麼？

我因為加入了艾瑞克森學院的「新學校計畫」（New Schools Project）而與珍妮的班上互動。我是顧問群之一，負責調查(1)增加學生的參與和(2)增強班級的氣氛是否會對學生的學習產生正面的影響。[8]

幾年來，我將焦點放在學生的參與度和教室的氣氛可能與教室對話的分布及品質有何相互關係。我蒐集資料，使用《教室教學品質評量表》

---

7 「全語文運動」的反對者譴責使用像這樣的一種「任何事都有可能」（anything goes）的方法會導致沒有標準可應用，並且很少有學生能達成。

8 我從 2005 到 2009 年，擔任艾瑞克森新學校計畫的組員之一，我與被選出的芝加哥公立學校的一些從幼兒園到三年級的班級合作。這個計畫所分享的信念與結合的策略與東北兒童基金會的「回應的教室」（Responsive Classroom）課程以及發展研究中心（Developmental Studies Center）的一致。同樣的，它們也相容於支持發揮學習社群的功能，以及強調正面的氛圍是決定學業成就之關鍵因素的單位。

（Classroom Assessment Scoring System, CLASS）的修正工具（Pianta, La Paro, & Hamre, 2007）。所提供有關「教學的支持」（instructional support）的描述在確認老師與學生做了什麼而增強或阻礙概念的發展、回饋的品質與語言示範方面特別有用。事實上，我想研究是否教室的氣氛很可能支持一種像 Dweck（2007）所定義的一種「成長型」或「固定型」思維模式。

資料包括了所提出的問題種類（封閉性的、引導性的、開放性的）、誰提問與誰答問，以及其中的討論的回饋圈（feedback loop）所支持的等級。得到了以下類似在珍妮班上的結果：

- 有關情節和字彙字面意義程度的「簡單封閉性問題」占了絕大多數。
- 使用少數「開放性問題」但以非常普通或抽象的專業用語來敘述，而讓孩子感到困惑。偶爾會將問題重新敘述澄清。
- 給孩子很少的「等待時間」去沉思或有系統地陳述他們的想法。大部分的時間，老師將答案分為「對」或「錯」，並且以一種口頭一來一往的方式連續進行。
- 很少有（或沒有）「回饋圈」，它們使互動從老師提問與學生回答，進展成幾位參與者的一種持續的討論。
- 問題與答案幾乎總是由老師「控制」或「擁有」。

然而，開放性問題很常出現的班級，孩子能支持他們的回答、分享問題與觀察，並且提出有關澄清的問題與評語。孩子和老師們在這些功能良好的教室都有興趣學習，而沒有持續不安、引起紛爭的行為，以及教室管理的問題。此外，他們整體的學業表現也較高。結論很明顯：孩子表現學習與建構性的理解程度，與孩子進行思考和真正的問題解決的程度有直接的關聯。

為什麼批判性思考非常重要？

任何學習、思考與兒童發展間關係的討論必須考慮 Bloom 的《認知領域教育目標分類法》（*Taxonomy of Educational Objectives*, 1956）。它發表的時間恰巧是蘇聯發射第一枚人造衛星史普尼克（Sputnik）的時候，提出了一些有關美國教育品質的問題；它不僅是促進科學教育的強大推力，也是一種「更科學化的教育」（more scientific education）的行動——「分類法」（taxonomy）一詞的使用或許正顯示出這種性質。就像生命形式的分類，從草履蟲到靈長類動物，從最單純到最複雜，Bloom 定義了六種階段的思考，他認為它們有一種等級的順序。他的描述追隨了 Piaget（Piaget & Inholder, 2000）與 Vygotsky（1978）同樣的軌跡，首次定義學習與意義製造的特性，就像是孩子成長到成熟的發展。我們以「具體的」（concrete）作為開始；從實務操作理解我們前進通過「圖像的」（pictorial）階段，在其中理解轉化成發展心智圖像；結果我們具有高度「象徵的」（symbolic）與抽象的概念能力。如同 Bloom 本身及其他許多教育家已提出的，這軌跡與從「封閉性」通過「引導性」到真正「開放性」問題的漸進過程恰好吻合。

然而有關「胚胎重演律」（ontogeny recapitulates phylogeny）又是怎麼回事？這個專有名詞來自於高中的生物學，它總是讓我為之一振——這定律也適用於思考嗎？每一種高深的想法都以相同的方法發展嗎：從一個具體的想法開始，並且慢慢地將自己複雜化，成為一種高度抽象的結構？如果我們思考豐富課程的對話過程，所顯現的跡象確實違反了這種封閉的層級階段。

「對話」（conversation）這個字的字源提供了我們一個豐富的想像：字首「con」來自於拉丁文「with」之義；字根來自於拉丁文「versare」，

意思是「轉向」。所以一個好的對話是當我們「來回反覆」思考時的一種漫天思想。它透過一個人的表達去引導出一種回應，觸發另一種的答辯。

此外，如同任何一個周遊各地的優秀騎士所知道的，遊蕩不是漫無目的的；它是去嘗試發現一條路徑，它將會領導我們到達目標——對騎士來說，是去做一種好事蹟，然後另一種，並且因此持續證明他們自己。對一個學習者來說，是去達到對某事的較深入理解，然後又再理解其他的事。在「城市中的數學」（Mathematics in the City）計畫中，Fosnot 和她的同事以他們所謂「學習的範圍」（landscape of learning, Fosnot & Dolk, 2001）取代了學習軌道的傳統線性模式。

當我們穿越範圍，朝向一條地平線移動時，那條地平線似乎很清楚。然而我們從未真正到達地平線。我們會看到新的事物、新的里程碑，而這就是學習。一個問題表面上被回答了，卻引發了其他的問題。孩子要解決一個棘手的問題，似乎只有解決另一個問題才行。當我們計畫活動、互動、問問題與促進討論時，心智中保有一條地平線將對我們有幫助。但是地平線在範圍中並非固定的點，它們會持續改變。（p. 18）

之前所提的《葉限》，這是一個孩子所熟知，並預設了一條地平線的故事的不同版本。安東尼所關心有關玻璃鞋對照金縷鞋的部分，引導討論進入一個前所未有、但非常有成效的探險。那帶給安東尼一種少有的、有勝任感的經驗。邀請這位「通常不受人信任的」學生開始想要知道，讓我們所有人對某些事以高階的思考謹慎地考量。

當思考者有疑問時，會透過一定的範圍去尋求答案。表 3.1 將這個範圍的主要特徵做了一個彙整。Bloom 的六個階段已被組合成三種提問的等

級；[9] 其中也顯示了從具體的到圖像的、抽象的、象徵的思考運轉的相關發展考量。

 ## 層級與階段間有什麼不同？

表 3.1 並不代表一種層級的分類（hierarchy）——意味著真正優質的學習只發生在最高等級。在等級 1 中，若以下假設成立時，問題會發生：(1)這一等級的問題不需要真正的思考；(2)這一等級只要幼兒就能處理；以及(3)唯有在此等級的熟練要求奠定後，才能容許有關如何、為什麼與什麼緣故的提問。

更合適的比喻是，用階梯（ladder）的概念來代表好的思考與豐富的討論，將其變化與移動，所用的方法就像一位建築工人將梯子上下移動從下面取得材料放到上層的位置一樣。優質的智力工作代表：(1)沒有單一的路徑通往正確的答案，以及許多問題沒有單一的解決方法；(2)支持最高等級的思考，包含使用來自等級 2 和等級 1 中的例子、澄清與連結；以及(3)對幼兒與新手學習者，必須在字面的理解程度上建立一種穩固、扎實的了解。這麼做可以喚起複雜的思考與問題解決。

9　當 Gallagher 與 Ascher（1963）定義出四種相稱的問題程度時，Bloom 的分類學定義出六種思考的程度，排列從最低程度的回憶資訊到最高程度的評鑑思考。Vogler（2008）在他對老師可使用的問題研究中，提供了 Bloom、Gallagher 與 Ascher 的傑出討論。我將幾種分類做結合，整合為三種等級的提問。我對於 Bloom 定義所做的修改，符合了 Marzano 與 Kendall（2006）在《教育目標的新分類學》（*The New Taxonomy of Educational Objectives*）所提出有關教與學的信念。

表 3.1　爬上提問的階梯達到更高階的學習

提問的等級	發展的軌跡
等級 3　**評鑑與綜合的提問**：探索完全開放性的問題 ● 強調為什麼會有問題，問題造成文本對自己、文本對文本，以及文本對世界的連結。 ● 沒有單一正確的答案。事實上，回應經常是不同的，並且或許會引導到一個新的方向。 ● 一個好的回應或許以例子、連結等作為支持。 ● 當回答者表達、澄清與延伸思想時，回答包含了討論與對話。 ● 需要積極的聆聽，以及促進發問者的角色。問題或許需要被改述或給予提示。	**抽象的、象徵的** ● 在所有的發展階段中，當提問者「擁有」討論權，並進行建構式理解時，這種提問往往能引起高度的參與和滿足。這樣的提問典型地符合優質的智力工作的標準，並且或許能在遊戲中發現。 ● 五到七歲的改變表現出從兒童早期到中期的轉變，也就是孩子抽象與推理的能力持續進步發展。 ● 在這個階段前與早期，孩子的評價性陳述往往是以一種特定的具體因素為基礎。 ● 七到十二歲間，孩子歸納與從事抽象思考的能力通過另一個重要的發展。
等級 2　**分析與推理的提問**：探索引導開放性的問題 ● 強調如何、為什麼與有一些什麼的問題，包括比較與對比、分類。 ● 沒有單一正確的答案，但一個「正確的」答案或許需要包含一個定量的資訊與事實支持。 ● 當回答者表達、澄清與延伸思想時，回答包含了討論與對話。 ● 需要積極的聆聽，以及促進發問者的角色。問題或許需要被改述或給予提示。	**圖像的** ● 在發展的所有階段，想像、製造影像以及推理的能力是處於抽象、具體運思與理解之間的中間階段。 ● 幼兒仍處於發展的具體階段，具有非常好的分析與運用能力。他們的解釋往往反映直接的經驗或字面的細節而非概念。 ● 當孩子達到五到七歲變化的尾端時，他們具有能力針對角色、動機與因果等做更複雜的推理。

表 3.1　爬上提問的階梯達到更高階的學習（續）

提問的等級	發展的軌跡
等級 1　知識與理解的提問：趨向於使用封閉性問題 • 強調什麼、哪裡以及何時的問題，它們可以透過直接參考文本回答。 • 處於最低等級，非常簡單的封閉性問題，要求「是／不是」或單一字句的回答，並且要求測驗記憶力。 • 等級 1 的問題可能是開放的封閉性問題，它要求想像、記憶、描述與順序。 • 等級 2 與 3 的提問要求基本的理解與知識，作為檢核事實、支持想法、澄清，以及建立關係的要素。 • 在一個對話與討論中，這個等級的提問尋求主動的聆聽，並且透過改述或給予提示以促成。	**具體的** • 處於具體發展階段的幼兒需要大量的機會去解釋與「拆解」意義的字面等級。 • 處於所有發展階段的新手學習者都需要時間去了解具體與圖像的等級，將其當作基礎，在象徵的等級中強化概念的理解。 • 完全成熟的學習者在他們專業知識的領域中，通常能相當快速地從具體轉移到象徵的等級。 在所有發展的階段中，當非常簡單的封閉性問題被全面或廣泛使用時，參與者會對提問感到擁有極少的主權，學習可能因焦慮與消極的趨向而受到抑制。

 什麼樣的問題讓我們在提問的階梯上下移動？

在我多年有關《仙度瑞拉》故事的教室對話中，三個經常被我們強調的問題，或許能夠示範出豐富的「文學性」對話如何將提問的階梯上下移動。

1. 這個故事是真的嗎？

在說完一個強而有力的神話或童話故事像《仙度瑞拉》後，通常第一個問到的問題就是這個問題。

• 毫無疑問，評量一個具有神祕面向的故事是否是「真的」，是屬於一個等級 3 的提問。它包含了有關真實性質深入的抽象考量，以及

所堅持的信念與價值。像安東尼一樣，因發現在某種意義上具挑戰性的回應情形而感到有希望或愉快的孩子，特別會關心這故事是否是「真的」。

- 越年幼的孩子與越新手的學習者似乎越會花時間進行等級 1 的思考。到了一年級，許多有關民間或童話故事的討論用在分辨故事中所發生的事情上。至於它們是或不是「真實的」，是以它們「會」或「不會」發生在我們日常生活中為考量。[10]

- 對於任何階段的新手學習者，能夠想像發生了什麼或正在描述什麼，需要等級 1 的思考與問題解決能力。舉例來說，安東尼透過想像玻璃鞋在岩石小徑上會如何而下了結論。當他追問是否「真實的」仙度瑞拉會有與玻璃鞋不同的鞋子時，提出了一個較複雜的等級 2 的問題。

- 具有文學討論經驗的團體，能夠較快進入文本對自我的連結狀態，就像是他們思考角色在故事中的感覺的方式，或具有的動機哪些可能是「真實的」。通常當團體成員將他們自己的經驗與故事中發生的情形或某個角色的感覺做分析與比較時，這種討論屬於等級 2。

- 當孩子變得較具有抽象的推理能力時，他們往往會從等級 2 比較的觀點轉移成等級 3 探討為什麼壞的事情會發生，或是為什麼人們會表現出某些行為的觀點。像這樣文本與自己本身的連結可能會相當的強烈。他們或許會從故事抽離，變成去概括人性或去加深對自我的了解。[11]

....

10 我們必須知道許多五、六歲的孩子的理解力仍非常具體。在發展上，他們很難去分辨幻想與每天真實發生的事，而且他們會為這之間的矛盾感到困擾。他們會很快同意在我們日常生活中，神仙教母無法用魔法棒輕輕一揮就變出精美的服裝。但是在他們的想法中，他們或許真的相信在故事的世界裡，這種魔法很普通——在故事中發生的，真的會發生。

11 我記得有位五年級的學生生氣地要求知道為什麼在《韓國的仙度瑞拉》（*The Korean Cinderella*）中的父親沒有做任何的努力來保護女兒不受繼母的欺侮。她越來越憤怒地堅持：

- 文本對世界的連結，也可能呈現在討論故事中的元素或細節如何反映出另一個時代或文化環境的真實性上。當那些觀點需要澄清時，討論的內容有可能是位於等級 1 的理解與資訊方面，或是等級 2 的比較方面。然而這些討論可以提升到等級 3；例如，不論歷史或文化的背景如何，將仙度瑞拉這個角色視為一個受虐兒，或探索她耐力的來源，這些問題都是屬於人類經驗的核心。

2. 我們如何知道這是與仙度瑞拉同類型的故事？

說完《葉限》、《醜女孩》（*The Rough-Faced Girl*，阿爾岡京族的故事）、《莫法拉的美麗女兒們》（*Mufaro's Beautiful Daughters*，非洲的故事）、《會說話的蛋》（*The Talking Eggs*，美國南方卡津人的故事），或其他版本的仙度瑞拉的故事之後，立即進行了一場熱烈的討論，內容是有關故事的哪些元素讓聆聽者了解這是一個「同類型的故事」。所做的觀察記錄在范恩圖（Venn diagram）或圖表上。這個文本對文本的討論完全符合等級 2 的提問種類，因為它需要比較與對比，以及分析性的思考。學生能以大量各式各類的證據支持他們的答案：

- 較年幼的孩子往往非常依賴等級 1 的知識作為證據，主張的意見例如：「兩個故事都有刻薄的姊姊與繼母」或是「兩個故事的結尾都談到鞋子，但是仙度瑞拉的是玻璃鞋，而葉限的是金縷鞋」。然而，即使是等級 1 的證據也可能是複雜的。舉例來說，孩子們注意到，一組故事順著迪士尼仙度瑞拉的一般大綱進行，但是另一組故事，其中仙度瑞拉的角色成功地通過一系列的考驗，而她的姊姊們失敗了，包括：《莫法拉的美麗女兒們》、《會說話的蛋》與《醜

「你為了從街上認識的某人，就忽略了自己的親身骨肉，這樣是不對的。」無疑地，她的生氣來自於她自己生活中傷痛的事實。同學試著去安撫她，提醒她我們是在談故事中的父親，不是她的父親。當她接受這點時，她變得沒那麼生氣。她的反應是一個好的例子，顯示出故事無需跨到治療的領域，就具有一種閱讀治療的特質。

女孩》。

- 當孩子的概括能力增加時，他們用來解釋相似與不同的證據移到等級 2，用來分析與考量角色的動機與觀點。
- 通常當孩子開始探索主題或去解釋為什麼他們認為仙度瑞拉（們）在故事的結尾得勝時，討論進行到了評鑑與整合的等級。

3. 當你閉上眼睛，故事中什麼樣的圖畫會進入你的腦中？

當說完一個很有效果的故事，像是仙度瑞拉的其中一個版本時，這個問題是一個非常有用的開放性問題。說完故事的一分鐘左右，我徵求自願者分享他們的心智圖像。我在黑板上畫了一個有開始、中間與結束的「故事線」，而且我們做了記號，標出每一幅圖符合線上的哪個位置。

- 這是一個典型的等級 1 理解活動，訓練孩子的能力去想像與排列。當一些孩子聚焦在一個主要的事件或角色時，有的孩子可能會生動地描述一些微小的細節。這些圖畫必然是描述了整個故事情節。除此之外，故事的順序能夠吸引孩子，並且促使他們認真的思考與解決問題。因此，通常很容易說出一張圖是否表現出故事情節的開始、中間或結束裡的一些事；但是孩子會討論和微調順序，是否某幅圖畫在另一幅圖畫的前面或後面。
- 在同時，心智圖像為每位聆聽者反映出一個重要的文本與自我的連結，它們能輕易反映出等級 2 或 3 的思考。如同一些採取此策略的老師所說，它保證沒有錯誤的答案：每個孩子的回應都是正確的，對於每個孩子都有深刻的意義，並且非常獨特。
- 再者，這些圖像在對話中經常被當作進入更高等級討論的種子，討論很快會進入等級 2 或 3 的提問。而透過孩子、老師與文本間的對話，意義被建構起來。

如同我們已知道的，聚焦在意義上是動態的過程。然而往往一個豐富的故事被重複地閱讀，所產生的對話會持續進行，探究得更深入或反覆進入新的領域。好的老師引導這些對話，使得對話強調在孩子腦中與心裡發生了什麼，而不只是在故事中發生了什麼。另一方面，好的老師也十分清楚「在孩子腦中與心裡所產生的，是透過故事中所發生而促成的」。我們所希望的結果不是想要一個正確的答案，而是學習者已能將受過訓練的提問結果建構起來，並且能夠利用答辯使其合理。

當老師放棄對問題與答案絕對的控制時，會發生什麼事？

我們或許會說，像珍妮一樣的老師是失敗的，因為他們熱衷聚焦於控制，以及他們工作的後勤事務上。相對而言，具有成長思維模式的老師與學習者評量他們的成功與否，是透過評估他們所安排的動機如何有效地讓責任逐漸由老師釋放給學生。[12]

想像一下，在工程師稱為槓桿支點，而孩子們稱為翹翹板的上面，一位老師坐在其中一端，而學生坐在另一端。首先，老師坐在接近地面的下端，而學習者坐在半空中觀看。這種情形符合 Barbara Rogoff（2003）的一個傳神專業用語，學習者們正以「敏銳的注意力」（keen attention）觀察專業讀者與作者在做些什麼。那位老師可能在使用一種放聲思考（think-aloud）的方式建構孩子的能力，分享一種文本對自我的連結。內容是她所注意到，假設一個孩子沒有受邀參加一場派對的難過心情與《葉限》故事之間的關係。

---

12 Pearson 與 Gallagher（1983）是最早明確地表達有關在學習的平衡中做轉換的人。從那之後，這些提倡者分享了他們珍貴的實作經驗，他們也提供了自己如何讓轉換產生效果的方法。參考 Fisher 與 Frey（2008）、Routman（1999）、Harvey 與 Goudvis（2007）、Miller（2002），以及 Boushey 與 Moser（2006）。

老師以漸進的方式邀請學習者分享他們自己的想法與文本間的關係。當孩子「上下搖晃」（pitch in，又是 Rogoff 的專業用語）時，翹翹板的平衡開始轉移並朝向均勢發展。漸漸地，問題的責任與回應轉移到學習者身上，而老師扮演像是促進者或是監督者的角色。最後，是老師坐在半空中，敏銳地觀察學習者進行優質的智力工作、投入探索，促成討論、成果或表現。它們所產生的意義超過一般在教室中學習的範圍。

就像是在翹翹板上持續愉快地轉移平衡力一樣，當介紹新的文本與學習者邂逅時，參與的老師和學習者一次又一次地重複這個過程。如同我在本書第二部分將提到的，「漸進釋放責任」（Gradual Release of Responsibility, GRR）模式在學科中與跨學科間，為明確的教學技巧與策略提供了一個有效的架構。

然而，早在 Pearson 與 Gallagher（1983）提出 GRR 之前，已有一個堅強的傳統信念，它主張有效的學習與教學遵循著這樣的軌道，不認為學習與教學只局限於在教室中，而是終其一生，在家中與工作職場中持續進行的。在中世紀時，學徒制的傳統賦予工匠的發展活力，而 Halpern（2008）曾發表議論，應使用這樣的軌跡成為二十一世紀中等教育的模式。

引導式參與如何能被視為釋放責任的一種方式？

實際上，這可追溯到更久以前。就像 Barbara Rogoff 的研究中所闡明的，這種模式是在教與學動態的核心中，一旦工作開始，它就進行。Rogoff（1991, 2003）在她微妙的分析中，使用了專業用語「引導式參與」（guided participation）去探討參與一個學習社群時，會發生什麼事。當馬雅的婦女編織時，同時與在附近打滾的孩子互動，他們彼此正投入一種學與教的動態中。這與中產階級的父母參與他們孩子的堆疊樂高遊

戲，或是與大學教授參與他們研究生的研究一樣。關鍵的要素和那些我們已注意到優質的智力工作的特性有密切的關係：

- 真實的工作必須包含在內；結果必須有超過技巧發展以外的價值。此外，結果必須是一個能夠促進個人的學習與目標的成果、表現或討論。
- 老師與學習者一樣都必須參與，彼此在學習者的發展專門技術或知識中休戚相關。
- 老師與學習者一樣透過一個引導式的提問進行探索：在建立模式的階段，當學習者觀察時，專家執行工作；慢慢地學習者加入；起初小心的監控逐漸地減少，直到每一個人都滿意於學習者有能力勝任與獨立工作。
- 必須由兩方參與者持續地評量，以確定在朝向勝任的行動中，學習者的位置以及下一步應該是什麼。這個評量是奠基於互相的尊重，並且不代表學習者是低能力的，而是參與在變得具有勝任能力的過程中。此外，在這種模式裡，即使最優秀的專家本身都會在過程中變得更好。

 為什麼我們應該保持問問題與對話？

在我說故事的三十年經驗中，我將自己當作是教室學習社群中的一員。故事是工具，我和孩子經常持續進行我們都認為有意義，並且與主題及問題相關的對話。我們都參與在優質的智力工作中；我也必然帶著新的見識離開，通常就像是安東尼帶給我的衝擊一樣。

然而，為了讓這個重要的工作發生，成人與孩子必須定期地進行豐富的提問與對話，它們強調的是好的問題而非對的答案。如果我們想要在學校中保有像安東尼一樣的學生，並且進行優質的智力工作，當說完一個好

故事時，應該做兩件事：

- 我們的第一個問題應該要是：你們有什麼問題或想法？
- 我們的第一個回應必須是以敏銳的注意力聆聽，並且與學生對話談他們的想法。

嘗試與應用

以下有關教與學動態之間引導式參與的動人例子，是從《拼被人──女人與家事藝術：一個口傳的歷史》（*The Quilters: Women and Domestic Art: An Oral History*, Cooper & Allen, 1999）中所節錄的，可以用來省思、寫日誌。

小女孩，我八十三歲了，且做了堆積如山的拼布被。但在我的記憶裡，就像是昨天才做了我的第一條拼布被。媽媽會把拼布被放在一個框架掛在床上，框架上始終有一條拼布被。她為大家做拼布被來負擔我們的生計。現在，我們仍會在晚上完成時從架上取下被子，到了早上再換上另一條，就和從前一樣。

媽媽是一位美麗的拼被人。每個人都知道她的手藝是全郡最好的。她從不讓任何人碰她的拼布被；有時當她整天縫製一條她自己喜歡的拼布被時，她會先釘一塊布在拼布被上，這樣在她完成作品以前，沒有人可以看到它。

我總是渴望和她一起工作，並且記得非常清楚有關她說的一些話：「莎拉，如果妳想，妳現在可以和我一起做拼布被。」

我太矮了，無法坐在椅子上碰到拼布被，所以我帶著針線站在媽媽旁邊。我將針穿下去，然後再往上拉回，然後再往下穿，針腳大約三吋長。爸爸大約在那時進來，他退後了幾步說：「佛羅倫絲，那孩子絕對會破壞妳的拼布被。」

媽媽說：「她沒有破壞我的拼布被。她正在縫她的第一條拼布被。」爸爸說：「好吧，那妳今晚得將所有的縫線都拆掉了。」

媽媽對我笑說：「這樣當拼布被壞了時，針腳都還會留在上面。」

他們總是說我的針腳越來越短了。

那是我做的第一條拼布被。我現在還留著它，有時仍會拿出來看看。（pp. 52-53）

1 ▌想想縫製拼布被的方法，莎拉與她的媽媽可能會：

- 符合真正作品的標準嗎？

- 表現出從示範到分享到獨立，逐漸釋放責任的過程？

2 ▌閱讀一本仙度瑞拉的故事，或是去思考你還記得的故事內容。提出五到十個你想知道的點。不要將自己局限於文本的內容，自由地聯想從微不足道的小事到深奧的意義。回顧你的問題，看看它們可能落在提問階梯的哪個等級。

3 ▌選擇一個你發現特別吸引人的提問，並且找出一些人與你討論這個問題。在結束時，花一些時間去思考在你們的對話中進行了哪種思維，以及結果你的理解可能如何被改變？

CHAPTER

如何運用《阿比優優》玩遊戲？
遊戲與優質智力工作的 SIP

～ 例 證 ～

　　一個位於芝加哥南部貧民區的一年級班級，孩子的情況不穩定，尤其是其中一位目睹了他的媽媽和小妹妹遭受槍擊後住院治療的男孩，他的情緒特別受到了干擾。他們的老師希望我來到班上，運用或許能改善班級氣氛的故事。

　　我決定說 Seeger（1986）的《阿比優優》（*Abiyoyo*）的故事，並接著進行一些讀寫活動，或許有助於釐清孩子們害怕、生氣與無助的感覺。這個故事中，一個小男孩和他的爸爸遭鎮民驅逐，他們對於男孩演奏樂器烏克麗麗的擾人聲，以及他爸爸用魔法棒將物品變不見的把戲感到很厭煩。當可怕的怪物「阿比優優」踏進鎮裡進行摧毀時，男孩挺身而出並帶著一個拯救全鎮的計畫。他彈著他的烏克麗麗，並且唱一首專門描述怪物名字的歌。怪物阿比優優開心不已，隨著男孩將歌曲拍子加快，怪物也越跳越快。最後阿比優優倒在地上，男孩的爸爸將他變不見了。故事的最後，鎮民將這兩位被驅逐的人如英雄般地迎接回來。

　　孩子喜歡這個故事，並且不由自主地加入歌唱。當我唱完這首歌時，他們馬上就想再聽一次。我建議他們和我一起將它表演出來。我的策略是讓每個人選擇他們想扮演的角色，如果有六或十個人想扮演某個角色，而另一個角色沒有人想扮演的話也沒有關係。我負責旁白的角色。

　　在第一次的扮演中，幾乎每個人都選擇當怪物；有三個男孩決定扮演男孩的角色，只有一個想扮演有魔法棒的爸爸。沒有人想扮演鎮民，所以由我扮

演。雖然這個班級以前從未編演過戲劇，但扮演可怕阿比優優的孩子們注意到不可以觸碰身體的規則，而他們盡可能利用臉部表情與姿勢表現得惹人厭。

這樣的演出沒有花費很長的時間，所以我們重新分組，並且討論表演進行得如何。當我大聲提出想知道男孩和他的爸爸應不應該被驅逐（ostracized，或作排斥），以及是誰拯救了全鎮而該得到最多的讚賞，是有好點子與會唱歌的男孩，還是有魔法棒的爸爸時，大家都無法解答。就在這時，一位扮演爸爸的男孩說，對每個人施展魔法很有趣。每個人都渴望再表演一次，我提醒他們，如果他們想換角色的話也可以。這次大部分人都想扮演爸爸（女孩子若想，我也同意這個角色可以換成媽媽），大約有四個人想扮演男孩（或女孩），只有一個人仍然想扮演怪物，還是沒有人想扮演鎮民。

在這次任務報告的討論中，我們談了一點有關當阿比優優聽到他的名字被以歌曲的方式唱出來的感覺，以及談了一點有關故事中最有能力的人是誰。有更多的孩子提出想法，但沒有人隨便或很快地下結論。

我們也談關於當他們聽到口述故事中所提的細節時，心裡所想像的怪物看來是什麼樣子。這也引導了我對荷莉老師所做的後續建議：請每個孩子畫下他們所想像的最令人厭惡的怪物，然後寫一個句子去描述至少一個令人厭惡的細節。

兩個星期以後，我重新拜訪這個班級，所有的孩子都還記得故事的細節。其中一個女孩認真地解釋被排斥的意思是什麼。他們想演出更多次，而我很好奇角色的分配會是如何。這一次大部分的人很快就選擇扮演男孩或女孩，其他的人選擇扮演爸爸或媽媽，只有一個人願意扮演怪獸。當我自嘲又只有我扮演鎮民時，幾個女孩很快就表示願意幫助我。

現在孩子自己創作臺詞，所以旁白成了一個次要的角色。在這總結的對話討論中，他們也談了更多有關怪物阿比優優因為每個人都怕他，心裡可能產生的感覺；還談了男孩的好點子如何，以及雖然男孩爸爸的把戲很有趣，但若用在自己的身上會有點卑劣。

將以上的情形與前一章中的做對比，珍妮老師的態度是「允許」我進入班級，而荷莉是「邀請」我進入班級，並且觀察我與孩子的互動同時寫下筆記。此外，當我們做任務報告時，荷莉要求我提供建議，以幫助她促進改編戲劇與寫作的活動，使用這些方法可以讓孩子更深入地進行《阿比優優》的活動。

用豐富的故事進行遊戲時如何能促進班級的活動？

我給荷莉老師的建議類似我對珍妮老師提出的忠告，只是她不接受：以一個仔細選擇的豐富故事作為開始，並且引導學習者為他們自己建構意義，而非以預存偏見的解釋指導他們。

荷莉老師和我談《阿比優優》如何為孩子與成人強調一種主要的社會情緒問題：「在我的生活中，我如何對抗或至少逃開毀壞的力量？」這個問題被嵌入怪物與魔法的表面吸引力之下，所以往下深入的探討意義似乎像在遊戲，而不像一種說教的課程。

孩子確實投入一種「讀寫能力」的課程中。他們被邀請透過表演來表現自己對於故事的理解，而非考問他們理解了多少。在這麼做時，他們有力地證明自己充分熟悉了等級 1 的故事要素，包括角色人物、情節順序、場景與關鍵的字彙。同時，重複的演出與接下來的討論成為延伸的對話──由一個孩子進行觀察，另一個孩子加入或由我要求針對所說的進行澄清或確認。此外，當進行良好的對話時，就像在第三章中所描述的，會在提問階梯的上下移動。

要求孩子討論與畫出阿比優優的可能樣子，使用到了「平衡的讀寫能力」，能夠「活化他們對於怪物的基模」。因為它將問題的所有權交給了孩子，它也被證明了是一個等級 1、非常吸引人的理解力活動。當他們小聲地討論埋首繪畫與書寫句子時，即使是最糟的「麻煩製造者」也熱衷於

將他們自己投入圖畫中。一些女孩設計了相當時髦的女性怪物，用她們自己喜愛的髮型與衣服裝扮怪物；而男孩會盡可能把他們的怪物畫得很殘酷。很多人畫的怪物都會佩戴某些武器或盾牌。

　　荷莉老師與我也討論給孩子時間去建構他們自己對於故事深度了解的重要性，而不是一般說故事後告訴他們或考問他們有關道德的意義。儘管為了符合學校與學區要求的壓力，使得「流失太多的時間」在一個故事上而備感壓力，但荷莉老師能了解一週一次進行這樣的讀寫能力活動具有顯著的成效。她對孩子在活動中沒有發生混亂的行為，以及教室的氣氛變得穩定許多而感到驚訝。此外，整個活動中所進行的討論程度就像是孩子所做的句子一樣，比他們平常所做的明顯高出許多。

　　較優質的工作反映出更高的投入程度，這大部分都要歸功於他們實際探索了一個豐富的故事。許多幼兒透過畫怪物克服了他們的無能為力感，這些孩子的生活比一般的孩子面臨更多的挑戰，所以他們多數一開始都渴望扮演阿比優優的角色，他具有毀滅性的憤怒讓人害怕，而不是一個因為本身憤怒感到害怕與受傷的受害者。

　　由於懷疑與迷惘，孩子在故事與個人之間，從字面上刻板的敘述程度到建構文本對自我的連結，前後來回的移動。在演出與對話中，孩子對於故事處理與探索得更深入。他們開始察覺出男孩、爸爸與怪物之間「壞的」不同方式：男孩發出「plink-plank-plunk」的噪音可能很惱人；將一張椅子從一位累了一天的人屁股底下變不見，對旁觀者來說可能很有趣，但對於當事人來說會是一個很不舒服的經驗；然而，毫無疑問地，當看到阿比優優奮力地朝向小鎮走來，吞下了沿路所有大小的生物時會感到很嚇人。最後，他們認清了自己無法贏過怪物毀滅性的力量，就像是魔法棒也只有當怪物倒下時才能發揮作用，並且怪物絕不是容易擊敗的對手。

　　實際的情形是，大部分的人第三次都選擇扮演男孩，這是一個很好的

證據，證明孩子了解是男孩發現了方法去化解，讓他們不被驅逐。他負起了打敗最難以管束的怪物的責任，也因此改變了鎮民的反應，對這對被排斥的父子從拒絕變成了讚賞。換句話說，男孩是故事中最有能力的角色，因此大部分的人都想當他。這屬於故事的道德層面，但由於是孩子為他們自己所建構出來的意義，所以具有強大的持久威力。當我一個月後與荷莉老師檢視成效時，她對於教室中原本高度不穩定的氣氛消失了而感到印象深刻，並且孩子會持續提到這個故事，她甚至聽到某人在遊戲中使用了「排斥」這兩個字。

為什麼進行優質智力工作的遊戲很有用？

在《阿比優優》的整個討論中，重複地提到「遊戲」是經過深思熟慮的，就如同好文本是學習的最好工具一樣，促進學習最有效的策略包括了遊戲。

當然，我所指的這種遊戲並不是閒來無事的嬉戲或歡樂的消遣，那是一般的說法。我所說的是 Piaget 與其他主要的認知與教育權威專家所說的：「遊戲是孩子的工作」（Bruner, 1987, 1992; Hirsch-Pasek et al., 2009; Katz, 1998, 2010; Katz & Thomas, 2003; Paley, 1993, 2005; Piaget & Inhelder, 2000）。

 ### 何謂 SIP 原理？

在這個觀點中，準確地籌劃遊戲的必要特質與定義優質智力工作的成分有關，我稱這為「SIP 原理」。SIP 遊戲與優質的智力工作或學習具有以下的特徵：

- 令人滿意的（Satifying）。
- 有意圖的（Intentional）。
- 問題解決（Problem solving）。

1. 令人滿意的

我說過優質的智力工作必須能夠吸引孩子完成工作，那是一種本質的獎賞。這種獎賞具有很高的勝任感與自信感。所有的這些要素都是高度令人滿意的。同樣地，一旦扮家家酒、白日夢或是一場下棋遊戲失去了它本質的獎賞，並且不再令人感到滿意，它就不再是一種遊戲，多數時候，這時就必須要放棄這個活動。

有很好的理由使用像是「令人滿意的」與「迷人的」這類文字；「有趣的」似乎不足以強烈到去形容好的工作與遊戲結果。或許在工作中有笑容，但如果你觀察孩子或成人在玩或做他們喜愛的工作，他們臉上的表情與他們投入的強度很清楚地顯示，他們很認真地看待正在做的事。

2. 有意圖的

這個術語即將成為教育圈中的流行語，它是指傳達課程計畫是一種策略的過程。有意圖的老師不會讓學生在他的指導下盲目地將書翻到下一頁，他會以確認具體的學習目標作為開始，然後針對他特定的班級尋找適合且能吸引他們的文本與活動（Epstein, 2007; Miller, 2008; Mooney, 2004）。

同樣地，專家遊戲者總是具有意圖的：建構模式、投入戲劇表演或按照規則玩遊戲，這些都需要「策略性思考」，也就是說，決定哪組選擇最能導致令人滿意的結果。同時，當某人試著讓其他的人依照所提出的故事情節順序或遊戲計畫進行時，遊戲需要協商的技巧。當遊戲者不再像之前能出聲發號施令時，他們似乎就不想再玩了。

3. 問題解決

當學習者參與「真正的」問題解決時，會產生真正優質的學習：

- 「問題必須被明確地辨識出來」，意思是可以引起討論批判，也

就是以一種方式可以確認或假設幾種可能的回應或解決方法。在故事中的角色有一個問題——怪物阿比優優來了，他們的選擇是逃走或想辦法打倒他，他們的選擇符合了人類最原始的逃跑或戰鬥的本能。

- 「策略性的選擇」是在考慮哪樣的選擇最有利於實行，並且發展出一個行動的計畫。在《阿比優優》的故事裡，小男孩想到了運用音樂讓怪物倒在地上，讓爸爸能夠使用魔法棒。

- 在試用「所選擇的途徑」，包括了對現場發生的問題的所有調整方式之後，便是評量解決的方法是否夠圓滿的時候了。[1] 例如：阿比優優被魔法棒變不見，鎮民接受男孩和他的爸爸回到鎮上。

第一步驟是真正聚焦在一個明確的問題陳述上，將遊戲中最吸引人的面向突顯出來：在你遊戲前，必須知道某些事。因此你不能玩一個遊戲，卻不清楚遊戲規則的概括常識。當你玩得越多，你越懂得規則。一旦真的了解它們時，你可以開始發展策略。

同樣地，遊戲的核心都是策略與協商的運用，它們能導致成功的問題解決。對專業賭徒來說，英國童軍的座右銘也恰可適用：無論你贏或輸，重要的是你如何玩遊戲。最好的遊戲需要逐漸增強的謀略能力，給予問題情況變化與限制。當孩子搭建積木或玩家家酒時，都在以各種方式展開新的提問並解決問題。他們經驗到的認真投入和刺激，就像一個棋手衡量他的下一步會造成什麼後果的感覺一樣。

 是什麼讓遊戲在優質的工作中如此重要？

不是只有賭徒與幼兒認真地看待他們的遊戲。幼兒專家將 Piaget 的主張視為基礎：「遊戲是問題的答案，任何新的事是如何發生的？」

---

1 這個描述反映出 Polya（2009）在數學方面對「問題解決循環」的定義；然而這種捷思法跨越所有的學科。

（Piaget, 1962, p. 32）對於建構主義者來說，在幼兒期，遊戲與工作同義。只有當孩子投入時間與精力深度地進行探索與評量有所發現時，會表現出持續不懈，並將彼此做連結，這正是真正學習的特質（Brown & Vaughan, 2009; Elkind, 2007; Hirsch-Pasek et al., 2009; Miller & Almon, 2009）。

當 Csikszentmihalyi（1997, 1998）談的「心流」（flow）或是 Diane Ackerman（2000）定義的「心靈深戲」（deep play）發生時，[2] 在遊戲、創意與學習之間的強烈連結就完成了。這些關於遊戲作為一種成人的活動的討論，或許會使用技術性的術語「自身具有目的的」（autotelic）——也就是為了本身的緣故完全專注地做某件事。這被形容為遊戲的 SIP。

對於幼兒與成人兩者來說，當遊戲應用到等級 1 的知識，遊戲的行動需要一個等級 2 與等級 3 分析和綜合的複雜網絡，也就是歸納、連結與應用之前的知識去解決一個新的情況，然後評量結果。

- 問題的情形是開放性的，即使是有規則的遊戲，或許會有一套方法獲勝，但是技巧與策略的實際組合每次都會改變。

- 成人藝術家、研究者或西洋棋玩家，就像是幼兒園的孩子全神貫注在幻想的遊戲中，持續地精練他們的能力去製造與操作心理表徵，特別是在他們專門技術的學科領域，成為一位工程師或企圖當一位執行任務的超級英雄。為了進行這種心智活動，很重要的是將基本的等級 1 的資訊深植在長期記憶中，才能夠不費力地糾正，並且將焦點停留在高階思考能力（Willingham, 2008/2009）。換句話說，投入的學習者在提問與探索方面符合 SIP 原則，所造成的記憶或「發自內心的學習」都比一種重複練習而抹殺了遊戲精神的經驗

---

2 Csikszentmihalyi 將「心流」與他所稱的「優質工作」（good work）結合在一起，也就是說，由於工作者視所做的有意義而且重要，因此工作做得很好也很滿意。Ackerman 形容個人有意義的活動時，活動的範圍包括進行一趟長途的單車旅行到研究企鵝，也使用像是「狂喜」（rapture）這樣的說法。

更有助益。

 ## 遊戲之間有什麼不同？

事實上，遊戲有多種的分類。變數包括了活動的本質、參與者（獨自的或群體的）與背景，包括文化的範圍。表 4.1 說明了一種普遍接受的結構，將遊戲依照發展的軌跡分成四種不同的階段或形式。[3]

為了讓優質的智力工作產生效果，我們將不考慮表格中所列出的第四種遊戲類別「具規則性的遊戲」。相反地，這一章將聚焦在有意圖的遊戲，它們結合了功能性、建構性與戲劇性遊戲的故事。如同我們看到結合了《阿比優優》的遊戲，這樣的遊戲考慮到同時進行社會情緒能力的學習，它強調學科範圍內的學習。以下簡述的策略聚焦在與語言和讀寫能力相關的發展技巧上，使用這樣的方式需要迷惘、疑惑、產生連結與問題解決——也就是，這種比起重複練習而抹殺了遊戲精神的那種方式更大為有效。

從戲劇性遊戲中可以學到什麼？

《沒有孩子落後》這個方案值得爭議，它所造成最大的悲劇與麻煩的結果已經嚴重壓抑自由流暢的建構與想像或戲劇性遊戲。從幼兒教室中排除積木與扮家家酒的遊戲，這代表干擾了孩子從辨認問題的情形轉變成解決問題的能力間的循環。這樣的損失所造成的負面影響對於社會情緒與認知成長都會造成終身的後果。[4]

---

3 這些遊戲的分類最初是 Smilansky（1968）所制定的，建立在 Piaget（1945）的思想上。由 Dau（2001）所編、Fleer 與 Johns 所寫的關於遊戲的論文引起人們注意到中產階級以外的文化的重要性。歐美主流文化或許視遊戲有一種不同的功能，包括生存的機制，或是 Rogoff 的「引導式參與」（guided participation）的一種形式。

4 童年聯盟（Alliance for Childhood, Miller & Almon 2009）與非營利教育組織（Albert Shanker Institute, 2009）都發表了報告，確實證明幼兒教室中遊戲的重要性。

表 4.1　遊戲的種類

種類	特性與例子
功能性或感官性遊戲 從嬰兒期開始並且在幼兒最早期會持續這種主要的遊戲方式。 持續到成人期，並且或許是一種有助於專心的重要因素。 與具體的理解（等級 1）的思考有密切的關係。	**特點**：正面的感官刺激，通常具有重複的動作。 嬰幼兒玩水與沙的遊戲、搖晃、擁抱、撞擊或敲打東西等。 成人期人們塗鴉、演奏或玩樂器、吹口哨、哼唱、播放背景音樂，以及其他多樣自我安撫的感官活動，包括了抽菸與嚼口香糖。
建構性遊戲 從學步兒期開始，學齡前兒童會將其併入戲劇性遊戲中。 持續到成人期。 與圖像的理解（等級 2）的思考有密切的關係。	**特點**：使用材料去蓋或建構一個物品，包括了使用建構性玩具，例如：積木、捏塑黏土、素描或繪畫、裝扮、製作戲服或道具、創作立體模型、製造機器或物件模型。 在兒童期：四到五歲會依照指示、遵循一個模式或做一個計畫。 在成人期，許多興趣與一些專業歸屬於這個種類，包括了模型建築、木工、縫製或拼布、手工藝。
社會戲劇性的／想像遊戲 階段 1：使用物品或準備文本。 階段 2：玩扮演遊戲。 從學齡前期開始，至少到兒童中期都是此種遊戲的主要焦點。 持續到成人期。 與象徵性的理解（等級 3）的思考有密切的關係。	**特點**：當行為與動作可能包含在其中時，這主要是一種心智活動，包含了重要的社會情緒。 在兒童期：有時孩子會使用一個非常容易聯想到另一種物件的物品，例如：一根棍子像一把劍。在發展完整的戲劇性遊戲中，孩子能夠想像一切事物，包括演出的道具到各種情況。故事的情節或許會快速地轉換。 在成人期所做的，像是白日夢、想像、追憶或參與模擬遊戲與活動。

表 4.1　遊戲的種類（續）

種類	特性與例子
具規則性的遊戲 從五到七歲轉換的階段開始後，孩子能夠充分地歸納而了解規則以及輸與贏的概念。 能夠包含其他三類遊戲的要素。	**特點**：或許包含了認知與動覺的領域。在所有的情況中，一種遊戲已預先安排了一些材料，以及或許包含了一些遊戲零件。當達成了設定的目標，遊戲就結束了。或許是獨自一人或包含了兩個或更多的遊戲者。遊戲包括了與規則和策略有關的思考、對話與談判。 貫穿兒童晚期與成人期，持續並逐漸增加重要性。大部分的成人非常認真地看待這種遊戲。

　　就發展來看，不適合將較年幼的孩子強烈地聚焦在高度象徵符號系統，以及專注於閱讀與數字運算的活動中。三到六歲的孩子更適合讓他們在玩語言遊戲，以及玩扮演一個有能力與自信的社會人時，發展出一種高度的能力。這樣的基礎代表他們將建立良好的心智習慣與必要的生活技巧。Galinsky（2010）確認當他們的歸納能力與抽象思考到一定的程度時，將能讓他們接受學科中的認知需求。

 戲劇性遊戲中有哪些社會情緒的學習？

　　玩扮家家酒或辦公遊戲，或扮演消防隊員、超級英雄，提供了孩子一個機會去「嘗試」成功地像「成人」一樣的生活是什麼意思。[5] 這種探索通常包括了與角色中的重要他人進行強烈的妥協，以及遊戲者將以想像力建立故事的情節。因為其中社會情緒的關係非常深，孩子都謹慎地「玩扮

5　這種「彷彿」（as if）的想像遊戲或許是或不是很普遍。就像 Fleer（2001, p. 70）指出的，當一般孩子開始為了符合自己性別角色的期待，以及為成年的責任與技巧表現打基礎時，澳洲原住民孩子的遊戲方式或許不太一樣。Rogoff（2003）也針對拉丁美洲土著文化的「引導式參與」，發表了類似的觀點。

演遊戲」。在某事絕對是真實的與某事「彷彿」是真實的之間的距離成為一種安全範圍。孩子在所感受到的真實與他們角色或行動所意識到的假裝間的對比而得到慰藉。

以心理學的術語，表演「彷彿」（as if）提供了一種方式去接受令人苦惱和痛苦的問題，但是會將它們轉換成一種情況或角色讓孩子有不同的觀點與彈性。遊戲者不是對自己處理生活中有威脅情況的能力感到絕望，而是去提問：「如果怪物來了，我該怎麼辦？」然後自由地去想像一個答案。社會戲劇性遊戲的一個重要特性是它「不」受規則的拘束，它也無關乎輸或贏。如果不知為何它朝受威脅的方向移動，或者遊戲者不再滿意，這場遊戲很容易就被放棄了。

同樣地，想像遊戲（imaginative play）核心的本體問題是複雜的。孩子將一再重複相同的問題情況、嘗試不同的角色與解決辦法，有時在他們自己心裡進行可能的心智推演，以及有時與不同的玩伴互動。如同 Logue 與 Detour（2011）所指出的：「孩子在扮演遊戲中表現具有侵略性，並不代表他們真實的行為具有侵略性。」此外，實際上像這樣的遊戲能夠發展孩子的社交技巧，並且提供他們方法去展現面對危險的勇氣。

想像遊戲對於幼兒來說也是以具體思考為基礎，進行一種高階思考的重要方式（Gopnik, 2009）。如同 Dockett（2001, p. 38）所提出的，扮演是一種複雜的活動，不只是因為孩子意識到他們正在扮演，他們也在調整自己的行為去符合他人的觀點。這樣的觀點主義加強了社會情緒發展以及遊戲的認知獎賞。此外，也有助於較大的學習者去推理或發現複雜連結的能力。

豐富的故事允許了同樣的置換，以及在想像遊戲中發現「彷彿」的思考。當我們看到孩子改編《阿比優優》，會發現好的故事是值得一再重複的，有時孩子會玩直接扮演某種角色的遊戲，實驗當阿比優優或爸爸、男

孩的感覺是什麼；有時他們會玩如果故事用不同的方式說，結果會如何的遊戲，他們會選擇最符合家庭的角色或問題狀況。

 什麼讓孩子自己的故事成為有助於讀寫能力發展的好工具？

麥克阿瑟天才獎（McArthur Genius）得主 Vivian Paley 在她早期的幼兒園工作中，在教室裡進行了一個重要的戲劇遊戲研究。她很快發現，如果她想要了解孩子的遊戲，她的角色不是去干擾或刻意安排遊戲，而是去敏銳地觀察（使用 Rogoff 的絕佳術語）與反省。她仔細地閱讀社會情緒發展中戲劇性遊戲的重要角色，將其以年代誌的方式記錄在她的書中，包括了《直升機男孩：教室裡說故事的魅力》（*The Boy Who Would be a Helicopter*, 1991，中文版由成長文教基金會出版），以及《孩子國的新約：不可以說「你不能玩」》（*You Can't Say You Can't Play*, 1993，中文版由成長文教基金會出版）；當她退休後，在《遊戲是孩子的功課：幻想戲的重要性》（*A Child's Work: The Importance of Fantasy Play*, 2005，中文版由成長文教基金會出版）一書中具體地寫出她的重要發現。

Paley 發現當孩子深度遊戲時，同樣也投入重要的工作中。她開始發現一些策略，透過提供孩子思考的方法以及從他們自己的故事中學習，將會支持孩子的成長。如同 Paley 所訂的每日常規，她會邀請孩子敘述自己的故事，並且之後讓全班一起將故事演出來。在演出的階段中，除了有關尊重自己與他人的基本規則外，Paley 堅持比起一個孩子想要或需要說故事的事實外，沒有任何可以產生「好故事」的規則。當產生語言與文法時，它們被正確地錄音與朗讀（Paley 的書是有助於了解她所指的口述故事與戲劇性形式及動態的最佳資源）。Patsy Cooper（1993, 2007, 2009）對於在教室中策略運用的邏輯方面，提供了一個系統性的觀察。

⊚《直升機‧男孩：教室裡說故事的魅力》
作者／維薇安‧嘉辛‧裴利
譯者／楊茂秀、陳鴻銘、林意雪
出版／財團法人成長文教基金會

⊚《孩子國的新約：不可以說「你不能玩」》
作者／維薇安‧嘉辛‧裴利
譯者／游淑芬
出版／財團法人成長文教基金會

　　然而當 Cooper（2007, 2009）持續研究 Paley 的方法在教室中會發生什麼時，她證實了這個口述故事與戲劇性的系統對孩子的讀寫能力和語言發展有直接的益處。[6] 孩子小心地監控老師如何使用口語的文字，以及如何將它們記錄在紙上；稍後，當文本被演出時，他們看到自己的文字變得栩栩如生。還未準備好或正努力於解讀任務的孩子，知道他們正在進行成

6　Cooper、Capo、Mathes 與 Gray（2007）發現了運用 Paley 的技術在教室中使用三種不同標準的測量法，並且與控制組的班級相較，成績有顯著的進步。進一步的討論參考 Bergen（2002）有關戲劇性的遊戲支持認知的方式。

熟的讀者與作者所做的事。他們正在以一種令人滿意的、有意圖的與充滿明確問題解決的方式製造意義。全面掃盲之路或許需要繼續努力，但是本質的愉悅與獎賞對於即使是非常難纏的學習者，都能激發他們堅持的動機。

什麼是用故事遊戲的策劃性學習方式？

促進優質智力工作的情境，是在整個幼兒期，以遊戲的方式運用一系列的策略有意圖地建構與刻意安排學習。如同 Van Hoorn、Nourot、Scales 與 Alward（2006）所著的一本傑出的書的書名，即使在小學中，遊戲應歸屬於「課程的中心」。到了孩子長大一些，他們並未失去遊戲的需要，包括用故事進行文本對自我的戲劇性遊戲。但是當他們進入小學以及更大之後，比較適合強調認知成長與學業能力的重要性。

在遊戲中融入感官經驗如何增強文字學習和語言發展？

手指謠、邊唱邊跳與動作活動比起美化的語言與讀寫能力的發展產生更多的效果。精神科學家如：Hannaford（2005）與 Sousa（2005）所做的研究清楚地指出，有效的學習包含了大腦與身體其他部位間的協調。音樂、動作與視知覺都對閱讀有強烈的正面影響（Hansen et al., 2002, 2007）。[7]

- 童謠、兒歌、愉快的大聲朗讀的作品，例如：Doctor Seuss 所著，具有押韻遊戲以及無意義的、擬聲的文字，這些都是功能性遊戲的語言學形式，因此都是發展音韻覺識（phonemic awareness）非常

---

7 雖然每個人的學習都需要這種整合，專家正在調查透過做哪些經仔細設計過的運動覺的訓練，能夠幫助學習障礙者。Hannaford 的系統稱為「健腦操」（Brain Gym），Davis 與 Braun（2010）對閱讀障礙採取一種加強的方法，包括了視覺的與運動覺的運動。參考 Hansen、Bernstorf 與 Stuber（2007）、Haraksin-Probst（2008）以及 Jensen（2000）。Harman（n.d.）簡明地探討了音樂、運動、認知的連結。

有效的方式。在幼兒環境中，像這種逐漸增加的趣味饒舌活動，反映出具有聲音語言的遊戲對語言與讀寫能力發展的特殊角色。[8]

- 發現一些方法含括了感官或動覺的成分也對等級 1，像是發展文字知識的任務具有一種附加的價值：我們看到一年級的學生在第一次聽到「排斥」這個詞後，接著連續幾週如何輕易地定義且持續使用和了解這個字。在一個三年級的雙語教室中，有關《阿比優優》的討論引導大家歸納出一張描述了動作的生動文字清單。在這張清單上，所有的文字都需要以「s」作為開頭，這是一項額外的挑戰。當每個單字被記錄時，老師或一位學生會示範出它的動作。之後他們會玩一個遊戲，由一個孩子演啞劇示範一個字，讓其他的人猜。結果每個人都輕鬆地學到「溜走」（slink）、「跺」（stomp）、「無精打采」（slouch）與「笨手笨腳」（shuffle）這些字彙。

這些例子展現出另一種有效的建立字彙的連結。基礎讀本、語音課程與拼字課本的文字清單都是經過篩選，因為它們都說明了一個有目標的解碼技巧（短母音、混合字等）。這樣更有意義，並且讓學習新字彙的任務變得更容易，而這些文字彼此間或與一個主題在某方面具有確實的關聯。此外，當孩子積極投入想出這些文字清單並發現方法去描繪這些文字時，它們的持久力會增強。

同時，將字面的文本「轉化」為聲音或動作，提供了一個較高階的問題解決，可以賦予文字的意義更持久的力量。Van Hoorn 等人（2006）、Bernstorf（2004）、Spolin（1986）以及 Katz 與 Thomas（2003）提供了

---

8 Ely（2005）提出幼兒有一種強烈的傾向去玩語言的音韻特質。他指出一份研究表示 25% 的孩子全然地表現出一些語言遊戲的形式，包括了腳韻、頭韻、重複、無意義的字，以及創新的陳述。Bergen 與 Maurer（2000）針對象徵的遊戲、音韻覺識與讀寫能力技巧間重要的相互作用，提供了進一步的支持。

豐富的動作與音樂策略，它們需要跨越課程的完整遊戲 SIP。[9]一個出色的例子可以在位於芝加哥的團體「在動作中閱讀」（Reading in Motion）的研究中發現，它有系統地將音樂與動作結合讀寫能力教學。在三年結束後，投入這個計畫的孩子閱讀的程度幾乎是實驗控制組的三倍。[10]

 ## 建構性的遊戲如何促進內容領域的學習？

在我們開放的案例研究中，孩子在畫阿比優優前會先討論，當他們想像一個「怪物」時，思緒中會出現什麼影像。他們所建議的描述性文字或片語被記錄下來，並且留下來作為日後要寫句子搭配他們的圖畫時的參考。每個人都同意「醜」（ugly）這個字彙不夠特殊，當給予他們一點提示後，孩子提出了許多栩栩如生的描述性字彙：尖牙（fangs）、紅豬眼（red piggy eyes）、老虎尖銳的爪子（tiger-sharp claws）。

這樣的討論讓繪畫活動從一個相當具有指示性的字彙或寫作活動變成了非常吸引人的建構性遊戲形式，即使一個經常擾亂別人的孩子也會專注在他自己的圖畫上十五分鐘。事實上，他自動移到一張隔離的桌子處，這樣他就不會分心或企圖去分散別人的注意力。特別是對那些讀寫技巧剛萌發的孩子來說，以繪畫來回應一個故事是一種有效發展幻想或想像技巧的方法。

同樣地，讓孩子製作玩偶或面具也是一種幫助他們思考故事角色的特質或「個性」的一種方法。當促使孩子較深入地研究故事的意義時，讓他們為劇本或故事製作道具，或是將展示品或模型放在一起，都能吸引孩子

---

9 舉例來說，孩子被邀請做出動作與製造聲音效果，去表現關於其他的家人如何看待他們的生活的隱喻。當旁白者吟唱：「我的祖母覺得我像是每個週末等待被摟抱的一條毯子」時，一群人加入吟唱；某個人踏在一瓶汽水罐上，配合著吟唱：「我的祖父覺得我像是一個玩具壓碎機」（Katz & Thomas, 2003, pp. 129-152）。

10 有關這個課程的細節，包括這項研究，都能於「在動作中閱讀」網站中找到（http://www.readinginmotion.org）。

認真地針對任務解決問題。因此,在第一章中所提到的,孩子專心於建造一間堅固的房子,他們也獲得了一個 SIP 經驗:孩子因成功地「解決問題」而感到滿意,他們所選的材料以及他們如何將材料放在一起,都是經過「有意的」安排。

一個故事能用多少方法演出?

老師們有時會參與在學校的會議之中,但絕不會是孩子遊戲的 SIP。這樣的反應情有可原——如果所有選擇文本、分派角色、構想道具以及監督臺詞的學習都由老師負責包辦的話。但是如果老師讓孩子主動參與解決有關演出的各方面問題,那麼老師的感覺可能會非常不同——孩子們也是。

實際上,創意戲劇的領域提供了各式各樣有效的方法與文本「遊戲」,它們有助於發展孩子的讀寫能力與文學技巧,也支持了跨課程的學習。這些策略就像是關鍵的資源,為了讓領域更為清楚,可以調整以適用於所有的程度,從幼兒教育直到中學教育。[11]

雖然並非所有的演出形式都包括在觀眾面前表演,但很重要的是在創意的戲劇活動之後總要接著進行反省的對話。當團體對開放性問題的回應感到迷惘或疑惑時,有許多值得思索的事:發生的事情中你喜歡什麼?你注意到別人做了什麼?下一次你可能會有什麼不同的做法?

以下所討論的是創意戲劇的三種主要形式。

1. 敘事的啞劇

當帶領者朗讀文本,參與者依賴動作與身體語言安靜地表演文本。

---

11 McCaslin(2006)、Spolin(1986)與 Freeman(2007)的著作是很好的參考資源。芝加哥的「在動作中閱讀」是以一種學校的劇場課程形式作為開始。「在動作中閱讀」網站(http://www.readinginmotion.org)包括了影片資源。

這種以一個小團體或大團體進行活動的策略，從幼兒期甚至到成人期也能產生成效。演過一回後，留些時間讓孩子說說哪些表現不錯，以及還可以用什麼不同的做法？原因是什麼？然後再重複進行活動。可以在同一個學期或幾天的課程期間進行重複的活動。「再做一次」應該被視為樂趣的一部分，它提供了每個人用不同的行動表現去遊戲的機會。

- **學習的動態**：當參與者鍛鍊動覺與語言的智能時，會同時發展聆聽、想像與字彙的技巧。因為這種技巧真實地將表演表現得栩栩如生，參與者通常對於文章段落的理解力會比安靜地閱讀或聆聽了解得更多。

- 這對於第二語言和有語言表達問題的學習者特別有利，因為它給予他們一個機會真實地在文字與動作間一來一往地轉化。

- 這是一種加強程序技巧的有效方式。當你朗讀一個活動或遊戲的「基本介紹」或教學時，透過學生扮演啞劇去介紹程序。幫助學生評量自己的「基本介紹」的寫作，要求他們檢視是否一個夥伴能夠成功地演出他們所寫的。

建議與訣竅

- 一開始你可能會想從一本喜愛的朗讀本或讀本中選出一個小段落，然後將其發展成較長的段落。

- 為了加強聆聽的技巧，不需要預先查看文章的段落，而是讓參與者試著立即將文字「轉化」成表演。

- 在表演後的討論中，突顯每個人所發現使用身體語言（臉部表情、姿勢等）的不同方式，去表現情感或情緒。強調可能會有各式各樣可接受的反應；然而要著重文本的準確性，特別是在稍後的重複中。〔舉例來說，當文本說「單腳跳」（hop），所表現的動作應該和「跳起來」（jump）或「跳來跳去」（skip）不一樣。〕

2. 扮演一套文本

在聽完或閱讀完一個故事或一個歷史事件的報告後，團體將它當作一個即興的創作演出，雖然團體確實規劃了要做些什麼，但都不需要劇本與道具。術語「扮演」（enactment）有助於將這個策略與「戲劇」或「表演」做區分。這是一種支持參與者建構意義的技巧，而不是為了娛樂觀眾。

造成班級管理問題的孩子，特別是班級小丑型的學生，通常在扮演中能表現出擅長的能力——正向增強的經驗能幫助自我管理，就像將《阿比優優》改編成戲劇對一年級的學生會更有幫助。

有幾種方法能夠處理在一個大班的幼兒教室中演出故事，但角色有限的問題：

- 一個大團體可以分成幾個較小的團體，當每組團體表演時，其他組作為觀眾。活動後的討論是為了整個團體所做的。

- 許多年前，我發展了一個系統，將《阿比優優》編成戲劇。規則是每個人可以選擇他們想要的角色，這表示即使一個害羞的孩子要求成為布景的一部分（例如：男孩與他父親被放逐的遙遠小木屋）也可以。多位阿比優優與烏克麗麗彈奏者在強制實施不准觸碰的規則下，彼此平行地在場地中表演。讓孩子自由地選擇他們想「嘗試」的角色，代表每個人可以自由建構他們自己角色的代表，去製造與個人的連結，這成就了更多的理解。

- **學習的動態**：除了說與聽的技巧，扮演是一種發展高層次思考與理解的有利方式。它能夠使用在所有的程度中，從孩子能夠閱讀前就開始，並且一直持續到就學年齡。

- 當孩子計畫與即興創作他們自己的角色時，會更深入地從事文本所有層次的意義建構，並且製造文本對自我、文本對文本，或文本

對世界連結的完整安排。

- 郊區與市中心三年級的學生從幼兒園開始就聽說過羅莎・派克（Rosa Parks）的故事。當他們真實的經歷被仲裁、被命令坐到巴士的後段位置，或者選擇遵照命令否則就會被逮捕時，對種族隔離產生了不同的深刻理解。[12]

▌建議與訣竅▌

- 將扮演技巧與熟悉的簡短故事或情況一起介紹，或是與從一本課本或朗讀本中所選取的故事一起介紹。

- 成人促進者或許需要在刻意安排的第一回扮演中扮演一個重要的角色。因此《阿比優優》第一回的演出主要像是一場敘事的啞劇，最後一次演出則由孩子全權負責。

- 聚焦在活動而不是邏輯性（例如：選擇角色）。通常這樣足以提醒每個人將會有另一回的表演。

- 要確定即時進行活動後的討論。當團體討論與評量再次的扮演，尋找完成了哪些以及哪些需要改變時，他們正在一起建構一個更為深入的意義理解，包括了所有的文本對自我、文本對文本，或文本對世界的連結。

- 當具有經驗後，大團體可以被分成小團體；提供每個小團體計畫的時間，去考慮他們想要如何表現文本。有時候所有的小團體都會表演同一個故事，並且比較他們的演出。有時候或許會給每個小團體不同的故事場景，或者是讓他們在一些限制之下，具有挑戰性地

---

12 桃樂斯・希絲考特（Dorothy Heathcote）發展了一種非常有力的創意戲劇形式，將社會學科帶入生活中。方法是把小學中年級與高年級的學生帶進一系列越來越複雜的活動中，活動成為歷史事件「模擬的」真實情境。參考 Wagner（1999）對希絲考特貢獻的描述，以及應用這個策略的建議。

演出他們自己的部分——因此其中一組會表演啞劇，另一組以音樂形式表現，而第三組被要求去創作玩偶。顯然，遇到挑戰時需要團體成員間的問題解決與協商。

- 讓孩子以口頭說故事，使用他們自己的話與聲音是另一種形式的扮演，它具有挑戰性且極具成效，就像 Hamilton 與 Weiss（2005）的指導手冊中所提的。MacDonald（2005）的《三分鐘故事——77 個來自地球各地的故事》（中文版由小東西圖書出版）就是一個適合使用的故事材料。

3. 讀者劇場

讀者劇場與扮演不同，在讀者劇場中通常包含了排演與表演，參與者不需要記臺詞，雖然他們確實需要將劇本流暢地朗讀出來。孩子與夥伴一組、小團體或大團體一起閱讀符合他們程度的劇本作為開始。他們持續閱讀劇本，當他們向同儕或一個觀眾表演時，努力地將劇本讀得富有表情。道具的使用並不多。[13]

- **學習的動態**：讀者劇場發展流暢像是一個 SIP。當夥伴或團體探索聲調，以及配合他們的角色特質時確實會使用 SIP，他們會參與問題解決與建構意義。當同學或訪客的掌聲雷動時，表演者會得到表現很好的內在獎勵。

|建議與訣竅|

- 儘管讀者劇場的劇本可在網路上大量取得，但許多老師發現學生透過發展他們自己的劇本會更投入，收穫也更大。
- 書寫與表演他們自己的劇本幫助他們了解英文寫作的常用規範。

---

13 搜尋專有名詞「讀者劇場」（reader's theater）會出現許多有助於應用讀者劇場的網站資源。「在動作中閱讀」往往強調讀者劇場策略，精確地說是因為它們在促進閱讀的技巧。然而較低與較高程度的理解動態對於扮演以及讀者劇場來說是相似的（Worthy, 2005）。

引號為說話者改變的指示；標點符號是有用的線索，引導句子最後的聲音是否應該上升或下降。同樣地，書寫劇本也產生使用旁白敘述與創造對話間的不同，它傳達了行動與情緒。

- 實際上，任何的文本都能被表現得如同讀者劇場。Katz 與 Thomas（2003）為詩歌發表提供了許多豐富的可能性，包括是否由個人背誦、如合唱班的朗讀、譜成音樂，或伴隨舞蹈與動作表演。其他使用這種形式的方法能在 Johnson（1998）與 Karelitz（1993）的著作中看到。

- 讀者劇場的作品屬於完整的課堂學習中的一部分，很適合用來聚會或舉辦家長之夜的表演，在這一方面，或許可以添加一些道具或背景，特別是如果它們的準備能夠增進學生的學習。另一種可以選擇的方法是，成果或許可以廣播劇或以有聲書的方式呈現。

如何利用一個故事玩遊戲，將讀者變成作者？

以上概述的創意戲劇策略包含了建構與扮演，它們讓孩子直接專注於具有故事要素的遊戲中，例如：人物塑造、布景、情節與語言。如果遊戲很豐富，孩子會有動機像一個說故事人或作者一樣去繼續思考故事。成功的關鍵就像我告訴荷莉老師的：「它回歸到一種所有權的感受。選擇一個孩子關心的豐富故事，故事對他們越有意義，他們將越努力以他們自己的方式說出來。如果他們知道自己的作品會被陳列出來，他們很可能會以一個 SIP（令人滿意的、有意圖的、問題解決）去處理它。」

 創新的經典故事

包括了在第一章中詳細說明、參與「石頭湯」計畫的許多班級，發現透過閱讀一個經典故事的不同版本能夠觸發各種的學習。孩子很高興分析

與比較多元的版本。只要給孩子一點指導，他們能夠就以下幾方面將不同版本的故事分類為一些是遵循傳統的故事，一些是和故事一起「玩」：

1. **角色或角色的特質**：Scieszka（1996）著的《三隻小豬的真實故事》（中文版由三之三文化出版）是一個絕妙但不落俗套的例子，表現出一個人對一個故事的了解會因為觀點的不同而徹底改變。相對地，Trivizas（1997）的《三隻小狼和大壞豬》（*The Three Little Wolves and the Big Bad Pig*, 1997，中文版由遠流出版公司出版）翻轉了我們在相同的故事中，對有關好人或壞人的假設。

◉《三隻小狼和大壞豬》

　文／尤金・崔維查

　圖／海倫・奧森貝里

　譯者／曾陽晴

　出版／遠流出版公司

◉《三隻山羊嘎啦嘎啦》

　圖／瑪夏・布朗

　譯者／林真美

　出版／遠流出版公司

老師在團體時間說《三隻小狼和大壞豬》。

⬆ 孩子聽完《三隻山羊嘎啦嘎啦》後,製作棒子偶與
　場景故事。

（照片提供：紐約蒙特梭利學校）

2. **場景**：Emberley 與 Eglieski 將《三隻山羊嘎啦嘎啦》（*Three Billy Goats Gruff*，中文版由遠流出版公司出版）與《薑餅人》（*Gingerbread Man*）的場景轉移到市中心。其他經典的故事將場景從一般的森林轉移到任何地方，從美國西南部到阿拉斯加或夏威夷都有。

3. **表現的風格**：幾乎所有的經典故事都會改編成歌曲或韻文，有些則改編成漫畫或圖文小說。有的情況是一個故事的角色會出現在另一個故事中，就像是 Fearnley（2002）的《狼先生與三隻熊》（*Mr. Wolf and the Three Bears*）。

　　這種分析對孩子非常具有吸引力，讓孩子認為也可以製作他們自己版本的故事。在一些情況中，每個人都能自由選擇他們想要為自己的故事所使用的一或兩種要素。在其他情況下，他們決定看看如果每個人同意呈現一種新的場景或一個不同的風格時會發生什麼事。然後，他們會去解決改變所需承擔的問題。同樣地，依照年齡與能力的程度，寫作活動可以是個別進行的，也可以是和同伴或大團體將其當作一個分享的寫作活動一起進行的。

 其他創新策略

　　從 E. B. White 的不朽作品《夏綠蒂的網》開始，過去六十年來看到了一股穩定的趨勢，具有天賦才能的作者在書中提出我們每個人所面對的社會情緒獲益與挑戰。一些是擬人化的各種動物表達他們的愛與想像力，其中有些感覺受傷、失落、生氣與害怕，有些像我們人類一樣表現出同理心、勇氣與喜悅。還有一些是以孩子與成人為特色，所處的場景從現代到歷史上的久遠年代，並且反映出從二十一世紀美國的任何事，到人類文化各個層面的生活方式與信念。

當老師鼓勵幼兒園的孩子去創作班刊中的一頁，並且在為他們刻意選擇一個與課程相關的朗讀活動後為其做示範，這能夠豐富班級的學習。許多老師會給班上的孩子棉花球與膠水去製作班刊的內容，以呈現他們朗讀完 Shaw（1993）所著《像濺出的牛奶一樣》（*It Looked Like Spilt Milk*）的反應。為了加強孩子對於數字的常識，每一個孩子都可以參考 Crews（1995）的《10 個黑點》（*Ten Black Dots*），或是 Merriam（1996）的《12 種得到 11 的方法》（*12 Ways to Get to 11*），繪製與標明班刊的內容。也可以透過讓孩子將 David Shannon（1998）的《小毛，不可以！》（*No, David*，中文版由臺灣麥克公司出版）做正面的改編，加上圖畫和文字，製作成「小毛，可以」的班規手冊。

◉《小毛，不可以！》
文‧圖／大衛‧夏儂
譯者／歐陽菊映
出版／臺灣麥克公司

⬆ 孩子在小組時間一起分享《小毛，不可以！》的故事。

　　（照片提供：紐約蒙特梭利學校）

將孩子創作的單頁作品蒐集起來，然後加上封面與書名頁很容易就完成了，但真正的成果是書本成為班級圖書館的藏書，或是被印製成許多本送給孩子的家庭，孩子被證實成為了真正的讀者與作者，而且很可能終身維持！

在小學，當他們被挑戰去為故事寫一個新的結局，或是將《夏綠蒂的網》或另一本像日記作品的章節小說重新改寫成一本圖畫書或一個章節時，會更深入地思考有關的角色與情節。當小團體分享他們的工作以及討論他們相同或相異的想法，然後考慮他們目前對故事意義的洞察時，這個活動富有更多的影響力。

在一個教室學習社群中，適合玩什麼故事？

在這一章中探索了玩一個故事如何能夠產生優質的智力工作。焦點是能夠促進讀寫能力或文學理解的活動。在第二部分，我們將了解在特殊學科的課堂或課程（包括了數學、科學與社會學科）的核心中，使用優質的圖畫書與章節故事讀本的例子。

在所有的情況下，故事之所以成為遊戲與優質的智力工作的好工具，主要是來自於它們所強調的重要的社會情緒學習。在前面的幾章中，我們檢視了學習者的投入，以及對於學習任務具有主權感的重要性；若大腦沒有一個正面的意向，它的推理與學習的能力確實會受阻。

使用《阿比優優》的活動讓孩子在遊戲中練習社會情緒的問題，但是有關任務明確的讀寫焦點有助於保持適當的界線。以下的警告須切記：清楚地強調與個人有關的議題如：無法管束的侵略性、霸凌、虐待、失去生命中重要的人或是手足競爭，都可以快速地轉入治療——或許是一種閱讀療法——而這最好是由受過訓練的促進者與篩選過的孩子進行治療，而非

由一班的班級導師負責進行。[14]

　　另外還有一個同樣具有挑戰性的問題。我所共事過的許多老師都痛苦地意識到許多教室具有嚴格規定的課程，特別是讀寫能力與數學。當教導初階的讀者這種課程時，會限制他們的選擇。老師的教學決定與意向必須集中在選擇方向去介紹與延伸故事，這樣 SIP 的本質才能被認可。

　　然而就像是荷莉老師使用《阿比優優》所發現到，以及其他教室使用《三隻小豬》和《仙度瑞拉》故事的情形一樣，當孩子連續幾天重複閱讀慎選過的可朗讀的故事，並且進行各式各樣的活動時，將能產生強大的影響力。祕訣在於一定要「經常定期地」選擇可以互動朗讀的故事，它們考慮到有關教室管理與班級氣氛的問題，並且支持學習社群。這些文本應該符合：

- 包含了一些要素，它們可以開啟一個以一門學科為基礎的提問，包括讀寫能力、數學、社會學科與科學。
- 具有社會情緒的意義，它們將吸引學生，給予他們動機去探索並從遊戲中學習這些有關人類責任的問題。這些問題是作為社會人必須去尊重他人、不要鄙視差異性，並且以能夠保護每個人的情緒與身體安全的方法表現。

　　民間故事與童話故事和當代的兒童文學一樣豐富，都符合以上標準。本書中舉了大量的例子。像是美國發展研究中心的「建構意義」（Making Meaning）與「成為一位作家」（Being a Writer）等課程在功能良好的教室學習社群中，使用了慎選過、可朗讀的普及書籍，有系統地發展理解策略與寫作技巧，也同時建立社會價值與常規。

----

14 好意但未受過訓練的個人會透過表淺的治療介入而造成弊大於利的情況，特別是在整個團體的背景中（參考 Hynes 與 Hynes-Berry, 1984/2011）。同時，教室中的老師需要非常留心不要過早硬要孩子面對毀滅性的歷史情境，像是 Schweber（2008）在討論中所指出的，將猶太人大屠殺放在三年級的單元中。

總之，建立明確定義的目標，包括了社會情緒的學習，以及強調某學科的「好的想法」是每一位老師的責任。教師在這個特別的教室學習社群中致力於這些目標，並且反映出孩子的特定需要與興趣，然後必須承擔選擇文本與活動這種重要的任務，才能成就優質的智力工作。

嘗試與應用

1. 找一本經典的兒童故事書，或是一本優良的現代兒童文學作品，它的內容與你的班級社群目前遇到的問題有關。分析如何使用這本作品「玩」故事的要素。

2. 接著發展使用了 SIP 原則的一個活動、課程，或一系列課程。確定這項活動的遊戲類別（功能性的、建構性的，還是戲劇性的）。執行完你的計畫後，回顧遊戲中出現了哪些學習的證據。

CHAPTER 5

什麼創造了優質的《歌蒂拉克》版本？
評量圖畫書的品質

例 證

　　在「擁抱一本書」及「故事巴士」所完成的多次專業發展計畫中，[1] 我們檢視了一些故事，像是《三隻小豬》、《歌蒂拉克》（*Goldilocks*，即金髮女孩和三隻熊）或是《仙度瑞拉》的各樣版本，並且討論即使基本的情節一樣，措辭及插畫會帶給每種版本獨特的詮釋。整個專業的學習社團熱烈地討論是什麼造就了優質的兒童文學。為了了解這個過程，讀者可以選擇《歌蒂拉克》的不同版本，並且仔細地思考以下的問題：

- 如果你只能選擇一種版本，你會選擇哪一種，為什麼？
- 每一種版本如何引起或抑制了一些開放性的好奇與自由聯想的問題，例如：「歌蒂拉克是怎樣的孩子？」或「你覺得熊怎麼樣？」
- 每一種版本如何有效地運用插畫與印刷字體的特色，以及如何以一種特殊的方式敘述文本以支持及延伸故事？
- 插畫提供了哪些包括了歷史時代背景的特徵？
- 插畫中的哪些細節或是字體的特色傳達了幽默、諷刺或其他的暗示，以清楚地表現這不是一個可怕的故事？

----

1 為班級圖書館挑選要分配給孩子使用的優良兒童文學，已成為我專業活動中一件愉快的差事。換句話說，在「擁抱一本書」的研討會中，我有許多機會去解釋與探索標準。目前我評量由艾瑞克森學院與 Dolores Kohl 教育基金會的「故事巴士」計畫聯合提供的書單當作專業發展課程的一部分。我也為「兒童文學理解力資料庫」做審核（http://clcd-literatureforchildrenandya.blogspot.com）。

- 什麼姿態及臉部表情顯示出角色的特性？
- 如何運用文字的特性來製造出強調重點或意義？

什麼讓文本成為好的學習工具？

我的木匠兄弟彼得喜歡說：「一位不好的工匠會怪罪他的工具。」當然他是對的。他是第一個宣稱一位真正的工匠是從精心「挑選」工具開始的──他會選擇製作良好及最適合手邊工作的工具。惟有如此，工匠才能夠繼續發揮技巧善用它們。

對於任何認為故事是最有力的教與學工具之一的人來說，這代表了要非常用心地選擇文本或故事。[2] 坊間的少年讀物大量充斥，必須建立一套清楚的標準以幫助我們篩選出最好的文本。

在幼兒的教室中（幼兒園到小學三年級），通常是透過圖畫書接觸文本。以下的討論歸功於 Nodelman（1988, 2003）、Jalongo（2004）與 Sipe（2008）針對圖畫書內容長度所做的研究。雖然圖畫書類是我們主要的焦點，我們所考慮的情況也適用於更複雜的文本形式，包括了章節類、選集類及知識類書籍。但是，在探討品質的問題之前，必須先清楚文本可以用不同的方式去建構。

文本的結構及類型如何影響閱讀的意義？

熟悉書本的孩子即使年紀非常小，他們也知道光看書的封面就「可以」說很多故事！書名、封面的插畫及快速翻閱整本書頁，都能對所包含的文本種類提供許多線索。一本童話所描繪的豬、狼或熊的特徵，比起一本描繪這些生物如何生活在自然中的知識類圖畫書，會引起非常不同的期

2　為了方便，這個討論將使用這個更含括性的術語──「文本」（text），因為它涉及各樣的類型，包括口頭說故事、圖畫書或較長作品的摘錄。

待與問題。當我們回應一本富詩意的文本或一本章節故事書時，我們又會轉換到另一種的思維模式。

同樣地，就圖畫書而言，它在被歸類成小說類或非小說類時經常面臨困難。比較有意義的做法是先區別出具有知識性結構的文本與具有文學性結構的文本，然後再將其依文學類型分類。

什麼是知識類文本的結構？

一般公認的讀寫能力定義主張，讀與寫是為了各種目的，包括了獲得知識及樂趣，它們被暗示分別屬於不同的種類。而實際上，許多孩子及成人發現閱讀和書寫關於科學、歷史或另一類「非小說」的領域非常有意義且讓人愉快。的確，一些孩子發現發展一個相關的主題，例如：恐龍、古埃及或環保的專門知識比較能夠獲得滿足感，並且比談論一個童話更能夠建立一種強烈的勝任感。

因此「平衡的讀寫能力」課程以及倡議者已經採用專業用語「知識類文本」與非小說類配對（Burns & Flowers, 1999; Duke & Kays, 1998; Jalongo, 2004）。事實上，美國兒童圖書館協會（Association for Library Service to Children, ALSC）已從 2001 年開始頒發席伯特圖書獎（Robert F. Sibert Medal）給在這個類別中傑出的書籍。儘管席伯特金牌獎排除了詩及其他的傳統文學，但它包含了其他所有使用文本及插畫表現事實題材的文學類型。

同一時期，美國英文教師評議會 NCTE（National Council of Teachers of English, 2011）每年會頒發歐比斯·皮克托斯獎（Orbis Pictus Award）給傑出的非小說類兒童書籍，以「促進和獎勵優質的非小說類兒童書籍創作」。[3]

---

3 這個標準為 NCTE Obris 獎的知識類文本的提名設置了一個有用的標準（NCTE, 2011）。

近期的研究發現對兩類人口來說，非知識類書籍特別是有價值的工具：

- 有力的證據顯示，比起故事書，男孩通常比較喜歡知識類圖畫書（Hall & Coles, 1997; Sullivan, 2009）。
- 英文學習者也從知識類文本強調特殊、具體的字彙及連結插畫的方式中獲益。語言的初學者常發現，發展與表達對知識類書籍的理解，比起對故事的角色或動機進行或發表推論容易許多。Rojas（2006）提出了一個令人關切的例子，是有關一對以西班牙語為母語的父子，如何在一項科學計畫中發現了彼此溝通的新方法。Duron-Flores 與 Maciel（2006）指出了一些配合英文學習者的程度來建立科學字彙的方法；Celic（2009）、Hartman（2002）及 Buhrow 與 Garcia（2006）也提出了具體的策略。

 我們如何判斷知識類書籍的品質？

知識類文本強調的是傳達有關自然界與社會科學的正確資訊與概念。

- 在優質的知識類文本中，資訊詳細與正確，並且以一種吸引人的方式構成。文本清楚流暢，依孩子的發展程度具有一些轉換、舉例或解釋。
- 在劣質的知識類文本中，資訊太過籠統，而且可能不正確；內容的結構看來隨便；點與點間的轉換不良；缺乏解釋與例子，或是對目標讀者來說太複雜或太簡單。

如同美國兒童圖書館協會的定義所指出的，「知識類書籍」文本結構的種類各式各樣，而這些文學類型的品質也極為不同。

- 使用「敘述性」的「故事」結構，是非常典型的非小說類文學類型，例如：傳記和歷史；相同地，有關宗教或文化的童書或許也圍繞著一個具代表性孩子的生活，這個孩子可能是真實的人物，也可

能是編出來典型經驗的代表。科學類圖畫書與日俱增地運用類似的結構，利用一個具代表性的角色或故事結構去傳達事實的資訊。

- 英國出版社 Usborne 和 Dorling-Kindersley 將一系列事實性的資訊以「問與答」的形式編輯，這已成為他們的註冊商標。這樣的結構與手冊指南中所使用的結構密切相關。目前這兩種形式的結構都經常用在教育與商業出版社的知識類書籍中。
- 「概念書」像是字母書與數數書，或是有關顏色、形狀以及其他基礎概念的書是兒童知識類書籍的另一大類。

什麼是文學類文本的結構？

我們往往認為文學的基本種類是「虛構的故事」與「詩」，其實「個人的短文」也應該被包含在內。圖畫書結合了圖畫與文本，反映或呈現出一個具有強烈社會情緒衝擊的想法或經驗，符合了文學的種類。Debra Frasier（1991）所著的《歡迎你，寶貝！》（*On the Day You Were Born*，中文版由和融出版社出版）已經成為這種文類的經典；它是許多非敘述性、誦讚及懷念親子之愛的作品之一。

其實，至今兒童文學中最大宗的文學性文本是「故事」；它們運用「敘述性的結構」，強調角色、情節及場景的相互作用。

這種結構的運用跨越了許多兒童文學類型，每一種都有

◉《歡迎你，寶貝！》
作者／黛柏拉‧芙瑞雪
譯者／李如譽
出版／和融出版社

它們的一套寫作慣例與期待。幼兒園的孩子習慣性地接觸故事，會產生一種能夠調解他們反應的「基模」或「故事地圖」（story map）。因此，即使他們可能無法說出所接觸的文學類型，但是他們知道不同種類的故事是以不同的方式「運作」。

1. 在一個「童話或幻想文學」中，魔法讓事情產生變化。魔法可能包含了特別的力量，像是一揮魔法棒就實現了願望，或是一種變身的方式——但在任何情況下，就算我們再怎麼許願或希望，魔法不會發生在我們的日常生活中。童話故事像《仙度瑞拉》是以「很久以前」作為事發的時間，而《納尼亞傳奇》（*Narnia*，中文版由大田出版社出版），無疑是幻想出的奇幻世界。

2. 「神話及傳說」包括了惡作劇的妖精的故事，通常含有魔法的成分，但是這些故事特別與我們的世界及宇宙的特性有關，或者是與動物特性的形成原因有關。這些故事的起因經常源自於文化的信仰。

3. 我們也能辨別出另一類「兒童的經典童話」，它們發生的時間通常在「很久以前」。雖然發生的事與我們生活周遭所會發生的不一樣，但在這個群體中沒有魔法。舉例來說，動物可能會說話、互動、造成威脅或幫助人類，像是《歌蒂拉克》、《三隻小豬》，美國南方的兄弟狐狸（Brer Fox）故事，或是動物寓言故事中的動物一樣。

4. 「有動物角色的寫實小說」是另一類故事，動物角色所處的環境與我們周遭的世界非常相似。這些老鼠、松鼠、兔子及其他動物面臨與父母、手足及朋友的問題，這些顯然與幼兒每天所面臨的相似。Rosemary Wells 和 Kevin Henkes 是創作這類作品的兩位大師。

5. 然而，極大量的敘述性文本屬於「真實小說」類。它們以普通的人類女孩、男孩及成人遇上並解決生活中的大小挑戰為特色。這些或許是被安排發生在當代的世界中，當發生的時空在過去，這樣的小說經常

被稱為「歷史小說」。

什麼讓文本促進了優質的智力活動？

不論是結構或文學類型，當評量一個文本如何促進優質的智力活動時，必須考量三種向度：

- 文學的品質。
- 公正性。
- 發展的適切性。

在這個討論中的許多例子會參考《歌蒂拉克》的故事，但是應用的標準本身適用於大範圍的文本。最好的及最差的書籍會直接落在評量範圍的兩端，而其他所有的書籍會分布在所有的向度上。然而，多數的文本會呈現出更多樣的組成。最終，關於是否在教室中使用某個作品的決定，要連同品質的概況和其他的考量一併列入，例如：它的可得性以及和目前在教室學習社群中所發生的事情之間的關聯。表 5.1 列出了在評量範圍中「最好的」、「好的」與「最差的」書籍品質的組成元素。

什麼定義了文學的品質？

如同前面章節所指出的，在對文本的「文字」品質進行有意義的探索前，「讀寫」技巧不需要達到專家的程度。Sipe（2007）蒐集了幼兒園與小學課堂中大量有關圖畫書的討論資料；他的分析顯示出孩子在專注地討論圖畫書的同時，進行了複雜的意義連結活動。

- 挖掘從書本封面到封底間的意義——從結構到語文，從表情到插畫，以及印刷文字的其他特色。
- 將他們所發現的與自己的經驗連結——與其他的書本、他們的生活，以及他們所知道的其他事情。

表 5.1 評量範圍中品質的組成元素

元素	「最好的」（值得再三反覆閱讀）	「好的」（絕對值得再讀一次）	「最差的」（不值得重複閱讀或根本不值得閱讀）
文本：故事情節與角色	角色發展良好且吸引人；故事情節提升了預測性，但是也有所變化。（在圖畫書中，插畫提升了這個元素。）	角色或許是以某種吸引人的方式呈現；故事情節可以預測。	角色呆板或普通；故事情節造作不自然，很容易預測，並且有明顯的説教意涵。
文本：問題與主題	主題及故事情節中安排了動人且引人注目的人類經驗，並且以一種真誠的方式解決，它們促進了反思與回應。運用大量的對話素材，在「提問的階梯」上下起伏。	主題及問題情形觸碰及到對幼兒的重要議題，但是在他們本身並沒有真正引起一些「提問的階梯」起伏的問題或對話。	主題與故事情節提供了一個膚淺的問題，或者可能讓真實生活中的問題看起來很瑣碎，以教誨作為出發點，或過度簡化。問題的解答也經過刻意安排，並且感覺很普通；它並非是由角色的動機，或是表現出任何人真正關心的問題。它並不認同問題的解答可能是複雜的。
文本：語言文字	優質圖畫書的語言文字與文本表現，具有強烈的想像力、生動的文字及愉快的韻律。它提升了讀寫能力的技巧，例如：對圖像的反應、語文發展與音韻覺識。語言文字令人想加入、高興地大聲朗讀。	語文是可被接受的，但不會引起人高度的興趣；一般缺乏強烈的想像力。	文本的語文沒有強烈的吸引力，並且很少或幾乎沒有想像空間。語言文字可能起伏不定、節奏單調、呆板，或使用陳腔濫調。

表 5.1 評量範圍中品質的組成元素（續）

元素	「最好的」（值得再三反覆閱讀）	「好的」（絕對值得再讀一次）	「最差的」（不值得重複閱讀或根本不值得閱讀）
插畫	插畫與其他圖像的特色表現出個人的風格，並且能夠吸引及提升文本的內涵。Nodelman 曾說過，最好的圖畫書包含了三個故事：「一個是由文字說的，一個是由圖畫暗示的，另一個是以上兩者結合的結果。」	插畫與圖像是可被接受的，但是缺乏一種特殊的吸引力。或許在文本與插畫的相互作用下會產生一種意義，但是做乎其微。	插畫非常傳統、沒有特殊性，而且可能極為依賴卡通的傳統畫法或刻板印象。
社會情緒與文化的多樣性及敏感性	文本針對與家人、朋友和社會的情感探索，以及社會互動提供了一個充沛的管道，其中也包含了難以接受的感覺。它傳達了對自己與他人的尊重、頌揚多樣性，並且明確地傳達出在我們生活中的相同與相異特性都是正面的。	這本書對於人類的情緒與多樣性提供了一些認可，但是沒有提供豐富的材料去探索這些問題。	這本書給了一種膚淺或刻板印象的取向去探索情感與互動。它提供了對於社會情緒的議題或多樣性問題的一種過度單純化、道德化，以及對錯的取向。

- 最適合提供優質的心智活動的文本，必須提供豐富的資源讓人探索挖掘。它們必須是優質的文學——一個優質的文學本身就具有的多面向度。

1. 基本的敘述性元素

包含了情節、特性描述、觀點、場景與主題。如同我們所看見的，資訊的與文學的文本結構經常是敘述性的。無論何種結構，優良品質的敘述具有：

- 「情節與故事線」以一種有趣的方式展開，並以人類共通經驗的觀點進行，或是迫使問題產生，然後以一種真實的方式解決。這讓讀者反思，並將故事與本身的想法和經驗做有意義的連結。
- 「定義明確的角色」，他們所說的話、想法與行動都能顯示出角色的人格特質與動機。
- 其他的元素，例如：觀點與場景以一種能豐富故事意義的方式發展。第一人稱、第三人稱的人物或多元的觀點，可能被用來製造對主題或角色的諷刺或支持的洞察力。
- 從這些元素所產生的「主題」很豐富，並且能引起反思，以及連結人類的經驗和理解。

2. 語文與表達

不論文本是文學類、知識類、敘述類、反思類或韻文類的，優質的語文與表達使用：

- 「生動、強烈的字彙」和引人注目的意象喚起如何看、聽、聞與感覺相關事物的感官印象，通常會觸發情緒與連結個人的經驗。
- 有效的表達與使用語文的特性，例如：運用「節奏、韻文、重複與各種句子的結構」去傳達意義與增強效果。優質的文本回響出演

說的聲音或語言的音樂。

這些特性扮演了必要的角色，透過紙上的文字感動我們的內心與想法。它們促使讀者進行較高階的思考技巧，例如：推理與聯想；語調和聲音反映出文本的目的與目標讀者。

同時，韻文、頭韻與節奏都能產生非常有趣的發聲遊戲，具有這種語文特徵的文本很容易讓人喜歡，進而發展讀寫能力的技巧，例如：音韻覺識與文字的學習。

3. 插畫與圖像

Perry Nodelman 著的《話圖：兒童圖畫書的敘事藝術》（*Words About Pictures*, 1990，中文版由財團法人兒童文化藝術基金會出版）讓我們大開眼界，並了解插畫在圖畫書裡製造意義的過程中所產生的驚人影響。[4] 在有關什麼因素造就了優質圖畫書的討論中，Jalongo（2004）和 Sipe（2007）一致同意 Nodelman 所說的圖畫書有三個故事：「一個是由文字說的，一個是由圖畫暗示的，另一個是以上兩者結合的結果。」（Nodelman & Reimer, 2002, p. 295）

當插畫與圖像組合的意義符合以下優良品質的標準時，最能引起共鳴：

◉《話圖：兒童圖畫書的敘事藝術》

作者／Perry Nodelman

譯者／楊茂秀、黃孟嬌、嚴淑女、
　　　林玲遠、郭鍠莉

出版／財團法人兒童文化藝術基金會

---

4 Nodelman 的第一章檢視了「圖像閱讀」（picture reading）有多麼複雜，以及作者對於書中藝術的文化偏見很明顯地會影響到讀者對於它的了解。

- 插畫與其他圖像的特色表現出「個人風格」且「迷人」。最高層次的插畫如同藝術作品，具有美學的價值。
- 無論什麼風格，插畫與圖像都應該提升「文本的意義並有助於語氣與情緒」。
- 「文字的特色」例如文本在頁面上的安排、不同的字體、字體的大小與粗體字的使用，都有助於製造出強調與意義。這些文字的效果透過加強音韻覺識與重複的語文結構，就像透過支持使用書本的技巧一樣，能夠促進啟蒙的讀寫能力發展。

在知識類文本中，文學的品質看來如何？

繼續將焦點停留在《歌蒂拉克》的同時，我們再以兩本有關熊在自然界中的圖畫書作為優良品質的例子。

1. 知識類文本中的結構和語文

Jonathan London 的《熊媽媽與萊特》（*Honey Paw and Lightfoot*, 1998）的故事是有關一隻熊媽媽與牠的寶寶在西部曠野度過牠們生命中第一年的故事。雖然這兩隻熊都被命名，但故事中所說有關這兩隻生物的每件事都與野生熊所做的一致，所以這本書比較明確地被分類為知識類而非小說類。博物學家 Jim Arnosky 在他的圖畫書《秋天的熊》（*Every Autumn Comes the Bear*, 1996）中，透過一隻具代表性的熊媽媽與小熊在自然環境中的鮮活感，有效傳達出有關生命循環、習性與野地生態行為的真實資訊。

然而，在這些優質的知識類文本中，也能輕易發現一些段落，可以在迷你語音課程中使用，或作為作家研討會中語文探索課程的生動範例。留意 London 的《熊媽媽與萊特》中，單單一個句子玩 /s/ 與 /sh/ 英文發音的遊戲所帶來的歡愉：「咻咻（Swoosh），熊媽媽與萊特跳到山坡

（slopes），在一陣稀泥（slush）的淋灑（shower）中滑行（skidding），然後停住（stop）。」

2. 知識類文本中的圖像

　　圖像在知識類文本中扮演了一個決定性的角色。仔細觀察插畫、照片與圖解，確實能讓讀者「看見」文本想傳達的是什麼。圖像可以是為了了解一種過程，或是對一種不熟悉的生物或物體形成一張心智圖像的元素。

　　兩本有關熊的書本中，在 London 的版本中，插畫較 Arnosky 的更為真實。London 的水彩插畫有一種印象派的感覺，但是兩者都幫助我們真實地看見野熊的外觀與行動。由 Dorling Kindersley 發行、Seymour Simon 著的《野熊》（*Wild Bears*）與《不可思議的熊：少年目擊者》（*Amazing Bears: Eyewitness Junior*）含有照片、極為寫實的插畫，以及用文字方塊區隔的文本、標題與圖片說明，是一種提供了簡單易懂的問答形式的書本，許多孩子可以自己閱讀。

3. 字體的特色，包含了圖像的排列組織

　　圖表、表格與范恩圖真實地區隔出「好的概念」與支持性的資訊間的不同，因此，它們視覺性地安排了比較和對比。同時，其他的特色包含了標記、標題與特別強調的專業用語引起了讀者對關鍵用語的注意。

　　再次強調，如同 Opitz 與 Guccione（2009）、Buhrow 與 Garcia（2006），以及 Rea 與 Mercuri（2006）所指出的，這種圖像的特色，對於學習第二語言的人具有特別顯著的幫助。有關所有這些特色如何提供其意義線索的明確指示非常重要。即使如此，無論一個人是否了解專業用語的英文，例如：「鼻子」、「爪」、「毛皮」、「兩隻腳站立」或「笨拙地以四腳向前走」，幾張照片就能夠為熊的外觀與移動方式提供一些良好的常識。透過圖畫表現出對於熊的了解，就像透過一個字彙測驗般有效。

公正在選擇書本方面扮演了什麼角色？

我們已經指出插畫與圖像的特性如何作為有效的工具，以確保有色人種的孩子（也包含了許多母語不是英文者）獲得公正的待遇。使用不同語言的版本是一種確保孩子能夠聚焦在故事的意義，而不會為了了解另一種語言的文字而掙扎的方式。在許多情況下，若無法獲得其他語言的版本，在閱讀前與閱讀後再做一次「圖畫散步」（picture walk）的活動，是一種有效預習與複習文本的方式（Barone & Xu, 2007）。它強調的應該是字彙的意義而非細節。舉例來說，當一個以西班牙語為母語的幼兒園孩子說，熊在吃 sopa（西班牙文的稀飯）而非說吃 porridge（英文的稀飯），而爸爸吃的是辣的，因為他放了辣醬，顯現出他清楚了解字彙的重要意義。

然而語文與概念間的不同，只是公正的一個面向。如果我們要支持孩子成為負責任的世界公民，那麼當我們在使用文本的語文與結構時，必須嚴格管理文本中所提倡的態度的本質。

- 優質的文本傳遞出對本身與其他文化的尊重，並且頌揚相同與相異處同樣的正面與有用，包括了反映出文化、種族或性別不同的多樣性。
- 劣質的文本忽略或錯誤地表現其他文化或團體的資訊，它們可能暗示或明示提倡某種文化優於其他文化，或是使用刻板印象。

這裡有一種或許可以用來檢驗《歌蒂拉克》公正性的方法。從 1837 年 Southey 的原始版本以來，這個故事一直存在著一種諷刺的意涵：如果熊代表了某人，他必定被認為是非主流文化的人；我們甚至可以說他們是有色人種的角色。然而他們堅持表現出「文明的」行為，並且結尾時，對於歌蒂拉克任性與孩子氣的行為只是以怒目的態度喚醒了她。

最後提出另一個有關公正的重要問題，便是 1980 年代後期，市面上

的童書中，有色人種還未被以一種正常眼光對待的現象。即使數十年後，Flournoy 於 1985 年出版的《拼布被》（*The Patchwork Quilt*），也是當時相對而言少數表現出一種固有的、雙親家庭、美國有色人種主流家庭的圖畫書。通常敘述的方式反映出人口學及歷史的刻板印象──美國印第安人的頭髮編梳成髮辮並圍著土著的腰帶、非裔美國人脫離奴隸制度，或現代貧窮的有色人種兒童多半透過他們在運動或音樂的天分，英勇地克服貧瘠的家鄉或窮苦的城市環境帶給他們的障礙。

如同 Mendoza 與 Reese（2001）所指出，文本中僅點綴了一些關於來自其他文化的有色人種或是有殘疾的人是不夠的；更確切地說，我們需要確信在我們的學習社群中所使用的文本可以禁得起以下問題的檢驗：

- 「主流文化之外」的角色是被當作獨立的個體或是諷刺的漫畫人物描述？
- 它們的描繪包括了重要特殊的文化資訊嗎？它是否依循了刻板印象？
- 在故事中，誰具有能力？他們能力的特質是什麼，以及他們如何使用它？
- 誰具有智慧？他們智慧的特質是什麼，以及他們如何運用它？

不公正的情形，不論是白種或是有色人種的孩子都不喜歡在書中看到這樣的證據。貧窮不等於人種，並且支持你所相信的、懷有同理心與關懷，學習調整你的行為，超越所有人口學與文化的界限。

《歌蒂拉克》是一個有趣的故事，可以思考關於公正的面向。即使是近幾年來，也很少有版本將歌蒂拉克描繪成一個有色人種。Melodye Rosales 著的《里歐拉和蜂蜜熊》（*Leola and the Honeybears*）是一個例外。然而，文本中非常清楚地描述，小里歐拉故意忽略她祖母訓誡她要表現得宜的規則。她與所有金髮藍眼的歌蒂拉克一樣，顯然這個故事的背景

對於有教養的意義，有著固定的價值觀與明確的期待。[5] 以一種很有意思的方式來看，對於歌蒂拉克是怎樣的孩子，以及她的行為舉止如何的評斷，很可能會完全翻轉，如果她看來像是一個貧窮、或許無家可歸的孩子——那麼她所表現的行為將完全合理化。

公正應該如實地被表現出來。一方面來說，應該有更多的故事是有關下層階級的白人，另一方面來說，故事中的中產或專業階級的非裔美國人、西班牙人、亞洲人及回教徒應該明顯增加。這些文本也需要表現出各種範圍的家庭結構，並且不含刻板印象，或教導性別角色的可能表現。整體而言，文學品質較高的文本很可能幫助「所有的」孩子將生活與文本連結，建構出意義，並且延伸他們的理解力。

在最近數十年中，故事裡情感的流露也可以是賦予動物角色，讓他們的行為表現得像一般現代人一樣，以回應這種需求。從 Rosemary Wells、Kevin Henkes 與 Mo Willems 所編寫的美好故事到電視卡通的角色，例如《亞瑟小子》（Arthur），越來越多的圖畫書表現出嚙齒動物、哺乳動物一起上學的美妙幻想；掙扎於負面的情緒中，例如：生氣與難過；以及發現方法表現與接受友誼和歸屬感帶來的好處。

優良的品質與適性發展一樣嗎？

分析什麼構成了一本優質的書籍，和談到某一本書將吸引每個人或是它可以有效地從幼兒期一直用到兒童後期，是非常不一樣的。如同一個普遍的經驗法則，當決定一個特殊的文本是否是良好的學習工具時，還應該考慮以下幾點：

5 參與了像是「石頭湯」、「故事巴士」與「艾瑞克森數學計畫」的非裔美國人指陳：里歐拉的祖母反映出他們所獲得的一種強烈的訊息，就是「有教養的」孩子被期待表現出哪種行為。對於維多利亞時代的人來說這是真理，如果沒有符合這些標準是不被接受的，因為它會讓外人對於自己的家庭產生不好的印象。

- 文學類與知識類文本具有情節、概念與特性描述，它們極度依賴先備知識、因果邏輯、推理思考或是複雜的動機。它們是能在小學中使用的優良工具。然而，這些特性強烈地限制它們對於較年幼孩子的吸引力與用處。

- 學前的孩子通常無法忍受文字過多的書本，不論它的語文有多美好。這對於大團體的情境來說尤其貼切。如果插畫具有說服力、故事不是太複雜，或是對於孩子來說很熟悉，也許可以產生快速的文字釋義功能。

或許沒有任何童話的集合體能比《歌蒂拉克》所屬的「經典童話」文類更能以插畫表現出這些規則了。舉例來說，三、四歲的孩子將歌蒂拉克面臨的問題看得相當真實。他們不會特別對人類與熊過著非常類似的生活型態，包括他們的家庭結構、房子、衣服與食物，而感到困擾。

然而五到七歲的幼兒歸納及抽象的能力顯著地發展。他們不僅能夠區分幻想與真實，也開始了解諷刺、察覺別人的觀點，並且懂得欣賞開玩笑。因此當學前幼兒對於像是《歌蒂拉克回來了》（*Goldilocks Returns*）或是 Margaret Wiley 將熊的家畫成一個真實獸穴的版本感到困惑時，小學低年級的孩子卻感到有趣，並且他們會將故事所顯示的透視觀點運用到他們自己的生活上。[6]

---

6 在 1989 年出版的 Jon Scieszka 的《三隻小豬的真實故事》（中文版由三之三文化出版），對於喚起這些新的能力產生了極大的影響力。事實上，它開創了「破碎的童話」（fractured fairy tales）的文學類型。毫無疑問，這些諷刺與有趣的童話經典版本娛樂了成人，也同樣受到七歲和更年長的孩子的歡迎。幼兒園的孩子往往對這些故事感到困惑，他們比較喜歡有點精心製作的故事，而大一點的孩子覺得那些版本很「孩子氣」。

歌蒂拉克的不同版本有何區分？

如同我所說的，文本的文學品質不只因為單一的成分，例如：語文、插畫或角色與情節，而是取決於它們之間的相互作用。當一個故事具有多元的版本，或是幾個故事在某些方面有關聯時，探索文本與文本間的連結能夠深入意義的建構。然而，當文本具有穩固的文學品質時，效果最佳。

就這一方面來說，《歌蒂拉克》是一個出色的實例。近兩百年來，這個童話的文本已深植於幼兒的心中。在無數已出版的版本中，只有少數改編了基本的情節架構。然而，每一種版本的語文與圖畫確實影響了我們對於其他的敘述元素例如觀點與背景的了解。然而，這些元素不僅影響了特性的描述與主題，特別的是，它們對於問題提供了不同的嘗試，這正是我想在幼兒受到了故事吸引後，冒險提出的問題：「歌蒂拉克是個怎樣的人？」這個問題對於一個剛啟蒙的幼兒來說，與「若我想成為那種孩子，我可以從她的故事中學到什麼？」沒有差別。

 歌蒂拉克是個怎樣的孩子？

由 Aylesworth 改編、Barbara McClintock 繪圖的版本中，熊與歌蒂拉克一樣，所處的背景是一個設備完善的維多利亞式家庭。它的文本使用一種說書者的敘述口吻，確保我們了解人類的小孩歌蒂拉克不像她所闖進房子的主人般非常有教養。它重複地強調，歌蒂拉克的強烈好奇心凌駕於她所受教的、一個行為良好的孩子應有的表現。這個版本利用三組不同大小的字體表現出三隻熊的聲音。

相對地，Buehner 夫妻檔作家所繪著的版本，表現出歌蒂拉克像是一個處於「自我中心」世代中、徹底現代風格的成員，完全只想到自己的權利；她是一個好動的女孩，嬉鬧地破壞熊寶寶的物品時，還一面唱著一首簡短的童謠。幾個小學的班級發現了 Buehner 的《歌蒂拉克》版本與他們

所喜愛的其他經典故事，都出現了相似的孩子氣的不良行為，例如 Seuss 博士寫的《戴帽子的貓》（*The Cat in the Hat*，中文版由遠流出版公司出版），以及 Sendak 的《野獸國》（*Where the Wild Things Are*，中文版由英文漢聲出版公司出版）。這些故事和當中的角色讓孩子去探索尊重別人和他們所有物的重要性，以及行動前先思考，不要表現得和這些角色一樣。

◉《野獸國》
文・圖／莫里士・桑塔克
譯者／漢聲雜誌
出版／英文漢聲出版股份有限公司

　　至於 Ransom 的雙語版《歌蒂拉克》呈現出簡單明瞭的故事。清楚富節奏的散文使用重複的字語，互補了情節的強烈模式。[7] 在熊爸爸方面，以轟隆隆的語調表現「（某事）太……」；在熊媽媽方面，以溫和的語調表現「（相反的某事）太……」；在熊寶寶方面，以一種尖銳的語調表現「剛剛好」。插畫相當的平實，但是我們可以從歌蒂拉克的臉部表情看出這個小女孩沒有意圖弄壞椅子。她坐下，是因為認為那張椅子對她來說剛剛好。

7　Paul Galdone、Valeri Gorbachev 以及 Jan Brett 應該被歸於這一類──它們都很接近 Robert Southey 的原始版本（Opie & Opie, 1980；或參考網路的維基百科）。在 dePaola 與 Barton 的硬頁書中，文本更精簡──故事被縮減成一個基本的架構，使得這些版本對於可能是第一次接觸這個神奇故事，以及需要建立語言的基本了解的人是很好的簡介。這些人指的是非常年幼和正在學英文的人。

⬆ 老師說完《野獸國》後，讓孩子畫出自己想像的野獸。

⬆ 不同孩子畫出不同風格的野獸。

⬆ 孩子自說自畫想像的野獸。

（照片提供：紐約蒙特梭利學校）

當你將《歌蒂拉克》的驚奇部分拿掉時會如何？

像歌蒂拉克這樣強而有力的故事，可能會被破壞掉。這種情形確實發生在《超級讀者：歌蒂拉克與三隻小熊》（*Super Why: Goldilocks and the Three Bears*, 2009）中。這本書屬於「出發去閱讀」（All Aboard Reading）系列中的一本，在美國兒童公共電視系列中播放。它以四個超級讀者角色與兩兄弟韋德和傑克為主要人物。就像是《愛探險的 Dora》（*Dora the Explorer*）與《妙妙狗》（*Blue's Clues*）一樣，這些卡通號稱能發展幼兒的問題解決能力與讀寫技巧。很可惜，它們把吸引終身學習者與讀者的意義建構過程扭曲了。

與電視的連結或許可以吸引一些電視迷，但是對於不熟悉這些電視節目的人來說，很難了解它的情節。在這個實例中，歌蒂拉克的故事即使已經進行到一半也不具吸引力。主要的情節是試著讓韋德玩完後收拾整潔。總之，其中的角色都是單一面向的，教導的聲調讓人乏力，阻礙了任何與主題相關的思考或是較深入的意義。插畫是落入俗套的動畫，並且文圖搭配得不恰當。用語誇張做作，字體在字畫謎、粗體字與大大小小的字體之間轉換，很難辨認。

如何運用問題開啟一些新的方法來詮釋《歌蒂拉克》這類的故事？

或許 Super Why 的版本最大的缺點就是無法提供令人滿意的 SIP：其實這個版本無法令人滿意，因為它沒有刻意地製造任何解決問題的機會，而且所提出的困難與問題都是完全封閉性的。

它也沒有提供讀者一個機會去真正地了解意義。當 Nodelman 談到在優質的圖畫書中同時存在了三個故事，他清楚地解釋前兩個：一個故事是透過文字敘述的，而另一個故事是透過圖畫敘述的，它們都存在於書中。然而第三個故事是「運作」出來的，或者我們可以說是讀者或聆聽者「玩

出來」的。無可避免地，任何人綜合那些最初的元素是依賴先前的經驗，以及個人帶到這個任務前的一些考量或問題。

像《歌蒂拉克》這樣歷久不衰的力量，來自於等級 3 的開放性問題。如同《阿比優優》這本書提供了荷莉老師的班級一種對抗怪物威脅的遊戲方式，《歌蒂拉克》可以用來探索長大的好處和壞處。歌蒂拉克就像那些深深為她著迷的孩子一樣，都面對一些幼兒期的問題。一方面來說，長大也表示更多的獨立：她可以自己出門、可以決定要吃什麼和她認為怎樣最舒適。另一方面來說，長大也意味著較多的責任和較高的期待。她大到不適合使用嬰兒用品或是行為像嬰兒一樣，雖然這些對她都仍具吸引力。在沒有人告訴她的情況下她也應該要表現良好，她被期待去尊重別人和他們的物品。如果她違反了，可能會發生不愉快的結果。Ayleworth、Buehner 和 Ransom 三個版本中的故事，對於探索這種兩難的問題，提供了一個豐富的基礎。[8]

其他的版本探索不同的戲劇特性：觀點主義（perspectivism）──更精確地說就是了解其他人的觀點或許與自己的不同，例如：什麼是「剛剛好」。Ernst（2003）的版本讓歌蒂拉克成為一個愛管閒事的成人重返森林，並且透過重新建造符合她標準的房子給熊，讓一切事情順利，而熊媽媽、熊爸爸與小熊也很高興看到她回來，就像多年前看到她一樣。Wiley（2008）的版本讓三隻熊住在一個適宜的獸穴中、睡在樹枝及樹葉上，並且吃昆蟲與滿是葉子的稀飯。雖然熊家庭清楚地表示歌蒂拉克弄得一團亂，但當她將物品依照人類喜歡的順序擺放時，她認為自己並沒有做錯。

當我三歲大的孫女席夢宣稱她知道《歌蒂拉克》的問題是什麼時，以一種令人驚嘆的思維模式去思考。她指出如果三隻熊有做過應該做的

8　《小熊和布雷爾一家》（*Somebody and the Three Blairs,* Tolhurst, 1990）在故事文圖互補間創造了一種不協調感。內容是一個人類家庭和他們的學步兒一起去公園，而他們的房子被「某人」入侵，牠看起來就像是一個長過大的可愛泰迪熊，並且行動非常像布雷爾家的學步兒。

事——「吹」牠們的麥片，那麼牠們就不需要出去散步，歌蒂拉克也不會闖入牠們的房子。當然這樣就不會有故事了，但是她為了滿足和企圖解決問題，展露了具科學天分的優異能力。

她的評論讓她身為物理學家的祖父提問他的同事與學生：什麼樣的科學解釋能夠說明當中碗的稀飯是冷的、最小碗的不冷也不熱時，最大碗的是熱的？這引發了有關熱力學規律以及變數重要性的熱烈討論，例如：稀飯上桌的時間、碗是什麼材料做的，以及環境的因素，像是附近的電扇等。

什麼是優良的版本搭配優良的工具？

在先前的章節中，儘管我們完全認同透過發生在故事中的事物會傳遞出發生在孩子身上的事物，但我們看到了優秀及有智慧的作品如何強調「在孩子身上發生了什麼」，更甚於「在故事中發生了什麼」。如同我們對《歌蒂拉克》的研究顯示，這種傳遞包括了故事是如何以文本與插畫做明確的說明。無疑地，如果故事呈現的方式符合優良品質的標準，好作品的潛力能夠被發揮到最大的極限。

以上所說，並不代表一個像是《歌蒂拉克》改編版本的故事絕對是最好的，同樣地，某本書或故事也不是比其他所有的書都好。有許多文本符合優良讀物的標準，並且能夠引發豐富的對話，它們會產生優質的、高智慧的作品。最後要提的是，雖然一些讀者可能比較喜歡某一種版本多於其他的版本，但一個班級社群很有可能決定他們想保留三、四種或更多不同的《歌蒂拉克》版本在他們的班級中，重複地閱讀，每次探究得更深入。我們會使用哪些版本作為教與學的工具仰賴了許多的因素，其中包括了個人的品味。

我們在自己班級的社群中，也應該強調另一個公正的觀點：每個人都

有權利有自己的喜好，發表自己的觀點。然而，每個人也應該有責任為支持自己的想法運用周詳的標準，以及尊重別人的觀點與喜好。

嘗試與應用

1 將三到五本彼此關係密切的書，例如：一個常見故事的不同版本，或是一些情節或主題相關的書組成一套。一些可能的書本組合已列在下一段落的清單中，或是使用你認為某種因素產生關係的一些書本組合。指定某一年齡或年級的程度，並且使用表 5.1 中的類別，以不同面向的觀點去評量每本書。

2 使用本章中所討論的標準，比較和對照相關的文本，說明你會如何將它們一起使用，或是你認為某本書比另一本更適合提供給一個年齡層或課程使用。從以下幾組書中選擇，或是列出你自己的組合：

(1)《手套》（*The Mitten*）——Jim Aylesworth、Jan Brett、Alvin Tresselt 所著的不同版本；Steven Kellog 的《遺失手套的祕密》（*The Missing Mitten Mystery*）；Candace Christiansen 的《手套樹》（*The Mitten Tree*）；H. Bancroft 的《冬天的動物》（*Animals in Winter*）。

(2)《石頭湯》——Marcia Brown（中文版由青林出版社出版）、Heather Forest，以及 John Muth（中文版由小魯文化公司出版）所著的不同版本；Y. C. Compestine 的《石頭湯的真實故事》（*The Real Story of Stone Soup*）；Eric Kimmel 的《仙人掌湯》（*Cactus Soup*）；Lois Ehlert 的《成長的蔬菜湯》（*Growing Vegetable Soup*）。

(3)有關名字的故事：K. L. Williams 的《我的名字是桑格爾》（*My Name is Sangoel*）；Y. Choi 的《我的名字叫賈》（*The Name Jar*）；

⊙《石頭湯》
文・圖／強・穆德
譯者／馬景賢
出版／小魯文化公司

⊙《我的名字 Chrysanthemum》
文・圖／凱文・漢克斯
譯者／楊茂秀
出版／上誼出版社

K. Henke 的《我的名字 Chrysanthemum》（*Chrysanthemum*，中文版由上誼出版社出版）；Arlene Mosel 的《踢踢踢踢天寶》（*Tikki Tikki Tembo*，中文版由愛孩子愛自己工作室出版）；H. Recovits 的《我的名字是永》（*My Name is Yoon*）；D. Frasier 的《艾里爾斯小姐》（*Miss Alianeus*）；Ellen Levine 的《如果你在愛麗絲島改名字了》（*If Your Name Was Changed at Ellis Island*）。

(4) 蘋果和派：L. Thompson 的《爸爸烤的蘋果派》（*The Apple Pie that Papa Baked*）；Zoe Hall 的《蘋果派樹》（*The Apple Pie Tree*）；R. Gourley 的《給我一些蘋果，我會幫你做一個派》（*Bring Me Some Apples and I'll Make You a Pie*）；A. Schertle 的《沿著路走》；Aliki 的《強尼蘋果種籽的故事》（*The Story of Johnny Appleseed*）。

PART 2
受過訓練的提問

CHAPTER

《踢踢踢踢天寶》有多長？

直接進行數字活動有什麼問題？

∽ 例 證 ∾

　　當我順道拜訪一家幼兒園提醒老師，我將會說《踢踢踢踢天寶》（*Tikki Tikki Tembo*，中文版由愛孩子愛自己工作室出版）的故事時，安特芮老師想要知道我能否用一個數學故事來代替，因為她被告知需在班上進行更多的數字活動。我告訴她不用擔心，在這個故事裡可以輕易地發現數學。

　　當我說到這個故事中有一位中國洗衣婦如何發現幫她的大兒子取一個非常長的名字的缺點時，安特芮老師班上的孩子都很愉快地和我一起重複背誦名字「踢踢踢踢 天寶—農沙 軟寶—查理 巴黎 瑞奇—皮皮 佩理 偏寶」（Tikki-tikki-tembo-no-sa-rembo-chari-bari-ruchi-pip-peri-pembo）。當洗衣婦的大兒子掉進井裡時，她的第二個兒子「點」（Chang）去尋求幫助，但是所有的大人都堅持要點說出他哥哥的全名，導致寶貴的時間流失。當大兒子被救起後，花了很長一段時間才康復。

　　接著我用一臺投影機幫助孩子實際看見兩個兄弟名字長度的不同。我用一張方格紋紙，將名字的縮寫「踢踢踢踢天寶」的每一個字母填入一個小方格中。在另一縱列中，我也將點的每一個字母照樣填入方格中。每個人不用數，很容易就看出哪個名字較長與哪個名字較短。

　　然後我讓孩子預測他們名字的長度較接近點的或是踢踢踢踢天寶的。即使是費席洛理斯（Faytheolonis）與查克里荷（Zaccariah）的名字字母也沒有像大兒子的 15 個英文字母那麼長。但是有許多人開始計算自己的名字比點的長，

而幾個孩子甚至發現他們的名字比點的還短！

　　當我隔週回到班上時，安特芮老師告訴我，她和孩子持續地討論名字，並且進行各種的比較。她帶我看貼在走廊布告欄上他們為展示而製作的長條圖（圖6.1）。她高興地指出，現在其他的幼兒園班級也開始進行他們自己的長條圖，去了解比較的結果。

　　安特芮老師告訴我：「我已經用《踢踢踢踢天寶》進行了各類的讀寫能力活動，但是我從未料想到利用它能夠讓孩子愉快地計數與測量。這種數學活動真的勝過做工作學習單。」

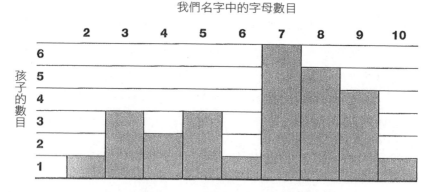

我們名字中的字母數目

圖6.1　我們的名字有多長？

如何在測量活動中發現故事？

　　這種交流的活動進行了十五年來，我聽到許多老師同意當故事與數學互相連結時，兩者都變得更有趣。當小學教室中的一群孩子或在研討會中的成人，使用每一個代表一個字母的方塊套疊積木建造他們自己的「名字塔」（name tower）時，各種問題都會出現。所有年紀的孩子都會被吸引並產生興趣。每次所出現的資料都不相同，同樣地，對話中所探討與聯想的資料也都類似這種情形。無論如何，好的對話只有在參與者真心感到有趣時才會繼續，請看圖6.2的例子。

圖 6.2　比較六個名字塔

　　想像被要求將六堆積木從最矮的依序排到最高的。我們不需要去數方
塊積木，只需要用視覺將它們做比較。絕對可以確定的是，幼兒可能會將
長度相同的積木並排移動，但不會有任何真正的問題解決法被包含在其
中，並且只有極少數的刺激會讓孩子再去想起它。10 是一個原本的數字
（naked number），它並不代表任何能夠引起興趣的力量。

　　然而，如果這些塔代表了名字，尤其是那些有點趣味性的，它將會是
不同的故事；或者更確切地說，如果這些名字塔代表了一些有意義的事，
它們一開始會讓人聯想到故事，並且因此引起對這些故事可能產生的問題
與討論。

• 如果我說這些塔代表了我孫女們名字中的字母數目，人們可能會
　好奇她們的名字是什麼。當我依照她們的年齡排行依序說出名字：
　米蕾兒（Mireille）、賽芬娜（Savannah）、艾娃（Ava）、泰拉
　（Tyra）、席夢（Simone）和薩思奇亞（Saskia），聽到的人可能

會想將她們的排行順序重新安排,將她們的年齡排行與名字長度的排行做比較。

- 如果我補充提到,我們常取笑我的二兒子麥可‧賽巴斯汀‧柯林伍德‧貝利慎重地為他的女兒們取了非常簡短的名字,這就很容易辨認出哪些名字塔屬於他的兩個女兒,其中誰的年紀比較大也很容易看出。如果我補充提到,兩個最長的名字屬於我大兒子一家的,那麼就提供了足夠的資料去分辨出家族中六個名字的順序。

- 因為這兩位父親是兄弟,女孩的姓都一樣,所以如果名字塔包含了姓與名,每一個塔將比所展示的高出五個方塊積木,然而它們的相對順序還是一樣。

這種比較是一種遊戲,提供一些理由去重新整理這些積木。事實證明,有關能從這些戲謔的比較中學到什麼的進一步討論,能夠引導對測量的關鍵性概念具有更深入的理解。

 你能夠不用數字去測量嗎?

雖然大部分的人認為一般傳統的單位應該被包含在測量的定義中,但你或許會注意到,所有關於名字塔的比較幾乎都沒有提到數字,而且絕對沒有用到「英寸、英尺、英磅、公克、夸特、公升」或任何其他標準單位。

然而在真實的世界中,許多測量只想要確定一個或一組物品是否「較大」或「較小」或「剛好一樣或相同」,但都沒有進一步去關心「多少」的問題。比較是測量的核心,這個概念經常被忽略。

在數學的世界裡「測量永遠是一種比較」,以一種特定的屬性(長度、重量、容積、體積、面積等)作為參考。依據情況,比較能以下述兩種基本方式中的一種進行。

- 測量可以用一種特殊的性質做「直接的比較」。就像是名字塔很容易以目視排出順序，它通常可以直接比較尺寸或數量。將物品比鄰擺放，很容易以長度比較出順序。視覺上的平衡顯示出在較低天秤盤上的物品較重，比起升得較高的一端有更重的重量。直接的比較往往不需要計算，或許它也無法被計算。想像一下，如果我們不用積木製造名字塔，而裁切五種不同尺寸的紙條做比較，我們仍然可以將它們從最矮的排序到最高的。
- 然而有許多的情況無法簡單地將物品直接做比較，或以一種特質定義一樣物品，那麼就要在細項和單位的數目間做比較以代表屬性。舉例來說，我們可以說米蕾兒的名字塔是 10 個單位長，以及艾娃的是 3 個單位長，結果米蕾兒比艾娃長 7 個單位。

為什麼了解單位很重要？

或許要了解單位，最重要的唯有要求所選擇的單位能夠符合所做測量的目的。

有時最方便的測量是使用「任意單位」，許多人會以步丈量一間房間以得到它大致的尺寸。孩子們很高興在紙尺上發現他們的身高，或甚至用銅板排成線量出長度。其他情況下，很重要的是能夠與別人溝通測量的情形，或是更精準地測量結果，這時捲尺、碼尺、天秤盤或液體單位更為適合；這些工具以大眾接納或傳統的單位，例如：英寸或英尺、公分、公尺、盎司與英磅或公克做標記與標準化。

在所有的情況下，做測量時必須觀察三個重要的特質：

- **相同的單位必須被用來比較相同的特性以產生「公平的」比較。**
  圖 6.3 是另一個有關米蕾兒、賽芬娜與泰拉三個名字的字母數量的代表。在這個例子中，名字塔使用了三種不同尺寸的單位。大圓柱

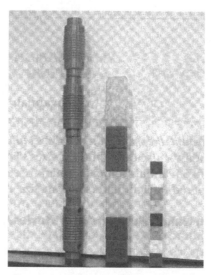

圖 6.3　使用不同單位的名字塔

體單位讓泰拉的名字看起來最高。使用兩種不同尺寸的連結方塊積木很難看出米蕾兒與賽芬娜的名字是由相同數量的字母所構成。

- **當物品以一種單位的方式測量時，很重要的是去指定用來做比較的數目、單位與其他的特質**。我孫女的名字產生了這樣的效果：想想米蕾兒與賽芬娜的名字中有相同數量的英文字母，就像是席夢與薩思奇亞的英文名字有相同的字母數量一樣；泰拉與艾娃的名字相對較短，但是如果我們以她們名字的音節數量做比較會如何？現在它們的比較與以字母數量為基礎的比較結果不一致。泰拉、艾娃、席夢與米蕾兒的名字都有兩個音節，而薩思奇亞與賽芬娜的有三個音節。

- **單位越大，單位的數目越小的比較結果**。當我們使用字體的不同尺寸做比較時，會產生什麼結果？圖 6.4 顯現出當艾娃的三個字母（Ava）以 48 級的字體級數與賽芬娜的八個字母（Savannah）以 10 級的字體級數做比較時會產生什麼效果。

AVA Savannah

圖 6.4　不同字級的名字：Ava 的字級是 48 級，Savannah 的字級是 10 級

單位如何將原本的數字轉變成故事？

我可以將這些例子簡化為這樣表示：15 比 5 多、10＝10 或 10－7＝3；然而這種以單純數字表達的說明缺乏趣味。以單位述說的故事是以所有測量的問題情況為基礎。為了決定「什麼比較大？」、「多大？」或「大多少？」有幾個問題需要解決：

- 問題中是哪種類型的「比較大」？名字塔說明了如果改變測量的屬性會影響是否能夠做某些直接的比較；如果需要用到單位，那麼所要測量的屬性與目標的本質都會影響到最適合使用哪些單位。此外，當使用標準的單位時，仍然存在著什麼單位最適合的問題。舉例來說，在 Scieszka 與 Smith 所著《數學魔咒》（*Math Curse*）中，推測需要拿多少的 M&M'S 巧克力糖去測量密西西比河的長度。毫無疑問地，用 1 公分長的糖果去測量 4,000 公里長的河流，這個單位太小了。

- 在進行一個正確或公平的測量時，哪些「工具或程序」會被使用，以及會包含什麼技巧？當幼兒直接比較名字塔時，許多孩子需被提醒，將名字塔的底座都放在同樣的高度做比較，這代表一個公平的比較必須去觀察底線。幼兒非常可能去「捏造」底線，讓他們自己的物品看起來比較大。工具像是直尺、捲尺與商用天秤盤非常容易操作；然而，有時需透過密集的訓練以確實地使用非常專門的科學儀器。

原本的數字如何製造出算術與數學間的不同？

關於故事在數學中之角色的討論已聚焦在測量的情形方面。對於測量有一個非常人性的要素。「什麼是較大？」「在問題中哪種較大？」以及「大多少？」是孩子十分關注的問題。他們容易把「較大」（bigger）與「較多」（more）畫上等號，而且在孩子的想法中，那代表了「較好」。所以在《踢踢踢踢天寶》中，幫最年長的兒子取一個長長的名字去榮耀它的中國古老習俗是合理的。

然而，故事以挑戰「較大＝較好」的等式作為結尾。說出兩個兄弟個別名字所花的時間不同，因此會分別影響去解救的時間，這很清楚地顯示出並不是所有「較大的」都較好。書中最後老公公所說的，點出了重點：「從那一天起，中國的爸爸媽媽發現，給小孩取短短的名字，才是聰明的選擇。他們再也不給小孩取長長的名字了。」

更多關於團體的問題與評論的討論持續地進行，也許有一些來自於老師的協助引導。所有的提問都類似：我們同意取短的名字是「聰明的」嗎？尊重長子比小兒子多，這樣公平嗎？但是它也相當容易將故事轉移成數學：我們的名字都符合中國的習俗嗎？當我們做名字塔比較時，我們會看到哪種模式或比較？當下，孩子是在做測量的探索，這屬於學校數學的主要內容之一。[1]

總之，大家都知道，在這種情況下，包括了數學與數學的活動都屬於一種測量。當我們問「多少？」時必須說：「……是多少？」問這個問題代表有一個故事正準備展開。

---

1 美國數學教師協會（NCTM）確認了測量是學校數學學習中五種主要的內容之一。其他包括：代數、數感與運算、幾何，以及統計與機率。測量也被認為是數學與科學的交點。

所以原本的數字有什麼問題？

數學的學校經驗往往是一連串無止盡的任務與測驗，去決定原本的數字（naked number）能夠多快或多準確地被操作，也就是說計數、加法、減法、乘法與除法，包括了運用一種或更多這些操作公式的複雜問題。

以上所強調的是在幾種問題考量上。一方面來說，幼兒經常深入地進行 Ginsberg 所定義的「集中在數學的遊戲」。[2]「多少？」或「多了多少？」的問題占了許多遊戲情況與談判的一部分。

同時，最近的腦部研究反對過度依賴死記數字的順序、數學的事實或規則系統像是借位與進位。死記與重複練習能導致資訊進入長期的記憶，而能被迅速地檢索，以至於計算不需從問題解決所轉移。然而，如果資訊是透過死記所學的，那麼它的功能像是標籤，但是基本的概念架構或意義並不存在，一個人策略性地去檢索它的能力會受到限制。舉例來說，九九乘法表或許已經被依序反覆地背誦，所以一個人必須從 1×6 開始一直背到 9×6，才能得出如果你想要 9 份 6 罐的汽水飲料，那麼你共有 54 罐的汽水（請見 Willingham, 2008/2009）。

實際上，早期學校的經驗往往強調算術而非數學。是什麼讓算術這種困難而討厭的事非常繁重，是因為它們是沒有故事性、無止盡的單純數字的事。我們所聽到的盡是 $3+3$，或 3×4，或甚至是 $2714 \div 3$。我們從未被確實告知「3」是怎麼一回事。學校算術壓抑了事實：「沒有像 3 這樣的東西！」[3]

---

2 Ginsberg（2006, p. 151）討論孩子天生對每天的數學問題「有多少？」與「多了多少？」感興趣。

3 1930 年代，在新罕布夏州一位傑出具前瞻性的學校督導向大家介紹了一個非常成功的課程，他要求老師對六年級以下的學生停止所有正式的算數教學，並且以強調語言的發展、代數的推理以及問題的解決來代替。他的原始報告可以參考 http://www.inference.phy.cam.ac.uk/sanjoy/benezet/。

在小學之前，我們習慣於認為計數像是一種數字文字或符號的固定結果，我們不了解「三」和「3」只是「表示量的屬性符號代表」。數字是一種特定的數學屬性，數學家稱之為「數知覺」。這就像是沒有一樣物品是「綠色的」，只是有許許多多的物品有一種位在綠色光譜上的顏色。沒有一樣物品是3，只有「三件物品」。三隻野生象與三隻膽小老鼠的收藏品或許在尺寸上完全不同，但是它們以數字或量的觀點來看是相同的。

當數字被認為是形容詞時，故事會發生什麼事？

因為成人不認為數字是形容詞而是名詞，就像是「屬性」而非「單位」，因此毫不意外，孩子會容易感到困惑。[4] 為了讓幼兒發展一種對數字的深度理解，也就是發展「數字感」，必須讓他們體驗計數與一些操作，像是與「集合」相關的操作，並且能夠以「數字代表一種單位的屬性」的描述來幫助他們了解每一種集合。[5] 這種過程相似於非常幼小孩子的語言發展方式。首先他們會使用一般的術語「水」去要求喝些東西，很快地，他們能夠詳細地說明一種喜愛的飲料，像是蘋果汁、牛奶或橘子汽水。同樣地，數字概念的發展就像是許多經驗的結果，它所確立的聲明 3＋4＝7 是符號性的；它是一種抽象概念，描述了許多不同的情形，舉例如下：

- 蘇姬・雷（Suky Ray）的姓 Ray 有三個字母，名字 Suky 有四個字母，一共有七個字母。她喜歡將她的名字作為自己的代表，像是一

---

4 當你讓幼兒園的孩子排好隊，透過指示並給他們數字的名稱：「你是1、你是2、你是3」時，想想會發生什麼事？一個剛過完四歲生日的孩子或許會需要適應，並且拒絕接受排序：「我不是3！」這個孩子和許多其他的孩子一樣，將第幾號與年齡畫上等號（並且將任何「較大的」都等於是「較好的」當作是絕對的事實）（Hynes-Berry & Itzkowich, 2009）。

5 對於幼兒的數字感來說，有一個非常強烈的發展要素。大腦研究指出，非常幼小的孩子直覺上對於從1到5數量的理解，大約符合他們的實足年齡（Sousa, 2008）。在五歲左右，孩子進入一般稱為「5到7」的轉換，在認知抽象與歸納能力方面顯著地增加。這個時期結束前，強烈的數字感典型地建立起來，包括對於位值與多位數計算的感覺。許多在建立數字感與圖像理解力的基礎方面得到支持的孩子，當遇上強調象徵符號程度的數字運算時往往會迷失。

位隨和又簡單俐落的人。

- 蘇姬決定在和她最好的朋友進行為期一週的旅行中，只打包紫色的衣服。他們計畫往西行，從芝加哥開到丹佛，估計花四天的時間旅行，然後花三天與她住在麥爾海市的家人在一起。

- 第一天的旅遊中，她的朋友吃了三個橘子和四個蘋果當點心，總共吃了七個水果。三個蘋果和四個橘子被留到第二天，蘇姬心想是否他們在抵達丹佛前就會吃完所有的水果。

如果以算式成列連續寫三次「3＋4＝？」似乎很滑稽，顯然，在單純使用數字以外，說故事能夠帶來無限的可能。因為在這些例子中都提到了蘇姬，每一次似乎都在一個單獨故事中擔任不同的角色。注意某些添加了枝節的敘述提供了額外的細節去改變「故事」，雖然它們不會影響到故事中所包含的「數字」。然而這些細節確實改變了「我們對於單位的看法」。它們也闡明了所有有關 3＋4＝7 的可能，故事必須歸於許多單位或許多集合中兩種關係間的一種。兩種以代數表現的情形如下：

1. 3「單位 a」＋4「單位 a」＝7「單位 a」：也就是給了 3 與 4 相同的單位會得到 7 個相同單位的物品。

2. 3「單位 a」＋4「單位 b」＝7「單位 c」：也就是給了 3 與 4 不同的單位會得到包含了「a」與「b」的物品。

一般而言，第二個問題的情形會產生更多有趣的故事，有非常多可能的方式可以指定「單位 c」，所以它包含了「單位 a」與「單位 b」兩者，並且每種可能的解決辦法開啟了不同的問題。橘子與蘋果都是水果，但不代表只有水果可能會在碗中。如果蘇姬打包了芒果與麵包樹果實，「單位 c」會被列為接近「熱帶水果」。草莓與覆盆子可以統稱為漿果，是水果的一種子集合。然而，我們可能會懷疑為什麼只有 3 或 4 顆漿果可以食用？那對一隻老鼠來說或許是一餐盛宴，但對人類可不是──除非蘇

姬和她的朋友正在節食。

　　同樣地，也有許多種與她的旅行計畫相關的可能問題，包括了他們會順著許多可能路線中的哪一條走？他們想要在路上觀光、走當地的高速公路，或是他們會直接穿越州際道路？所有的這些問題或故事都能夠轉化成一個非常不同的數字句子或者問題陳述，並且每一個都可能述說一個不同故事的主題。

　　這種遊戲具有組成與分解集合的概念，能夠在精彩的圖畫書中發現，例如：Paul Giganti 的《有多少蝸牛》（*How Many Snails*）或《每個橘子有 8 片》（*Each Orange Had 8 Slices*）、Donald Crew 的《10 個黑點》、Eve Merriam 的《12 種得到 11 的方法》或是《阿諾的數數書》（*Anno's Counting Book*）。像這樣去看與探索故事的問題很容易讓幼兒創作出他們自己在班刊中的作品，這是用數字閃示卡所無法做到的。

　　再回到相同的點來看：當問題被簡化為只是數字句子時，除了故事性之外，強烈的去發現答案或了解它的意義的動機也會失去，只剩下模模糊糊的趣味。

為什麼將故事留在數學中很重要？

　　在學校斲傷了孩子的興趣之前，幼兒所體驗的數學像是一種持續的遊戲 SIP，也就是對他們而言一種「令人滿意的」與「有意圖的」方式，針對想知道的許多情形與概念進行「問題解決」。他們往往全神貫注地將他們自己與別人做比較，總認為大就是好。但是他們也經常衡量玩具或日常用品「我還需要多少？」「我有得到公平的分量嗎？」同樣地，當他們從一個地方到另一個地方、在一個房間或建築物內或戶外，以及當他們建造積木與其他建構性玩具時，他們正在做幾何學的活動──他們探索動作與方向，以及立體形狀的特性。

很遺憾地，孩子的父母與老師常常無法辨認出生活周遭的數字，或常屏除了這一部分。他們不是欣然地接受這些豐富的遊戲與解決問題，而是將數學等同於算術。特別是在幼教的環境中，許多老師不喜歡數學，也代表他們花極少的時間在這個科目。大部分老師都直接用編寫的課程來教學，他們自己對數學的了解不足以用來教孩子理解。[6] 這樣的結果很嚴重。

 ## 用數學的概念做遊戲會如何影響學業的表現？

大腦的研究指出，早期即強調生活周遭的數學問題，將會有利於日後的學業表現。實際上，它是最好的測量方式，比用讀寫能力的技巧來預測效果更佳。[7]

然而研究非常清楚地指出，有利的條件來自於幼兒期即建立數學思維的優良基礎；這並不是反覆練習的結果，就像是早期字母的知識對孩子的理解技巧並無法達到良好的預測效果。當美國國家研究院（National Research Council）的報告指出：「在一年級之前，幼兒能夠學習概念與技巧，它們能夠支持孩子日後理解更複雜的數學」（Cross et al., 2009, p. 2），他們的意思是，孩子在一年級之前能夠發展「問題解決的技巧」；當他們探索與反映在遊戲中與日常生活經驗中自然產生的數學問題情況時，這種能力會持續且靈活有彈性。

他們在實驗、觀察與評量時所做的有目的的思考，使他們進行了支持語言發展的對話與問題。這些方式比起所能做的吟誦字母或完成語音的工

---

6 令人沮喪的證據顯示，許多女性選擇當幼教老師是因為覺得可以避免教數學。結果她們往往將自己的數學恐懼症傳達給她們的學生（Sian Beilock, 2010）。

7 Duncan 等人（2007）所做的研究以大量的孩子為樣本下了這個結論。NCTM 有關早期數學的立場文件在 2007 年 9 月發表，是支持早期的數學能力對長期的表現很重要的觀點。參考《幼兒園的問題》（*Preschool Matters*），2010 年 1/2 月號，第八卷第一期，http://nieer.org/psm/?article＝298，也參考 Camilli 等人（2010）。

作學習單的方法更加豐富，且更有持久的力量。如果這種方法在一年級之後仍良好地持續進行，對於各領域的學業表現（包括了數學的）將能產生戲劇性的正面影響。不僅正面的態度與成就間具有強烈的相關性，優質的智力工作比起死記與機械式的練習對於學習更為有效。

這是 Van den Heuvel-Panhuizen 與 Buys（2008）所提出的觀點，他們主張幼兒在進行測量活動時具有樂趣的重要性，以及孩子也需要被問題呈現的方式所吸引或引起動機。「如果這些因素都是正面的，測量各種方面的洞察力無疑會發展得更為迅速。」（p. 40）

數學化與算術間有什麼不同？

這些因素的重要性不會限制幼兒，它們構成了以建構主義的方法去學習的基礎。這些哲學觀點是由佛洛登梭研究機構（Freudenthal Institute）聲明的，這個機構從 1970 年代早期就開始引領荷蘭的數學教育。這個機構認為教導數學像是一種「人類活動……焦點不應將數學當作是一種封閉的系統而是一種活動，一種『數學化』（mathematization）的過程……學生使用數學的工具，它們能幫助學生在真實的生活情境中去組織與解決一系列的問題」（Van den Heuvel-Panhuizen 2000, pp. 3-4）。[8]

「數學化」的概念在現今的美國數學教育中被討論的頻率日增。Cross 等人（2009）提出當孩子能夠「透過數學的物件（例如：數字與形狀）、數學的行動（例如：計數或改變形狀）以及這兩者的結構關係去解決情境的問題時，數學化的情況就發生了（p. 40）。

想像一下，也許我們可以把「數學化」想成是一種魔法棒，當棒子一

8　國際教育研究院（International Academy of Education）的報告引用了一份研究顯示：「強調教導意義的教學對學生的學習有正面的影響，包括了有較好的初步學習、更大的保留與增加的可能性，所學的想法會被用在新的情況中。這些結果也在高度貧窮的區域研究中被發現。」同時，報告也提出需要創建一種「教室的學習背景，在其中學生能建構意義。」（Grouws & Cebulla, 2000, p. 13）

揮、揭露問題情況中正式的數學特性，就能讓我們聚焦在能夠形成問題解決的數學性思考。問題可能在每天生活中或在戲劇性的遊戲中發生。

什麼讓故事中的問題變得有意義？

「數學化」的另一種說法經常是尋找嵌入在故事裡的數學。很諷刺的是，對數學有負面態度的人往往不喜歡發現故事中蘊藏的問題。畢竟故事中的問題需要思考與解決問題。以往數學的事實通常是透過死記的方式學會的，不需要動腦筋去解決原本的數字問題，它可能會令人感到沉悶。相反地，解決故事中的問題需要做策略性的決定，它被定義為如同測量的一部分。我們必須想通我們想知道什麼，並且決定四種基本運算中的哪一種或什麼公式最適合給予一個好的解答，就像知道用哪些數字去代入公式一樣。

在太多的課堂裡都非常強調算術的數學問題，而剝奪了它們的故事性。出現在數學教科書中的故事被縮減成光禿禿的骨架，被定義為只比數字與單位多一點。正如我們看方塊堆與 $4+3=7$，越將其融入故事，越可能可以用數學的術語處理問題，這連帶產生了豐富的問題解決與學習。

幸虧讀寫能力、數學與思考三者不需要彼此區分的概念逐漸被認可。事實上，Hyde（2006）與 Siena（2009）已令人讚佩地完成了有關調查與解釋開放性的問題及對話對於發展數學性的思考非常重要。它們大體上來說和所提出的去刺激對教科書的了解與探索，以及使用產生效果的理解策略有密切的關聯。舉例來說，Hyde 已將流行的 KWL 策略（你知道什麼、你想知道什麼，以及你學到了什麼）轉換成數學的模式，他稱之為 KWC：

- K 代表在問題的陳述中，「已知的」（Known）是什麼。
- W 要求一個好的問題描述，確定未知的成分，也就是某人「想要」（Want）明白或發現些什麼。

- C 象徵一個人應該注意的特殊「情形」（Conditions）、規則或祕訣。

Hyde 舉了一些例子，談到如何使用 KWC 策略有效地建構一個數學問題情況的討論。老師並非只是尋找數字，而是引導有關想像的真實生活情形的對話；孩子被鼓勵提出他們自己的問題、解釋和支持他們的推理，以及用操作或畫圖來說明問題（pp. 20-39）。

花些時間用這樣的方式進行數學化，可以將即使是最基本版本的故事帶入生活中。同時，它為受喜愛、可大聲朗讀的故事像是《踢踢踢踢天寶》加入了一種全新的面向。此外，對於學習不佳的讀者、第二語言的學習者，以及其他具有學習或語言挑戰的人來說，KWC 這樣的策略格外重要。

更多有關將故事留在數學中的有力見證，可以從 Cathy Fosnot 以及其他投入於「城市的數學教育計畫」有成的教師學院見證到，他們密切地與佛洛登梭研究機構合作。他們所有的課程都開始於真實生活故事的問題情境，老師的角色是當他們透過變成一位數學家去發展自己的能力解決這些問題時引導他們，而不只是獲得算術問題的正確答案。

 ## 數學性的思考如何與高階的思考產生關係？

在先前探討較高層次的思考中，我們看到在提問的階梯上下左右的移動如何與在具體的—圖像的—符號的模式間的移動一致。無論如何，這種發展的思考模式與數學有特別的關係。為了吸引學習者，我們需要用一個適當定義的、具體的、真實世界的數學情況作為開始，例如：「如何去比較我們名字的長度？」問題可能發生在孩子遊戲的背景中，或者它有可能是由我們所提出的，是建立在學習者的興趣與需要上，包括透過一個故事所引發的問題。

- 探索問題與可能的解答是屬於中間的階段，它需要用一種相當具體的方式做歸納。有關「什麼是比較大的」問題比起問「多少？」或「在某種尺寸中大多少？」的問題需要不同的程序。具有許多有趣、真實測量情況經驗的學習者可以自己開始將問題簡化成數學的模式。許多人會發現澄清問題並獲得一些解決問題的方法是使用具體的操作、畫圖與討論，換句話說就是用故事來玩。對於幼兒與那些花極少精力用數字思考的人來說，或許需要引導他們去了解可以透過一些比較來發現答案，也就是透過堆疊名字塔直接地發現，或是透過計算字母間接地發現。

- 只有經歷過許多伴隨著明確增強數學化的良好對話後，孩子才能為他們自己建構「好的概念」，這些概念與數學內容（content strand）有關。當孩子象徵性思考的能力發展，當他們持續獲得經驗、反映，並了解在不同種類的數學問題間的關係時，孩子持續在概念的與象徵的等級上，建構對於數學更豐富與更複雜的了解。

- 如果孩子們的提問奠下深厚的基礎，很可能每一個最新建構的理解將促發未來的提問，並且導致「更深入的探究」。當數學思考的技巧增加的同時，較不複雜的概念與過程會移入長期的記憶中。[9] 那麼數學的思考會變成即使沒有對具體的問題情況明確地深入探究時，仍可以在抽象或象徵的等級上發揮作用。

然而「階梯」比起「象牙塔」仍然是一個比較適合的概念去形容較高等層次的數學思考，包括了在不同等級間上下與左右的移動。如同 Cross 等人（2009）所指出的，只要幼兒的提問是以一個具體的基礎作為開始，

---

9 有關大腦方面的新興研究已經建立，且久負盛名：「我們所認知或有重複經驗的新的學習沒有持久的力量。我們越增強這種經驗，它就有更大的持久力。研究顯示我們在短期的記憶中，最多能記住六到八件事情，但是卻能立即取用我們已建立良好的長期記憶。」（Sliva, 2003, pp. 36-37）

他們能夠具有較高層次的數學思考能力。[10] 同時最好的數學家總能發現他們周遭的不同問題。生物學家觀察許多自然現象的結構，包括了某種植物與貝殼，他們可以將其簡化成數學的模式。當他們建立這些結構時，能夠透過數字的費氏數列來代表。[11] 小學生喜歡探索結構，就像好故事《喜歡奇思妙想的費布那西：揭露自然的密碼》（*Wild Fibonacci: Nature's Secret Code Revealed*, Hulme, 2005）與《傻瓜：費布那西的生活》（*Blockhead: The Life of Fibonacci*, D'Agnese, 2010）中發現數列的主角男孩一樣，他們去閱讀和研究圖畫書中所描繪的結構方式。

我們如何在數學中保留故事？

數學的思考需要在軌道上下與左右的動態移動，這個概念讓文本與故事成為格外能夠以各種方式使用非常有用的工具。

一方面，我們應該養成「將優質文本數學化」的習慣。當選擇大聲朗讀或將文本與故事運用在跨學科的學習時，尋找方法從文本中引發以數學思考與問題解決。

- 概念與知識性書籍或許具備一個直接的數學焦點。舉例來說，計數書是屬於概念性書本中最受歡迎的種類。然而在這些圖畫書中，有許多種方法可以玩數字感。[12] 許多知識類書本，特別是那些焦點在科學方面的，其中建構了許多數學的問題情境，包括了與測量有

---

10 在數學化的運算的初期與中間階段，例如：計算立方體、十進制等，就像示意圖一樣提供了一種有力的、從具體轉換到圖像，再到象徵性的階段的方法。舉例來說，名字塔不用參考個人的名字，就能聚焦在長度的比較上——但你無法知道哪座 8 塊立方體塔是屬於賽芬娜的，哪座是屬於米蕾兒的。

11 費氏數列（Fibonacci sequence）也代表了「黃金矩形」，這是許多繪畫、雕塑與建築作品的審美特點。

12 McDonald（2007）針對如何分析計數的書，提供了一個傑出的評論。亦參考 Carlson（n.d.）以及 Wilburne 等人（2007）。

關的問題。

- 故事與傳說經常有數學的情境嵌在情節中。《踢踢踢踢天寶》、《膝蓋高的人》（*The Knee-High Man*, Lester, 1992）、《兩種數到10 的方法》（*Two Ways to Count to Ten*, Dee, 1990）、《好事成雙》（*Two of Everything*, Hong, 1993），以及《一隻腳有多大》（*How Big Is a Foot*）是幾個將有關測量問題數學化的民間故事的例子。[13]《那些鞋子》（*Those Shoes*, Boelts, 2007）透過利用價格與實用性去測量複雜的價值，以探索我們「需要」什麼和我們「想要」什麼之間的不同。《祖父唐的故事》（*Grandfather Tang's Story*, Tompert, 1997）描寫中國七巧板的遊戲。Shirley Raines 與同事（1989, 1999, 2000）共同編寫了不同的延伸活動合集，包括了數學，都是以兒童的故事為基礎。Whitin 與 Wilde（1993, 1995）、Burns（2004）以及 Burns 與 Sheffield（2004）都提供了許多有關兒童文學特殊功能的出色討論，可以用來探索主要的數學概念。

- 越有意圖的老師，學習會越有成效。換句話說，從日常生活中所選的圖書與故事不應該是隨機選出的，而應該是一種經審慎思考的結果，也就是課程的一部分。如果你願意，學習者在其中會被引導穿越一種特殊的景致，得以在其間漫遊探索。當某天老師帶來一本能夠幫助發展數字感的書，然後隔天換成帶另一本以一種完全不相關的方式來探索形狀的書籍，這可能會讓不同數學內容間的深層模式與彼此的連結流失。

---

13 艾瑞克森研究機構非常成功的「早期數學計畫」為其他的專業發展工作坊樹立了一個指標，我也投入在其中。在 1990 年代早期，我重複說了 30 個民間故事，作為由我指導的 Britannica 數學課程的每個單元的開場。每個故事中都融入了單元課程中會運用到的數學概念。舉例來說，運用《膝蓋高的人》將測量法介紹給幼兒園的孩子做比較。另一個有關中國十二生肖的故事則促使二年級的學生去發掘「哪種比較大」的重要性。

- 在第四章中討論過，所有這些文本都得到了增值的效果：數學的「好的想法」問題情況，例如：「什麼比較大？」與「這公平嗎？」，都有重要的社會情緒面向。當他們找出如何解決數學的問題，教室的學習社群也能玩文本對自我的遊戲，或許有助於了解他們自己與其他人。

- 在這些文本中問題的解決或許包含了「演出」數學的情形。幼兒園與一年級孩子的數字感薄弱，表演《門鈴又響了》（*The Door Bell Rang*, Hutchins, 1994，中文版由遠流出版公司出版）會使他們受益，讓他們了解與感受當更多的孩子到來時，

◉《門鈴又響了》
文‧圖／佩特‧哈金絲
譯者／林真美
出版／遠流出版公司

每個孩子所得到的餅乾數量會減少。那些孩子開始了解除法像是將一組物品分割成相等的子集合，他們或許可以寫出富創意的故事，以不同數量的物品需要經過分配以達到公平的分享作為開始。

- 如同 Whitin 與 Piwko（2008）指出，所有的詩都有一種數學的成分，因此詩是有一定模式的。Piwko 參考 Margaret Wise Brown 的《重要書》（*The Important Book*，中文版由青林國際出版公司出版），讓二、三年級的孩子寫有關幾何形狀的詩。當孩子編輯並向他們的家人諮詢有關自己所定義的詩的豐富性與精確性時，他們發

展出一種對於幾何形狀特性的深入了解，以及形狀與他們之間的重要連結。[14]

另一方面，「將故事放回算術中」也同樣的重要。如果孩子要發展流暢的數字操作能力，他們需要自在地去使用 Hyde 與 Siena 所提出的詳盡策略，這些策略包括了讓故事中的數學問題能夠被理解，以及學習在「城市的數學教育」（Math in the City）計畫中所使用的用數學解答日常問題的能力。然而，對孩子來說，有許多機會用算術的問題作為基礎去建構故事也很重要。

↑ 老師介紹過《重要書》的句型模式後，讓孩子自行閱讀。
（照片提供：紐約蒙特梭利學校）

- 當邀請一個班級去創作符合一個數目的句子，例如：3＋4＝7 時，這些故事可能會像一個即時的數學片段一樣發生。

- 除此之外，或許可以要求孩子以一個受歡迎的故事為基礎去編造問題。一個托兒所的班級創作了他們自己的書《從三隻熊的故事中發現了什麼》（*What We Found in the Three Bears' House*）。其中特別迷人的一頁中描述：「我看見三個冰箱。一個特大的冰箱是爸爸的，一個中號的是媽媽的，還有一個迷你的是嬰兒的。」

---

14 參考 Whitin 與 Piwko（2008）的〈數學與詩：正確的連結〉（Mathematics and Poetry: The Right Connection）。Piwko 將數學的精確度納入評分標準的考量中，也為寫作過程設立了一個標準。

⬆ 以團體方式說《門鈴又響了》的故事,並與孩子們進行討論。

⬆ 孩子們踴躍舉手分享門鈴響時有可能是誰來了。

⬆ 當老師說門鈴響起時，孩子們不約而同地說：「叮咚。」

⬆ 老師問：「現在一個人可以分到幾片餅乾？」孩子回答：「5 片。」

（照片提供：紐約蒙特梭利學校）

運用一個故事為孩子或參加研討會的人建立數學的課程，這不只是一個「可愛的想法」；它讓參與者本身投入在建構關鍵數學的概念中，就像是我們在這一章前面所提過的測量概念。不需要去督促孩子，故事本身會從書中出來，並且走入團體的心中與思維中。當他們想知道、反省、製造連結以及數學化時，他們將會參與在優質的智力工作中。

嘗試與應用

使用以下清單中或你所選擇的書，練習「數學化」──在書中發現數學的思考或問題情境。當數數書或其他的概念書看來很容易明白時，它們能夠以一個「好的想法」範圍為對象，從簡單的數數到算術及數學運算（McDonald, 2007; Shatzer, 2008）。以下的書單也附帶建議了書中所提到的相關數學領域。

適合幼兒期發展程度的書（托兒所、幼兒園、一年級）

- 《賣帽子》（*Caps for Sale*, E. Slobodkina，中文版由上誼文化出版）──思考有關合理的計數、圖表的使用。
- 《歌蒂拉克》（任何版本）或《三隻小豬》──思考有關分組、分類與規律（pattern）。
- 《我長大了》（*The Growing Story*, Ruth Krauss，中文版由道聲出版社出版）──思考測量、成長的速率、尺寸。

適合各種發展程度的書（二到五年級）

- 《門鈴又響了》──思考公平的分享、分數。
- 《好事成雙》（洪莉彤著）──思考分數、數字的運算。
- 《祖父唐的故事》──思考幾何、規律。
- 《一天十英里》（*The Ten Mile Day*, M. Fraser）或《亨利去爬山》（*Henry Hikes to Fitchburg*, D. B. Johnson，中文版由維京國際出版社出版）──思考有關時間、錢、距離的測量。

為什麼太陽和月亮住在天上？
玩令人驚奇的科學事實

～ 例 證 ～

　　在我們的「石頭湯」合作計畫成立幾年之後，「擁抱一本書」的小組顧問，以及來自網狀組織三所學校的讀寫課程主領老師要求參與班級活動，進行一些與「為什麼的故事」（pourquoi tales）也就是神話與傳說相關的活動，那對於自然世界現象的由來提供了解釋。

　　由於許多班級規劃了要到水族館參觀的課外教學，因此我在二十個從幼兒園到六年級的班級中重複進行了相同的活動。在所有的活動中，我都準備了一張大的圖表，並在上面畫了一個大型的傳統非洲住所的輪廓，也準備了三種尺寸的便利貼紙。有別於我平常所進行的方式，我沒有立即進入故事。取而代之，我先要求孩子告訴我他們所知道哪些種類的生物住在水中或靠近水。我們依照每一種生物的尺寸大小，決定牠的名字適合記錄在一張大的、中的或小的便利貼紙上。

　　這些便利貼紙貼在黑板上，依照生物的棲息地零散地聚集：我將完全住在水中的（魚、鯨魚）、水陸兩棲的（爬蟲類、蟾蜍類），以及住在水附近與依賴水提供食物的（海豹、企鵝）彼此分開。對於年紀較大的小學與中學班級，我給他們更大的挑戰，要求將生物做更明確的分類：哪些是魚類？哺乳類？甲殼類？爬蟲類？整體來說，建議像滾雪球般，一個觸發另一個。孩子渴望去分享他們可能擁有的關於分類或生物棲息地的任何專門知識。雖然雙髻鯊、殺人鯨、北極熊、海豹與企鵝普遍受到歡迎，但沒有任何兩個班級開出來的清單是

相同的。

　　一旦每個人都說出一個生物的名字後，就開始說故事。《為什麼太陽和月亮住在天上》（*Why the Sun and Moon Live in the Sky*）是由 E. Dayrell 從西奈及利亞所蒐集的故事。這個故事和友誼以及有關公平與公正的問題有關。太陽和水是最好的朋友，他們住在不同的房子裡，但是太陽納悶：「為什麼我總是要到你家？為什麼你不到我和我太太月亮的家？你不尊重她嗎？」

　　水立即回覆他很樂意去，但是有許多生物依賴他，所以他只能到他的生物都能一起去的地方。太陽與月亮決定這是蓋一間更大房子的好理由，這樣所有的水中生物都能受到邀請。

　　這時，我在黑板上貼了一間房子。當我重述水與必須靠他而活的生物（魚、鯊魚、鯨魚）一起到來時，我將之前所寫的相關便利貼紙移進所貼的房子上，先從最底部開始。當故事持續進行，住在水中與陸地的生物陸續抵達，最後住在陸地的生物也來了。每一次當水上升時，太陽與月亮就需要往上移，騰出空間，直到最後故事的結局是：太陽與月亮被迫往上移到天空中，直到現在他們還是留在那兒。

　　顯然這是一個互動的說故事活動，由孩子指示我哪些生物需要被移進太陽與月亮的新房子中。孩子也保持著敏銳的觀察，看我持續將太陽與月亮在他們的客人上方往上移動。

　　像這種不知道故事何時開始或結束的情形很有趣。從各方面來說，這種課程最貼切的描述就是一種對話。孩子可以談很多關於一些生物如何在水中生存，而另一些生物需要空氣的事。對於分類意見不一致的情形，可以驅使孩子個別去參考書籍互相競賽。結果我和學生一起學習，例如甲殼類動物和軟體動物間的不同處。

　　便利貼紙仍然留在教室中，讓孩子繼續去分類與討論。許多老師挑選一個延伸活動：孩子自己或分組擔任「班上的專家」，研究一種故事暖身活動所指定的生物。他們負責用以下兩種不同的方式展示：

• 他們會「像一位科學家一樣」描繪他們的生物——仔細觀察一個模型——或

者去找一張照片，雖然比較鼓勵用畫圖來呈現。

• 孩子在圖畫的背面或是一本筆記本中，會記錄有關生物的關鍵性資訊，包括了分類、棲息地、喜愛的食物、移動的模式（飛翔、游泳、爬行）。他們在班級的圖書館中使用不同的資源書籍來研究資訊（這是在有網際網路之前的方式）。

　　許多的班級發現了一些方法「公開」孩子的專門知識或技術。有些創造了很棒的布告欄做展示，其他的則創作了一本班刊，也有一些在家庭聯絡本上記錄了有關水族館校外教學的細節。負責準備校外教學的老師很高興地表示這個活動如何將科學單元帶進了生活中；幾星期之後，孩子開始談論他們所選擇需負責擔任專家的生物。

為什麼在科學課程中使用為什麼的故事？

　　「石頭湯網狀組織」計畫的會議總是充滿活力且激勵人心。更精確地說，因為「擁抱一本書」的顧問群和參與計畫的學校中六位讀寫能力的領袖確實發揮了一個專業學習社群的功能。在這特定的一年裡，我們在最初的討論中接納了有關科學如何因為強調讀寫能力的考試導向，而經常在幼兒園與小學中失敗的問題。孩子三年級了，對於他們周遭的世界只有有限的提問經驗，這部分得歸因於他們在學校中所使用過的任何文本導向、教導式的科學基礎教科書。這個團體談到將更多的知識類書籍納入選書清單，每一位參與的班級老師會挑選二十本書。然而我們覺得需要某種聚焦，這樣老師才能夠持續地將孩子、豐富的書籍與課程相結合。

　　當討論持續進行中，我讓孩子製作一年一本的「為什麼傳奇」系列，故事是有關事物如何成為它們現今的樣子。多年來，我每個星期或每個月都會重返十到十五個班級。我會挑選一個主題，例如：世界是如何開始的，太陽、月亮或星星的起源，火從哪裡來；然後我會謹慎選擇來自不同文化的傳說故事。我們會花六到十週談論這些故事如何彼此互有關聯，以

及我們可以從中學到什麼。我們注意到人們所說的地理與環境如何反映在故事中。太陽的熱力和對雨水的需求在熱帶地區是一個問題；在較寒冷的地區，從冬天到春天的變化或是火的來源則很重要。

為什麼的故事令人好奇的是什麼？

近來我的目標並不特別直接針對科學，而是朝向培養孩子的好奇心與欣賞多樣性。我們透過各種鏡頭去看相同的主題，一起去學習尊重我們所能學得的。實際上，我們學習更審慎地去看我們周遭的世界。

可惜，今日有太多的孩子與成人從未注意太陽是如何在天空運行，或月亮是如何產生陰晴圓缺的。他們從未在大自然的環境中看過動物，去了解烏鴉是黑色的，或者一隻蜘蛛能夠運用多麼強韌的絲織成一張錯綜複雜的網。但是如果我們不厭其煩地留心觀察，會發現每一個為什麼的故事的結尾都和我們現今所了解的現象一樣。這些故事證明了我們的祖先是自然界的敏銳觀察者，不需要現代科學的解釋。

回顧世界各地的傳說故事，某種角色會一再出現——一個狡詐的「騙子」有時會為了好處而使用他們的能力，但經常是為了個人的利益。騙子的角色從未改變過，但經常以不同的動物來顯現，例如：在西北太平洋是烏鴉、在西南美洲是土狼、在加勒比與非洲是蜘蛛，而在許多不同的文化中則是狐狸與兔子。[1]

我們的「擁抱一本書」計畫已經蒐集到許多單一故事的圖畫書，和幾

---

1 騙子的故事很普遍。儘管為什麼的故事幾乎總是以動物（如蜘蛛或土狼）為角色，騙子也有以人類的形式出現的，例如：非裔美國人的傳統故事——高大的征服者約翰（High John the Conqueror），英國與阿帕拉契山脈流行的捷克（Jack）的故事（Chase, 2003），拉丁國家中的胡安·波波（Juan Bobo），以及土耳其的荷傑（Hodja）。許多民間的傳統故事，包括了聰明的女子使用謎語或妙計去建立她們的優勢。MacDonald 的《說故事的資源書：依主題、標題與主旨索引的兒童民間故事集》（*Storytellers Sourcebook: A Subject, Title and Motif Index to Folklore Collections for Children*, 1982/1999）與 Krauss（1988）的作品對於兒童的圖畫書以及神話和傳奇的故事集都是很珍貴的資源。

本由 Gerald McDermott（1977, 1987, 1996, 2001）、Verna Aardema（1992, 1994, 1998, 2000, 2008）、Ashley Bryan（1987, 1999, 2003），以及其他有才氣的兒童文學民俗專家所寫的世界故事集錦。我們決定繼續支持這種選書，並且增加更多有關地球與宇宙科學、昆蟲以及生命循環的優質知識類書籍。然後我們繼續為參與的班級發展工作坊與諮詢服務，去探索當孩子投入在豐富的閱讀與寫作活動時，如何將科學帶入生活中。

我們的「石頭湯網狀組織」使用了為什麼的故事，在此十年間「平衡的讀寫能力」運動正嶄露頭角。小學與中學的科學教師展開了一種系統化的方法去教導或學習它們，這種方稱為「引導式提問法」（Guided Inquiry）。在所有的情況中，都一致強調幫助孩子聚焦在較高階的思考上，方法是透過問「為什麼」（why），以及包括了在提問的階梯上下移動的建構性回答，以蒐集「如何」（how）、「何時」（when）、「哪裡」（where）與「什麼」（what）的事實與概念架構，這些都會建立起對他們回應的支持。

 提問與主題有什麼不同？

幼兒園的老師長期以來自由地以一系列主題的方式去組織他們的課程，常常是常做一系列鬆散的連結活動，例如：這週進行交通工具的活動，然後下週進行顏色的活動。在 Lillian Katz 以計畫為基礎的動態的學習，以及 Reggio Emilia 教學法的學習方法中，「主題」（themes）教學法是從一般的題目發展成一系列的活動，它們是在研究一個孩子感興趣的明確問題。因此孩子不進行「交通工具」的主題，而是花一或兩週建造一條斜坡道，並將各種不同的材料、玩具賽車和其他物品放在上面往下滑，以研究「我們如何讓物品下滑得比較快或比較慢？」。在這種方法中，對話是教與學過程中的一個決定性要素；幫助孩子練習假設、實驗、使用註

解的圖畫去表現發生了什麼事、提供與澄清解釋，以及綜合以上所有方法去提出新的問題（Helm & Katz, 2001; Helm & Benneke, 2003; Katz & Chard, 2000）。

 「引導」一個提問的意思是什麼？

當孩子成熟並發展漸增的歸納認知能力（即抽象的思考）時，適合要求他們接受各學科漸增的複雜學習。因此在小學階段，提問與調查要能夠且更應該「受過訓練」，也就是刻意有組織地深入探究到某個題目的特殊想法。

此外，學習的結果應該不只包括了像是「事實」的內容資訊，也應該幫助學習者建構一個「概念的架構」，它表現出事實如何與學科的「好的想法」有關。換句話說，雖然提問或調查應該是以「具體的」為基礎，它也應該被建構成從心智表現（「圖像」階段）到更抽象的理解（「象徵」階段）間上下移動。就像我們一再注意到的，一個豐富的提問包括了開放性的、有根據的以及浮現的質疑或問題；亦即讓老師能夠促進對話的進行（Gallas, 1995; Kuhlthau et al., 2007; Michaels et al., 2007）。就像 Roseberry 與 Hudicourt-Barnes（2006）以及 Duron-Flores 與 Maciel（2006）所指出的，科學性的交談包含了學生的觀察與家庭經驗，是一種表揚多樣性的有力方法，並且能支持學習第一語言或第二語言學習者的語言發展。這提醒了我們有關「有效的文字牆」（active word walls）的影響力，它包含了圖像以及正在進行的科學性提問中所使用的術語的定義。

再次重申，有關大腦與記憶的研究證實為什麼這些策略有效。鑽研術語毫無意義，它是一種冗長的過程，而且未必能將它們的意義建立到長期記憶中。因為在我們的短期記憶中，一次只能處理約六個項目，且極難被保留。但若將意義與多元的表現模式連結，並且以一種積極的方式去進

行，將能夠使學習者專注地觸發大腦正面的化學物質，並且促進資訊從短期移向長期記憶的速率（Sliva, 2003; Sousa, 2005; Willingham, 2008/2009）。

當一種標準或考試導向的要求形成風潮時，會讓這種提問很難適用於小學班級中。有意圖的老師能使用良好的文本有效地引導他們的班級社群，朝向嚴謹的學習，就像這一章一開始的例證所指出的一樣。它一開始對於學習者使用一種開放性的邀請，讓學生分享他們所擁有的先備知識。

- 不論知道很多或知道很少的人都有機會貢獻；同時他們也為班級的水族館校外教學做好準備，保證每個人如期望中的能夠有所收穫與投入。
- 與其他孩子談話是一種分享的活動，像是討論該用哪種尺寸的便利貼，以及該用哪種方式將生物分類這類促進與解決問題的活動。
- 一旦互動的說故事活動開始，每個人開始從一個全新的觀點看資訊。有關哪種生物應該何時誕生的不同問題顯現了。這些情形要求大家再次調查檢討有關生物尺寸的抉擇，以及一種生物有多麼密切地依賴水。
- 因為故事中的生物是由自己所提議的，當他們選擇成為某種生物的專家時，會產生一種擁有權。
- 孩子參訪水族館時，很興奮能看到他們正在學習的一些真實的生物，並且將牠們寫在班刊中展示出來。他們的驕傲和喜悅代表這個單元最終符合了超越教室以外的意義標準。最棒的是老師報告說孩子熱情地學習更多有關在水中或水世界的生物，且在參訪與展示活動結束後，這種熱情仍持續很長的一段時間。

表達學習的意思是什麼？

有關傳說故事的活動比起一般選擇題或簡單的單元測驗更能提供豐富的證據。一般的測驗是一種被動的測驗，它們傾向於針對封閉性的問題尋求「正確的」答案，就像測驗精熟英語者運用特殊良好記憶力與拼字能力尋求正確的答案。相對地，有關海洋生物的活動需要所有的學習者積極地建構他們所能解釋與支持的回應，運用多元的模式去表達他們的思維，包括了畫畫、討論以及表情動作。

 ## 學校之外的科學是什麼？

事實上，以上所描述的活動提供孩子許多方法去繼續學習有關水中生物的知識。就像我們在第四章中看到的戲劇的與運動感覺的經驗一樣，將文本的意義從書中移入學習者的眼、耳以及他們的身體運動中，最後經由他們的情感，深入他們的心智。Reggio Emilia 教學法將這種把知識的學習與表現帶入遊戲中的模式，稱為「孩子的一百種語言」，Howard Gardner 將它定義為「多元智能」（multiple intelligences）。毫無意外的，這兩種主張的倡導者一致認為學習不能與我們所討論的遊戲分開（Chen et al., 2009; Edwards, Gandini, & Forman, 1998; Gardner, 2006）。[2]

就像我們所知原本的數字會抑制數學的思考一樣，在學校中若聚焦在原本的事實上會壓榨孩子在真實世界中應用科學的經驗與興趣。最好的科學家會透過提問題、假設、設計以及操作工具去蒐集資料或測試理論來接近智力的全貌。同樣地，證據也顯示出，真正的科學家運用多元的格式記

---

2 Gardner 主張標準的智力測驗只評量語文與數學的智能，忽略了人類其他的優秀能力或智力，包括：音樂的、肢體動覺的、視覺空間的、自然觀察、人際的與內省的。此外，除了 Gardner，Thomas Armstrong（2009）提出了有助於將其應用到教室中的討論。Chen 等人（2009）調查了這個方法的應用情形，它褒揚了在不同的教室與文化中學習者的不同長處。

錄他們實驗室的日誌與實驗紀錄：文字、素描、圖表、數據表、公式。此外，有時甚至聲音的或視覺的紀錄都有助於建立直接觀察的真實紀錄，因此隨後所觀察到的心得，以及現象是如何起作用或發生的回應都得到了支持。[3]

 ## 科學家如何建構與表達他們的理解？

為了從孩子年幼就開始「教」（teach）他們理解科學，這些班級需要了解「做」（do）科學的必要特點是什麼。

- 科學的解釋不是一種簡單的語文智力功能。我們已知數學是科學的語言，是自然世界所有以測量為根基的描述的本質。視覺空間智能以圖表進入遊戲中，並且小心地提供插畫或照片；工具的使用需要肢體動覺。自然觀察智能的功能之一是將科學知識分類與整理。事實上「所有的智能對於表達或陳述科學的知識都很重要」。

- 一位真正的科學家具有同樣的特質，任何給予的答案對他們而言是通往一組新的問題的起點，也就是對任何問題以更正確的方式去解決，或是尋求一個有意義的方法來應用新獲得的知識。實際上，科學不全然是發現正確的答案，它基本上是去關注如何「漸進地提出好還要更好的問題」。

- 「每個孩子在遊戲中都是一位科學家；每一位科學家都曾經是一個玩遊戲的孩子。」伴隨著得到滿足的意圖與問題解決，一個科學家的提問必須是有彈性將錯誤視為一份禮物與機會的觀點論。

---

3 日誌或實驗紀錄幾乎是真正的科學家所擁有最珍貴的知識產權。當中包括了所有的細節，或許看來毫無意義，但回顧時，可能會對一些變數或原因提供了能說明結果的無價的洞察。

科學家認為科學的教與學看起來應該如何？

很多人離開學校之後，覺得科學知識的本質和有效性是無關緊要的，也對提問持消極態度，這引起了很多人的關切——也是美國國家研究院的報告《將科學帶到學校》（*Taking Science to School*）中所關注的（Duschl et al., 2007）。它的結論讓我們對於孩子應該要知道什麼，以及他們如何學習的認識有了極大的改變。孩子的學習需要從獲得簡單的科學事實的知識轉換成讓他們透過積極地投入「科學的實作」來學習。研究顯示孩子具有混合具體與抽象思維的能力，他們的思維能夠在提問的階梯上下左右移動。此外，孩子的知識與經驗對於他們的理解能力扮演了決定性的角色，因此，對於一個孩子「應該」知道些什麼的期望或標準，應該考慮到孩子的發展年齡，以及在幾歲時將提問介紹給他們（pp. 2-3）。

報告的重點在於強調對幼兒園到八年級學生的科學教學，需要讓他們精熟以下四點：

1. 知道、運用與說明自然界的科學解釋。
2. 產生與評量科學的證據與解釋。
3. 了解科學知識的本質與發展。
4. 有效地參與科學的實作與對話（p. 2）。

發展與支持精熟程度的方法為何？

 精熟程度 1：知道、運用與說明自然界的科學解釋

一個早熟的三歲孩子吸引了成人的注意，因為他非常專注於他一歲大的堂弟知道些什麼。「納森知道柳橙汁是什麼嗎？」他邊問邊看堂弟伸手去拿一個杯子；或是每次當納森高興地對蓋好的積木塔敲打時，他會問：「納森知道積木是什麼嗎？」我們不需要去閱讀美國國家研究院的報告

（Duschl et al., 2007），就知道納森像所有非常稚齡的孩子一樣，知道許多有關自然界的事。然而他們的知識是「一知半解的」（implicit），也就是當孩子使用知識時，無法將它以文字清楚地表達出來。事實上，這樣的知識不是透過言語的解釋所獲得的，而是透過與自然界密集的觀察及互動獲得的。

如果幼兒要像一位「真正的」科學家一樣，那麼知識就不能是被隔離的片段，只有當某人宣布「科學時間到了」時才被拿出來。它延續著孩子的經驗，像是一種生動的、引發好奇的存在。知的需求可以透過本質的回饋被滿足，它來自於證明自己能夠去學習或解決問題，因此知道自己是有能力的，這樣能增進個人的自我價值與效能。

1. 為什麼在精熟程度 1 中多元智能非常重要？

在精熟程度 1，往往強調發展理解的程度也要是層級 1，這需要使用我們稱為「開放的封閉性問題」。此外當學習者取得、表達與解釋他們對於自然界的理解時，必須獲得一些能夠使用豐富多元智能的方法。以下所討論的一些互動策略，使用了故事與知識的文本去觸發及引導科學的提問。

2. 閱讀一個物品如何支持精熟程度 1？

這種策略能夠運用在閱讀一個與自然相關的文本或故事之前或之後。[4] 一旦故事吸引了孩子的思維，形同提供他們一個真實的樣本去進行密切的觀察，然後將他們的發現記錄在一本科學的筆記本中，所使用的不僅是文字，也有圖畫與測量的數據。

- 一個幼兒園的班級在讀完《親愛的朱諾》（*Dear Juno*, Pak, 2001）後，對柿子產生了好奇。老師從亞洲超市買了一些水果讓班上的孩

---

4 舉例來說，在介紹文本前先使用這個策略，請參考第八章。

子探索與品嚐。她也分享了一些從網路上發現的資訊。全班一起創作了一張取名為「我們現在所認識的柿子」的海報。

- 一些我研究的班級開始使用佛斯（FOSS）科學工具組研究石頭時，他們採用了以下的整體計畫。[5]

  ◇ 大聲朗讀與討論：由 Byrd Baylor 所著的《每個人需要一個石頭》（*Everybody Needs a Rock*，這是一首散文詩，提供了十項「規則」去選擇一個特殊的口袋石頭），或是由 Stephanie Stuve-Bodeen 所著的《伊莉莎白的娃娃》（*Elizabeti's Doll*）。

  ◇ 進行石頭的分類活動：每個人挑選一顆石頭，然後仔細地觀察，使用繪畫與文字去記錄可觀察的物理特性，例如：形狀；種類；尺寸大小，包括了寬度、高度、直徑；顏色；與紋理。

  ◇ 介紹石頭：學習者透過一種創意的表達或表現來介紹他們的石頭，例如：繪畫、口頭報告、說明書的撰寫、故事、歌曲或活動。[6]

3. 知識的視覺表現為什麼非常重要？

孩子在 Reggio Emilia 教育展與書籍中的呈現作品提供了無可辯駁的證據，即使相當年幼的孩子也能夠透過圖表表達知識。繪畫、黏土雕塑、編織與建構，都極少依賴文字去傳達出孩子對自然現象的了解。

為了發展孩子的能力而刻意使用基本科學流程的觀察技巧，這樣能夠產生相當精準的圖解表達能力。一個三年級的科學活動，以大聲朗讀一本

---

5 有關 FOSS 科學教育系統（Full Option Science System）的細節，請參考 http: //www.fossweb.com/。

6 傳達正確科學資訊的歌曲能幫助有效的記憶，但是編寫像這樣的歌曲需要相當深入的了解。YouTube 中有許多的例子可以看出學與教的潛力是多麼複雜，例如：《火山之歌》（http: //www.youtube.com/watch?v=BcFtpWjEwlE）；甚至也能編寫有關粒子物理學的饒舌歌（http: //youtube.com/watch?v=j50ZssEojtM）。

有關蜘蛛的知識類書籍的互動活動作為開始。接著孩子回到他們的五人小組，並且每人以鉛筆畫一隻蜘蛛，試著去包含他們所能表現的細節。然後每一組的五個孩子互相比較他們的繪畫並討論不同的地方，之後再畫第二張草稿。接下來每一組看著一張照片，將照片與他們的圖畫再次做比較。再來每個人用色鉛筆畫一張蜘蛛的最後草稿，此外也鼓勵孩子標示出蜘蛛的身體部位。老師與學生都發現這些圖畫的初稿與完稿間的不同，以這種令人印象深刻的方法去評量孩子學到了多少有關蜘蛛的知識。這種例子特別值得注意，因為它將聽力障礙、第二語言的學習者，以及一般典型發展的孩子也包含在內。它提供每個人一個相等的機會去發展與表達知識，使用的方式不局限於口語的表達。[7]

4. 令人驚訝的事實如何引起提問？

這種策略是用來吸引學習者的興趣，以及為一個提問提供進入某個主題的方向，而之前學習者或許對於這個主題並沒有許多的先備知識。[8]「誰住在大海裡？」的提問可以用這樣的方式開始進行：

- 老師已事先選好了一些知識類的書籍、從網路上找的各種海洋生物的單頁文章，以及其他有優良插畫的材料，讓孩子可以細讀這些資料。
- 每一個孩子（或兩人一組）被教導去略讀並指出三項令人驚奇的事實；老師強調唯一的標準就是令孩子覺得驚訝的事實。每一個事實都個別寫在一張卡片或便利貼上。

---

7 Buhrow 與 Garcia（2006）以及 Guccione（2011）極具說服力地主張使用視覺的與知識類的書能讓英文學習者發展他們創意概念的理解力，並且他們也不需要受到精熟英語的限制。當他們仔細地「閱讀」相關現象的圖畫時，可以使用他們所喜歡的任何語言去處理資訊，而不需要同時處理概念與語言方面的挑戰。Duron-Flores 與 Maciel（2006）針對每種程度的英語學習提供了適宜的策略。

8 許多年前，我在一個研討會中認識了這個傑出且富影響力的策略，很可惜我不記得發表者是誰了。

- 十五分鐘之後，團體一起分享他們所發現令人感到驚奇的事實。當一個人讀出來，促進者（老師）提問是否任何人有類似的或相關的事實。因此，如果有人注意到藍鯨是哺乳類中現存的最大生物，而別的孩子若有關於其他哺乳類的體型尺寸的事實，也能夠一起分享他們的發現。所有關於尺寸的備忘錄都會被集中貼在圖表紙上給所有的人看。
- 當越多的事實出現，聚集在一起的貼條就越多。一個主題（例如：海洋生物）結束時幾乎確定會出現一些大範圍的分類，例如：相關的尺寸、飲食習慣、外表、棲息地與種類。
- 在分享階段發生的熱鬧談話中，團體的興趣自然會開始出現，並且伴隨著對提問更聚焦的方向。如果不同的分類看來似乎都會產生令人同樣的驚奇時，那麼整個團體可能都會被分成幾個「專家」小組。每個小組決定聚焦在一個提問上，然後當他們的調查完成時，可以向其他人報告。

這種策略與本章開始的例證活動的方式一樣有效：它是非常開放的，每個答案都正確，所以害怕給「錯誤的」答案的人都能自在地參與。同時這個社群的討論結束時，幾乎每個人都被拉進來，包括那些一開始對主題沒有什麼興趣的人。

然而這種策略需要促進者（老師）非常留意選擇哪種事實的資料。閱讀的程度要適合整個團體，很重要的是要避免文字過度密集的文本。一些老師發現最好是提供幾頁的影印本、指導手冊或整本書給孩子。這對較年幼的、讀寫能力技巧較弱的孩子，以及英語學習者來說，是培養並發展圖像素養非常有效的方式。能夠提供他們較高比例的優良插圖與文字說明，孩子將會發現許多令他們驚奇的事——他們可以用口頭表達、用便利貼表現，以及在頁面上畫略圖。

精熟程度 2：產生與評量科學的證據與解釋

這種精熟的程度談到我們熟悉的「做實驗」、使用「科學的方法」或「蒐集資料」。

1. 錯誤在精熟程度 2 中的角色是什麼？

如果要讓科學在班級中變得有趣，我們需要進行富提問與發現精神的活動。比起照著食譜般做實驗，孩子更需要像真正的科學家一樣充滿幻想、懷疑，以及過程中很重要的、充滿意義的驚喜。孩子需要得到本質的回饋，而這些回饋來自於堅持透過從錯誤中學習所得的獎賞，也就是回溯發現如果一個結果不符合假設，需要重新構想問題的敘述，考慮不同的變數，改變研究方法，或可能重新做實驗去糾正粗心的過程。

2. 故事如何支持精熟程度 2？

如同在前面章節中所討論的，使用三隻小豬的房子去學習有關科學的方法，真正的提問使學習者熱衷於構想問題的敘述與可能的解答。Linda Sweeney（2001）談到利用故事去做「系統思考」（systems thinking）的重要性，也就是去尋找事情與問題如何發生的模式，考慮用有組織的方式去解決問題。她的書《當一隻蝴蝶打噴嚏》（*When a Butterfly Sneezes*）在調查運用這種方法在孩子所喜愛的十二個故事中可能會產生什麼效果。以下有幾個在芝加哥公立學校班級中發生的例子可參考：

- 幾個三年級的班級被太陽與月亮故事中所發想的不同問題激發了好奇心。他們去探索物品的不同尺寸與重量如何影響魚缸中的水上漲。他們所做的正好符合物理科學的單元。
- 還有一年，幾個班級選擇了 Pamela Allen 令人愉快的《誰擊沉了船？》（*Who Sank the Boat?*）。這個故事非常吸引幼兒園及小學的孩子，引導他們實際進行調查去回答以下的挑戰：「你能造一艘

好的船嗎？」科學中心包括了一個為了測試而盛水的洗碟盆、各種用來製作船的材料、用來充當乘客的黏土塊，以及少量有關沉或浮的知識類藏書，像是 Niz（2006）與 Nelson（2004）的作品。二或三人一組一起實驗，並且使用數位照片，以檔案記錄他們的努力。

 精熟程度 3：了解科學知識的本質與發展

　　這個精熟程度在兩種不同的程度間運作。一方面來說，它與「科學的歷史」有關，它追溯與反映在隨時光消逝的科學知識的成長上，因此孩子會感激每一個世代過去將科學的知識建立在發明探索的基礎上。《雪花人》（*Snowflake Bentley*, Martin, 2009，中文版由三之三文化公司出版）、《星星的使者伽利略》（*Starry Messenger: Galileo Galilei*, Sis, 2000，中文版由格林文化出版）、《走上世界最高的鋼索：信心與勇氣的力量》（*The Man Who Walked Between the Towers*, Gerstein, 2003，中文版由格林文化出版）、《他的腦中有石頭》（*Rocks in His Head*, Hurst, 2001），或是《令人驚嘆的馬汀》（*Marvelous Mattie*, McCully, 2006）是有關科學家與發明家的圖畫書傳記，他們能幫助年幼的學生了解只要他們像科學家一樣「思考」，像科學家一樣使用重要的科學處理技巧，他們不一定需要接受正式的訓練。當閱讀這類隱含了訊息的書時，很重要的是要去促進討論，能幫助孩子明確地了解科學的知識是如何建立與發展的。

　　另一方面，這種精熟也包含了「個人喜好」的程度。終身學習者很早開始了解像是一顆洋蔥或一座冰山等的知識；個人理解力的成長是漸進的，並且以過程為基礎。一個人知道更多的知識，他接下來所提出的問題會更好，就像他會探究得更深入一樣。

1. 故事如何支持精熟程度 3？

　　再次強調，優質的兒童文學對於發展這樣的理解是一種高效能的工

具。由 Ruth Krauss 所著的《我長大了》（*The Growing Story*, 2007，中文版由道聲出版社出版）或是她的經典作品《胡蘿蔔種子》（*The Carrot Seed*，中文版由上誼出版社出版）能夠讓幼兒真正了解主角的發現，知道長大是什麼意思。美麗的《希望之樹》（*Circles of Hope*, Williams, 2005，中文版由道聲出版社出版）邀請小學生讀者「解開」法希里如何記取過去的失敗教訓與別人的忠告，最後終於學到如何種植一棵成長茁壯的樹，並且將其作為送給小妹妹的禮物。

◉《胡蘿蔔種子》
文／露斯・克勞斯
圖／克拉格特・強森
譯者／郭恩惠
出版／上誼出版社

2. 為什麼評量對於精熟程度 3 非常的重要？

　　精熟程度 3 的發展需要持續地增強學習者的心理認知，也就是意識到一個人知道些什麼，包含了一個人如何學習，以及之前的學習如何幫助之後學習到更多。人們可能會說「評量」就是我們的 3E 中的第三個 E，與最高等級的思考技巧中的一種一樣，屬於「精熟程度 3 的一種功能」。再次強調，它對於在班級中的應用很重要。評估的焦點不應該是針對事實的或技巧的標準清單的正確回答來打分數。更確切地說，老師與學習者都應該持續仔細思考所進行的提問情形如何。此外，如果提問的情形不佳，也應該仔細思考能做些什麼去重新調整對問題的焦距，或者是要提供適當的鷹架。[9]

....

9　關於如何系統性地進行這種形成性的評量，最好的指導原則之一就是將孩子視為完整的個體，並且將他個人的檔案視為橋接（Chen & McNamee, 2007）。

- 在以上的考量下，K-W-L 策略是一種可使用且非常有效的工具。在提問的開始時，由學習社群製作一張清單，列出成員相信他們對於一個主題所「知道」（Know）的是什麼。正確的做法是，即使孩子陳述了一個遭誤解的概念，且將它列在清單上，也不要企圖去糾正它。同樣地，社群成員「想要」（Want）知道的清單也需被列出來。再次提醒，如果確定某人想知道某樣物品，而另一個人宣稱他知道那樣物品時，那麼這樣物品應該被列在兩張清單上。當進行提問時，應該持續參考這兩張清單。新學習的或某件經過確認的事，經公認會明顯地被列入第三張清單中，這證明了他們「學到了」（Learned）什麼。當班級在一個正面的環境中真正地發揮像一個學習社群的功能時，那麼認識與糾正一個遭誤解的概念就會像學習新的事物一樣非常有趣。複習清單成了一個提問活動的結尾部分。

- 就像在這一章的例證中所顯示的一樣，為什麼的故事能夠適當地橫跨一個提問。它們能提供一個真正的方法去確認或評估知識的獲得，就像它們能夠有效地展開一個提問一樣。在有關太陽和月亮的活動結束後的多年，一位三年級的老師想知道有沒有一個為什麼的故事，這個故事可以讓她的學生練習問好的問題，同時也可能幫助她去評估學生在他們剛完成的水循環的研究中學到些什麼。我發現了一個美國原住民帕帕戈人（Papago/Tohono O'odham）的故事：一位戰士「旋風」（Whirlwind）被他的村子放逐，因為酋長的傲慢女兒控訴他侮辱了她。另一位戰士「盲雨」（Blind Rain）也必須一起被放逐，因為盲雨到哪裡都必須要有旋風的引導。隨著時間過去，村子沒有任何的風雨，所有的水資源都乾涸了。最後人們乞求酋長將兩位戰士帶回來，但是他們只有在被邀請了非常多次後才

偶爾回來,並且又再度離開。人們說因為他們很少回來,所以現在亞利桑那州非常乾旱,風雨不常降臨。在說故事之前,我告訴所有的孩子,這是一個有關於水循環的傳說,他們應該仔細聆聽並看看這個故事與他們所學的有哪些符合。[10]

在生動的討論之後,很明顯的發現故事整體可以經由參與、探索與評量的循環來延伸這個活動。當我們談到可以合理地將風和雨想像成不可分開的朋友時,解決了孩子的困惑,討論明顯變得更有吸引力。當孩子渴望地指出故事中符合水循環的部分,例如降雨量、蒸發與凝結時,他們提供了已經學習到有關水循環的「好的想法」的良好明證。然而,也是由於故事中的社會情緒特質讓對話充滿了活力。對話中有一些關於酋長的女兒帶給人民災難卻未承擔任何後果的爭論。實際上,這個故事發揮了雙重的力量,因為它讓孩子建構了對於科學現象與人際互動觀點的了解。

 精熟程度 4:有效地參與科學的實作與對話

精熟程度 4 需要將其他三種精熟程度深植在學習社群的例行功能中。然而,它特別關注在良好的提問是「受過訓練的」,也就是學習者會刻意被引導去發展心智習慣,以及對於不同學科的特定技巧。因此雖然所有的提問都包含了問題的解決,而科學的問題解決法需要對自然的現象做密切的觀察、預測、引發、表達與分析數據,以及分類、整理、測量與表達自然現象中可觀察的特性。

作者的工作坊如何能轉變成為科學?

美國國家科學基金會(NSF)的小學科學整合計畫(Elementary Science Integration Project, ESIP)提供了基金給各樣的計畫,這促進了從

---

10 Henriette Rothschild Kroeber 在 1912 年首次將這個故事收錄在《美國民間故事期刊》(*The Journal of American Folklore*)中。

幼兒園到八年級孩子的語言藝術教學與以提問為基礎的科學間的連結。[11]一個委員會和計畫的主管 Wendy Saul 發現了由 Lucy Caulkins 所發展的一套很受歡迎的寫作工作坊架構，它為如何持續地支持科學提問的基本技巧提供了一個模式。《科學研討會：閱讀、寫作、像科學家一樣思考》（*Science Workshop: Reading, Writing, and Thihking Like a Scientist*, Saul, Reardon, & Pearce, 2002）提供了一個實用的建議、策略，以及精熟程度 4 如何能在小學低年級中持續的例子。NSTA 出版社也發行了一系列非常有價值的文章，特別報導有關教室現場與老師們：《將幼兒園到小學八年級教室中的科學與讀寫能力做連結》（*Linking Science and Literacy in the K-8 Classroom*, Douglas, Klentschy, Worth, & Binder, 2006）。

就像 ESIP 資源一樣有效，在某些方面，這是最容易支援的精熟程度——如果教室致力於發揮像是一個學習社群的功能，那麼優質的智力工作就會產生效能。如同我們所看到的，真實世界的科學經驗與討論和提問，可以幫助我們了解自然世界的運作。這些運作是和人類的感情與心智緊密交織的——而這正是故事的素材。

嘗試與應用

1 ▎找出、閱讀與回應讓你感興趣的為什麼的故事。

2 ▎決定一個特別強調科學的提問，然後考慮你是否會用它去介紹、發展或評估孩子的學習。

3 ▎確認一組三到五本可以運用在提問中的優良知識類文本。可以從當地的圖書館或書店中搜尋，網路書店和其他網際網路資源也非常有幫助。

---

11 有關這些計畫的資訊，請參考 ESIP 網站（http: //www.esiponline.org）。其他計畫中，ESIP 贊助 Search It! Science，這是一個專門以網路為基礎的網路搜尋引擎與資料庫，能讓讀者、老師與圖書館員透過連結他們所關心的主題、文學類型、程度與內容長度等，去搜尋與科學相關書目的適當資訊（http: //searchit.heinemann.com）。

4 確認你能夠聚焦在四種精熟程度中的哪一個，以及哪一種策略，並設計一個課程計畫。

5 如果你是一位在職的老師，或許你可以採取這一章中所描述的某種活動，並將它依照你的班級做調整。

CHAPTER 8

你如何將拼布變成一條拼布被？

透過閱讀一個物品引發跨越課程的提問

～ 例 證 ～

在方法論與專業發展的課程中，我們經常討論策略、個別的課程計畫與延伸的提問如何必須不斷「調整」，以配合正在使用它們的班級學習社群的特定目標、需要與興趣。在此我所提的相關例子，一年級與三年級跨越課程的提問是透過也許看起來一樣的活動所展開。

在這兩個案例中，學生沿著教室地毯周圍集合成一個圓圈。所有二十個三年級的學生分成一組，但我們將一年級的學生分成兩組，一組各十四人。我小心地將一條手縫拼布被的被面展開擺好，然後邀請孩子去檢視靠近他們自己的一個區塊幾分鐘，並一面思考類似這樣的問題：

- 你認為這個物品的用途是什麼？你家裡有沒有類似這個的物品？
- 你認為它有多少年了？你注意到它可能是怎麼做出來的？
- 你認為它是來自商店嗎？你認為它有價值嗎？

活動一開始，孩子可以自由安靜地與旁邊的孩子討論他們的觀察，幾分鐘後，孩子可以在大團體討論中分享他們所注意到的。雖然因為這個物品的反面「一團亂」，孩子知道它還沒完成，但是許多孩子認出這件物品是一條拼布被。大多數的孩子都知道它很舊，並且不是來自一個店家。幾位孩子家裡有親戚製作的拼布被，有的孩子擁有他們自己特別的被子。當孩子發表意見、提問題或證明他們的回應時，每個人都更仔細地觀察這條拼布被的正反面。大部分的時間我不介入孩子的討論。

然而十分鐘之內，活動必須繼續進行。在讚美孩子仔細觀察以及用思考的方式去支持他們自己的回應之後，我向每個人確認這是一條拼布被的正面。它還沒有完成，因為它少了被子的襯裡與反面，而且它們需要被縫製在一起。我解釋自己是從一次農場的拍賣會上得到它的，所以我不確定是誰為了某人製作了這條被，或者為什麼它沒有被完成。但是我確定它有五、六十年之久。

　　當我小心翼翼地再將這條拼布被摺起來時，我提到它對我的意義，因為它讓我想起當我還是小女孩時，我的阿姨們所製作的一些物品。我請他們想一想當我們進行大聲朗讀時，或許可以使用哪些不同而有價值的方式運用這條拼布被。一年級的學生聽由 Valerie Flournoy（1985）著的《拼布被》（*The Patchwork Quilt*）故事，三年級的學生聽著由 Betty Stroud（2007）的《拼布被之路》（*The Patchwork Path*）故事。

　　當故事一結束，兩個團體都興奮地將故事與他們剛才檢查的拼布被連結，說出他們的意見。許多孩子都想再看看它，並且很高興知道它會被留在教室中作為一個新的提問計畫的一部分，這個提問計畫包含了跨越課程間的學習。

- 在一年級的教室中，老師想要強調一個問題，這個問題和她班上的人口統計有直接的關係。班上的許多孩子是由祖父母撫養的，或是家中有祖父母同住。其他的孩子表示沒有親戚住在他們家附近。老師想讓所有的孩子了解，雖然有許多不同的家庭結構，但仍有許多方法可以讓家庭分享他們自己的傳統。同時她也想加強家庭與學校的連結，所以平時家庭是被頌揚的，而不是只有當孩子有問題時才被通知見面的。老師所選擇的經過控制的提問是：「家庭和拼布被有什麼相似的地方？」

- 三年級的老師剛結束產假回到學校。她想要重建一個正面的氣氛，這種氣氛是透過行為所達成的，符合了 ASK 的原則：適當（Appropriate）、安全（Safe）與仁慈（Kind）。[1] 我們決定結合書中

----

1 伊利諾州溫內特市西爾斯學校（Sears School）的 Laurie Sharapan Sahn，在個人的交流中，將這個對課室管理有效的方法介紹給我，亦參考 Sahn（2008）。

將拼布作為通往自由的「指引方向」，透過地下鐵路系統的概念，讓每位學生製作一個正方形布塊，當作完成 ASK 原則的「指引方向」。整體所提出的問題是：「我們可以從地下鐵路拼布被密碼中學到什麼方法，使自己成為學校與世界的 ASK 公民」。

社會學科的教與學有什麼樣的故事？

對於一和三年級的提問包含了以讀寫能力為基礎的活動，以及數學與科學的課程。但是兩個年級都強調「社會學科」，以及人與他人和世界關係的許多相關學科的研究。依據孩子發展的適當程度，對於一年級的提問都保持聚焦在與孩子直接相關的家庭和社區上，而對於三年級的提問範圍則擴大許多。

孩子對於歷史人物、事件與運動，地理的位置與構成，經濟的運作與趨勢，以及文化的信念與習俗，大部分都是靠著背誦的方式來學習，直到五到七歲的轉換期結束，才具有完整的抽象思考能力。然而在孩子的轉換期前或後，提供他們豐富的故事與實際操作的經驗，有助於他們將每天生活中的事件、感覺與現象和在很久或很遠處發生的某事件連結在一起。

一個好故事所有的重要成分，包括了角色、背景與故事順序，都有助於以上的連結。如果故事是以一種非常吸引人的方式描繪角色，讀者將會感受到主角在一個歷史或文化的背景中所經歷的興奮、喜樂、失落或危險的感覺，這和讀者本身所處的背景截然不同。

「閱讀一個物品」如何有助於理解故事？

這些故事能夠造成一定程度的影響，幼兒與任何年齡的新手學習者都能從某些實際操作的經驗中獲益，它們確實能將遠方的事件與物品帶到生活中。參觀博物館，特別是生活化的歷史博物館，例如：殖民地威廉斯堡

（Colonial Williamsburg）就能夠發揮這樣的效果。多年來我開發了一種名為「閱讀一個物品」（Reading an Object）的活動，如同本章例證中所描繪說明的。[2]

剛開始時，我會定期帶一些孩子不熟悉的物品去，並且在說故事時間結束「之後」拿出來，例如：在說完春之女神與季節變化的希臘神話後，我傳下去一個石榴，讓每個人都能了解只吃幾顆小種子的意思是什麼。然而，我確實看到在大聲朗讀或說故事「之前」，利用一個物品引起興趣的好處。老師往往理所當然地認為，每個人都對許多文本中提的稀鬆平常的物品有足夠的了解了。或者，如果提到不同文化或時代中的某些物品，似乎很適合一面展示圖片，一面提供學生一個快速的定義，作為「閱讀前活動」的一部分。我們忽略了透過有意圖地觀察某事能夠獲得更深入了解的意義。Flournoy 所著的《拼布被》搭配 Pinkney 的繪圖，符合一本優良圖書的所有標準。但是當先親眼看到、感覺與驚喜於一條真實的拼布被是由許多小布塊所組成後，再去欣賞書中女孩泰雅所做的事，以及拼布被所發揮的力量隱喻了一個家庭世代間充滿愛的關係，這對孩子將產生直接的影響力。

 ## 運用「閱讀一個物品」是否符合孩子的成長發展？

這個策略的優點之一就是它總是符合孩子的發展，所引發的提問方式尊重兩個重要的學習軌道。一方面讓學習者使用他們的感官去探索一個真實的物品，實現 C-P-S 原則：學習以「具體的」（concrete）作為開始，然後朝向「圖像的」（pictorial），接下來歸納與了解「抽象的／象徵的」（abstract/symbolic）的程度。同時，當物品被處理的同時，學習者

----

2 在閱讀治療（bibliotherapy）團體中，「閱讀一個物品」是一種正式的策略，可以使用「實物教材」（realia）在臨床心智健康的病人身上，去鼓勵對一首詩的回應（Hynes & Hynes-Berry, 2011）。Alvarado 與 Herr（2006）提供了一個珍貴的資源，概述了使用相關過程的親身調查。

或許會記得他們已經知道的某事，或者是將其產生連結。一種有可能在接下來的對話中所成長的認知會被開啟，這個過程也能有效地實現「接收先於產出的理解力」（receptive precedes productive understanding），也就是在我們能夠用自己的話解釋前，能先了解一個字或想法的意思。

　　有關於故事的第一個問題與評語絕對是來自於團體而非老師，「閱讀一個物品」能讓學習者自由地思考，並且對他們來說是有意義的方式。至於老師則擔任一個促進討論的重要角色，焦點不在於老師的問題或答案。這樣必然會使得對話與連結更豐富，就連老師也能有所學習。

「閱讀一個物品」的意思是什麼？

　　「閱讀一個物品」的規則相當簡單：

1. 將一個與故事或主題相關的物品呈現給學習者看，並且搭配進行一個探索活動的邀請，讓他們去發現、好奇與分享使用這個物品的意圖和目的，以及物品的年份與性質。
2. 當以一種開放性的陳述提出邀請時，物品的選擇對於探索所建議的焦點是經過策劃的；它與正在進行的提問的性質直接相關。

以下幾個例子或許有助於了解：

- 在探究「我們都一樣；我們都不一樣」的主題中，完成了一個托兒所與幼兒園的數學課程。孩子被邀請與一位夥伴配對，並且決定以一種方式表現出他們所穿的鞋子一樣，但又以另一種方式表現出它們是不一樣的。他們的想法會在大聲朗讀由 Ann Morris（1998）所著知識類附照片的散文《鞋子、鞋子、鞋子》（*Shoes, Shoes, Shoes*）之前與整個團體分享。接下來立即進行一個熱烈的討論，主題是有關鞋子在外觀上、在工作場所需求或在人類文化傳統的穿著上，會有哪些相同或不同。即使是托兒所的孩子也渴望探索如何

以不同的方式分類自己的鞋子。[3]

- 依序傳遞兩個籃子，一個裝滿了生雞蛋，另一個裝了蘋果。在聆聽《沿著路走》（*Down the Road*, Schertle, 2000）前，整個團體先討論有關傳遞兩個籃子的感覺。《沿著路走》的內容是關於一個小女孩渴望能夠擔負把雞蛋從雜貨店帶回家裡的責任。雖然她很小心，但還是將雞蛋弄破了，也因此小女孩難過地躲到一棵蘋果派樹上。後來她的爸爸找到她，並且陪著她，幫助她了解一個人與自己所犯的錯誤共存的重要性，並且從中學習。結果他們帶著一籃蘋果回家，全家人享受以蘋果派代替雞蛋當早餐。專業發展團體的成人與小學生一樣都練習將雞蛋與蘋果快速地傳遞移動，以探究故意犯錯與盡了最大努力卻仍犯錯之間的不同。彼此的對話已深入到考量從以上兩者的錯誤中學習的意義。

- 三年級的學生有了機會去觀察一個舊的木頭柄的鏟子，雖然他們大部分都知道這個工具的名稱，但很少人真正使用過它們。他們注意到木頭與鋼鐵的材質代替了塑膠，並且指出使用過的痕跡就像是它年齡的證明一樣。他們後來立即進行一個大聲朗讀《布萊特小姐選了一把鏟子》（*Miss Bridie Chose a Shovel*, Connor, 2004）的互動活動。從備用文本的頭幾個字開始：「她可以選一個自鳴鐘或一個瓷器小雕像，但是布萊特小姐選了一把 1856 年製造的鏟子。」這個團體因為布萊特小姐的選擇而對她的人格特質有了極為具體的感覺，並且了解哪種特質幫助了這個年輕的移民女孩在一個新世界中存活。他們開始推測另外兩種選擇代表了什麼。稍後在這個社會學科的單元主題中，他們將閱讀由 A. Garland（1997）所著的《蓮

---

3 鞋子分類已被用在艾瑞克森的早期數學計畫（Erikson's Early Mathematics Project）中，去證明在代數學中「好的想法」。也就是一種集合能依所選擇的分類屬性用許多不同的方式分類。

子》（*The Lotus Seed*）、A. Say（2009）所著的《奶茶》（*Tea with Milk*），以及 Eve Bunting（1998）所著的《回家》（*Going Home*）。最精彩的計畫包括了與一位夥伴一起以布萊特小姐為依據製作一本書，以另一位移民者隨身攜帶著一些物品與留下一些物品的經驗為特色。

為什麼透過閱讀一個物品去展開一個提問？

最後一個例子提出了可以如何透過「閱讀一個物品」有效地展開一個延伸的提問。「更深入地探究」一個相當普遍物品的行為就像是一種信號，顯示學習者正在進行一個概念或問題的深入探究，它對於發展理解力來說很重要，但是可以透過各種鏡頭去了解它。

同時，對於一個物品的討論，或許也能產生像在前一章中所討論的驚人事實的策略。它提供了整個社群一個機會去探索與確認一個提問的特殊觀點，這或許最能夠吸引整個團體的興趣，或者創立一個較小的「專家」團體。

一條拼布被為什麼像是一種統整的課程提問？

我對於拼布被的興趣開始於在印第安納州西北部參加農場的拍賣會。我被我母親所說的「美麗的夢」深深吸引，那是勤奮的婦女發現如何將必需品轉換成美麗的創造物的方式。我開始去學習不同拼布被圖案的名稱與它們背後的故事，以及如何去評量、分辨出優良品質與一般品質拼布被間材料、技術與技巧的不同。我也在無意中聽到織拼布被婦女的個人故事，大約同時，在「布列塔尼卡數學計畫」中，一位數學教育家指出拼布被的行與列是一種自然的排列，它們可被用來了解乘法。這給了我一個理由去收藏拼布被以及所有相關的書籍。

我很快就將拼布被與拼布被的故事併入職前與在職教學中，以及課堂的直接工作中。拼布被已被證實是一種有力的方式，可以綜觀課程，提供豐富的機會去探索與數學、科學及社會學科相關的概念。

1. 數學

包括了「幾何」（形狀、移動與方向）；「規律」（在一個單獨的區塊或整條拼布被被面的結構中）；「測量」（面積、周長、陣列）。

2. 科學

包括「色彩學」（顏色就像是建立一種規律與設計的特質）；「材料科學」（織品種類的特質、連接拼布塊與襯裡所使用的方法）；「科技的使用」（包括了縫衣機、量尺與設計的工具）；「科學過程的應用」（整體的過程與問題解決，包含了從設計到完成拼布被）。

3. 社會學科

包括「社會的歷史」（圍繞著邊界生活、女性角色或束縛的議題與了解；在家庭物品與任務中的美學成分）；「歷史的影響力」（棉花是受到喜愛的織品材料類；軋棉機或種棉花的奴隸與地下鐵路的連結）；「經濟的觀點」（女性受僱製作拼布被；在奴隸制度中的經濟因素，分享農作）；「文化的傳統」（非裔美國人；門諾教派；織品藝術家）。

美麗的拼布被帶給人最震撼的特色之一就是，雖然它是由許多不同織品所剪下的小布塊所組成的，但是經由設計後所創造的一致性帶給人強烈的印象。同樣地，當能夠運用有關拼布被的活動去滿足「任何」以上所列出的特定學科的目標或問題時，無疑也有可能試著將它們「全部」填塞到一個單獨的學科中。一個設計良好的結構，連貫的提問實現了兩個關鍵的計畫原則。

計畫原則 1：問題是什麼？

從透過定義一個設計良好的提問開始，然後用以下的特色調整一個好的「問題」：

- 夠「**特殊**」，讓學習者能夠了解特殊知識間的連結，包括有關一個主題的事實與技巧，以及這個資訊如何連結到一個較大的概念架構；學習者可以看到「事實」是一門學科「好的想法」的建構材料。因此一個人可能開始看到歷史事實間的關係，許多拼布被是由棉花所做的，這與經濟現實有關，因為棉花最便宜且最容易取得，就科學事實來說，它也非常耐用。以上所有的特性都能夠以「好的想法」來理解，而「好的想法」也被稱為是供給和需求的法則。

- 夠「**開放**」，所以能夠產生連結，並且概念的理解能夠跨學科發展。以上的例子包括了來自科學與社會學科的事實。同時數學的計算與統計也需要能表現這些事實。

- 夠「**參與**」，導致優質的智力工作，它反映出特定學習社群的需要與興趣。在本章「例證」中的一年級和三年級學生，透過他們自己對一條拼布被的發現而深度地參與學習。在他們所做的觀察中，有一個顯著的不同與發展程度有關；所以，這樣搭配著大聲朗讀的選擇幫助他們以不同的方式指引他們的興趣。

雖然對一個提問所希望的整體方向或許是清楚的，但是精心製作一個好問題是一種高階的工作。對許多老師來說，這需要一種相當基本的轉換，從一開始就要有一個為學生工作的計畫，以確認必要的學習或教學目標。學習或課程計畫是為了幫助孩子建構。

然而，以問題作為開始與科學的方法非常類似，在其中首先確認一個問題的情形或現象後，接下來考慮事實與變數，它們可能會促進或引起某種現象被加以說明。然後設計並實行一個將引導出某些結果的實驗。

在商業界，「反向規劃」（backwards planning）的概念長久以來被視為策略，特別是在不確定的年代中。這顯然很合理，舉例來說，行銷的策略應該「搭配」而非「指揮」行銷或販賣的目標。如果目標是去教導了解而非只是為了考試，無疑地，這個方法用在教育中顯然相當合理。Wiggins 與 McTighe（2005）和 Tomlinson 與 McTighe（2006）使用這個原則詳細說明了課程計畫的整體過程，他們稱為「重理解的課程設計」（Understanding by Design, UbD）。他們所提供的樣本是非常有用的工具。

然而，具有敏銳的意圖代表了這樣的計畫不能透過自動駕駛儀來操作，或者是透過盲目地跟從一個準備好的計畫。無疑地，從其他的老師、課程材料、過去的經驗與現今的要求所得到的各種想法將是綜合的一部分，但是最後重理解的教學需要小心地調整，也就是反映在班級學習社群即將面臨的特殊需要與興趣上，並將它們建立到目標中，以及實施計畫的細節中。

例證中這個三年級的班級是一個很好的例子。我曾經向學校的社工人員琦基塔及班導師希瑟諮詢過，在這個具有學業與社交風險的學生的班級中日增的負面動態。兩位社會工作實習生可以輪流來幫助我們吸引學生發展正向的行為特徵。如果學生們得到許多自己是「壞的」的訊息，這個團體很可能不會變好。雖然他們的行為或許不一直具有生產力，但這些孩子就像所有人類一樣，需要知道他們是被尊重的，並且在學校中的重要成人相信他們有能力去尊重其他人。[4] 我們希望他們思考具有社會責任的行為是重要的，它符合了 ASK 原則的標準。

我們都同意這些八到九歲的孩子需要讓他們去做些事；他們總是被認

---

4 可悲的事實是，或許可以對三年級的孩子預測他們當中有誰可能會輟學。更令人感到不寒而慄的是許多州（包括加州與德州），會以三年級學生在閱讀與數學的州測驗中不合格的比率來預測他們未來所需的監獄量。

為學業未達一定的水準，所以很重要的是計畫應該被視為他們被「揀選」去做的某些特殊或值得注目的事。我們必須透過一系列的經驗去思考，那會把成功的可能性提升到最大的極限，並且建立孩子的勝任感。

我們也希望支持這個學校的校長所做的許多努力，她幫助長期處於貧窮環境的孩子以身為自信的非裔美國人為榮，有能力可以往前邁進。我最近將一本由 Betty Stroud（2007）所著的《拼布被之路：一條通往自由的拼布被地圖》（*The Patchwork Path: A Quilt Map to Freedom*）加到我的拼布被故事收藏中。這本書用拼布被去讚揚經由地下鐵路從奴隸狀態逃脫出來所需的勇氣與解決問題的方式。Jacqueline Woodson 具啟發性的圖畫書《指引方向》（*Show Way*, 2005）提供了一個具體的樣貌，這本書使用了一條拼布被去總結她的家族從奴隸制度的時代到現今的歷史。

我們同意需要一條屬於班級的拼布被，這個產物具有高能見度。我將會運用我的經驗在班級中進行拼布被的計畫，來建構算術的課程。班級導師了解她可以將她所計畫的數學與詩的課程相結合，也能使用「地下鐵路」的材料來強調歷史課程標準。社工實習生會聚焦在 ASK 的特性上。即使如此，我們仍然只有初步想法而非一張藍圖；在選擇或規畫特殊的活動或書籍之前，我們精鍊出主要目標，請見表 8.1。

表 8.1　跨越課程的教與學目標

我們可以從「地下鐵路」拼布被密碼中學到什麼方法，使自己成為學校與世界的 ASK 公民？

概念的架構想法或技巧	研究問題
拼布被作為一種結構：拼布被通常由許多布塊做成，每一塊反映出一種幾何的圖案。這些布塊被排列結合在一起，且可能以鑲邊或壓線加以區隔。	
<ul><li>許多拼布被圖案使用一般的幾何形狀，一些圖案使用相關的形狀（例如：一個正方形或許由兩個正三角形組成）。</li><li>拼布被的圖案可以構成一個單一的正方形布塊，或是建構成多個相同的正方形布塊。</li><li>根據我們對於拼布被樣式的了解，顏色的選擇與形狀扮演了重要的角色。</li><li>拼布被的拼布塊與襯裡能以不同的方式連結在一起。</li><li>一條拼布被有「多大」，可以用面積與周長的術語來表示。</li></ul>	**數學**：拼布被組合的樣式如何透過改變組成的布塊做變化？ **科學**：顏色與形狀在影響我們對於拼布組合的觀點上有什麼重要性？ **科學**：織品可以用什麼不同的方式結合，以及每一種的優點可能是什麼？ **科學和數學**：在製作一條拼布被中，哪些測量法重要？
拼布被作為文件：製作拼布被所使用的織品與所選擇的樣式反映出拼布被製作者的個人興趣與歷史。	
團體或文化或許有一系列的密碼或信號，團體的成員能夠了解，但外人不易了解。 拼布被布塊的名稱反映出歷史的或社會的聯想。	**歷史**：什麼是地下鐵路，以及能夠透過哪種密碼與線索的引導而成功逃亡？
拼布被作為「指引方向」：身為一個社群的成員，我們經常需要規則與提醒物去「指引方向」以盡到責任，並且確認我們的權利受到尊重。這個論點對於非裔美國人的歷史經驗，包括了地下鐵路的分布，都能產生一種具有影響力的特殊共鳴。	

表 8.1　跨越課程的教與學目標（續）

概念的架構想法或技巧	研究問題
● 作為一個社群的成員，我們具有權利與責任。我們在任何情況下都有義務以展現 ASK 的特性去尊重彼此。 ● 地圖提供了一種有關移動與方向二度空間的代表。 ● 地圖能夠幫助我們從一個地方到另一個地方。旅行的距離可能從非常近到非常遙遠。 ● 透過小心地觀察我們所聽、所看與聞到的，也小心地去感受與品嚐，我們可以熟悉鄰近的環境。	社會學科：為什麼接受文化與社群領導者對於我們該如何過生活的輔導很重要？展現出 ASK 特性是什麼意思？ 幾何與數學：一張地圖能夠以什麼不同的方式代表移動與方向？ 科學：我們的感官如何能夠提供重要的訊息，讓我們在環境中到處移動時保持安全？

 計畫原則 2：在繪製一張成功的計畫地圖時與什麼有關？

這個原則涉及了一組同時出現的目標：

● 包羅萬象的研究問題應該被拆解成一系列的問題，它們所強調的是個人的活動或課程，並且它們反映出各學科所強調的「好的想法」。

● 特殊活動或課程的焦點選擇以及活動的順序必須謹慎建構。個人的課程應該逐漸形成一種達到最佳的計畫或表現，它的價值超乎班級之外，這是一種值得慶賀的學習結果。

在此再次聲明，關鍵點在於一個真正的提問比起一個與某主題相關的課程或活動的鬆散集合更有價值。「ASK 拼布被」成為我所做過最有價值的班級計畫之一並非巧合，它是經由嚴格策劃的計畫與應用所發展出來的，是由一個包括了我自己、琦基塔與希瑟的專業社群所完成的。我們為

了擬定周詳計畫所做的幾個決定能夠說明它如何產生效果：

- 在最初的大聲朗讀活動之後，一組一組的孩子被要求成為「專家」，設計出之前所提的《拼布被之路》中的一塊拼布。[5] 提供每組一些預讀的材料，有助於孩子研究逃走的奴隸必須留心的危險信號，以及地下鐵路車站的指示物。拼布的一些樣式與宗教有關，例如：詩歌〈跟隨活水瓢〉（Follow the Drinking Gourd），它也被用來當作「密碼」。希瑟使用這些歌曲的歌詞去介紹她正在進行的詩的單元。

- 這個計畫也與幾個數學的主題吻合。在開始的階段，加強孩子了解一條拼布被是如何由組成的布塊所製作的，並且提供他們有關幾何形狀的相關經驗（兩個三角形能夠形成一個正方形或長方形），以及不同的樣式可以透過旋轉或翻轉形狀創造出什麼不同的樣式，我們設計了一個需要孩子使用紙片去重新建構「臨時便道」（Shoofly）樣式的活動。當這個計畫接近尾聲時，我們會讓孩子討論與決定拼布排列的數學問題，需要在其中安排 21 個正方形。雖然我預期橫向 3 個與直向 7 個看來比 7×3 的安排更「適合」，但還是由孩子們算出了一些選項，選擇一個然後決定如何依據主題（7 表現適當的，8 表現安全的，以及 6 表現仁慈的）來安排這些正方形。

- 社工實習生花了三小時的課程，要求孩子從他們自己的生活中去討論與提出有關什麼代表「適合」、「安全」與「仁慈」的例子。每一個課程時段都讓學生去畫一張圖和寫一些句子，以表現出這些

---

5 Stroud 的圖畫書鑑定出十種拼布塊的圖案，它們據說是既定的拼布被密碼中的一部分（Burns & Bouchard, 2003; Tobin & Dobard, 1999）。然而跡象顯示密碼不像 Tobin 所主張的那麼嚴格規定，有很好的理由相信拼布被像是精神的象徵，對於沿地下鐵路找出他們的道路的人來說，這是重要的信號（Brackman, 2006）。

例子中的一個。稍後每個孩子選擇他們的一個設計，用簽字筆畫在一塊未漂白的 8 英寸（約 20 公分）正方形棉布上。每個孩子將靠近他們的正方形襯裡綁在一起，並且以學校的顏色——橘色與紫色的仿粗麻布為背景。

毋庸置疑，最大的回饋是看見計畫如何對孩子產生效果。他們對於地下鐵路的詳細資訊表現出極大的興趣。孩子們之前除了死背哈莉特·塔布曼（Harriet Tubman，按：美國知名的黑人廢奴主義者）這個名字外，對於這個主題並沒有感到特別的意義。每一個孩子和他們自己的正方形拍照，並且每一個孩子打草稿、編輯與出版一頁有關它的小短文作為班刊的一部分；每個孩子、學校校長與學校圖書館都會獲得一本班刊的影印本。最有意義的是希瑟提報說，當「他說／她說」的指控時間開始時，她的學生會開始挑戰彼此相關的 ASK。

當我們向校內其他老師回報有關這個計畫時，希瑟、琦基塔和我無異議地同意這個計畫非常值得我們下功夫。我們認為如果再做一次會很棒，但是即使能夠遵循整體計畫進行，仍然有需要調整的地方。

我們認為這個計畫在學年初進行會比在學年結束時進行更好，重點會移到創造教室社群與建立正面的規則，而非我們之前所強調的「傷害的控制」。我們所做的一些活動也要改變以反映孩子的發展階段與需求。舉例來說，一年級或二年級的孩子也可以做一條 ASK 拼布被，但是他們在實際配裝組合上會需要更多的支持，所以一張紙做的拼布被或許對他們較好。不過我們甚至更堅持，以幼兒的發展程度來說，並不適合將地下鐵路的主題與 ASK 結合。這個主題太複雜，在孩子穩定地通過五到七歲的轉換期前，他們對於時間與歷史的感覺還不穩定，而且奴隸的主題對他們可

能較具威脅性。[6] 同時我們認為對較年幼的孩子所強調的，應該是穩定地聚焦在直接的教室社群的想法上。他們需要直接與自己的經驗連結，以了解觀察的規則奠基在尊重帶給他們的權利與責任，因為他們會感到自己也會被以適當的、安全的與仁慈的方式對待而安心。

矩陣如何幫助學習者羅列他們的理解？

製作一條班級的拼布被極有價值與意義，老師選擇進行一種非常不同的拼布被計畫，是基於許多好理由。舉例來說，當一年級的老師使用 Flournoy 所著的《拼布被》，進行拼布被「閱讀一個物品」策略時，特別來瀏覽了我所蒐藏關於拼布被的圖畫書，結果她發現了有不少是以祖父母為特色的圖畫書。每個家庭是一個獨特的社會連結與人際關係的混合體，她喜歡運用這些書來探索他們的故事，這些故事超越了時間和地域。她覺得讓每個孩子完成一個有關他們家庭的資訊與故事的收集，會比一條班級的拼布被更能達到她的目標。

克麗絲老師用這樣的方式聚焦在她的目標上，有助於縮小她想要使用的選書範圍。因此她喜歡 Guback（1994）所著的《路卡的拼布被》（*Luka's Quilt*）表現兩個相愛的人意見不合時，彼此妥協的重要性，就像故事中的祖母與孫女一樣。不過在這個作品中，拼布被包含了古代家庭傳統的想法並不明顯。Wolff 與 Savitz（2008）所著的《毯子的故事》（*The Story Blanket*）極佳地見證了故事能如何結合一群人，但是它的焦點不是在家庭方面，所以她也將這本書擱置不用。

最後，克麗絲決定聚焦在四本書上，她要用互動式大聲朗讀的方式介紹書。每本書會伴隨著討論與延伸活動被重複閱讀幾次。她寄給每個家庭

6　在介紹有關人類不人道的邪惡行為對成人與孩子造成的影響時，應該要格外小心，孩子對於這些問題很難像成人一樣獲得透澈的看法。參考 Schweber（2008），有關與三年級學生進行猶太人大屠殺單元的討論。

一封信，其中列出書單並且解釋家庭成員要如何與孩子一起去完成一份「家庭拼布小檔案」，成品的封面是由孩子所設計完成的拼布圖案。這些小檔案在成果發表日會陳列出來。項目包括了：

1. 《拼布被》（*The Patchwork Quilt,* Flournoy, 1985）。小檔案目錄：「我們的家庭拼布被可能會是什麼樣子？」為家庭中的每位成員列出一些所喜愛的布料項目。

2. 《姓名的拼布被》（*The Name Quilt,* Root, 2003）。小檔案目錄：「當我年輕時……」一位較年長的親戚年輕時曾經發生過什麼美好的故事？

3. 《拼布被的故事》（*The Quilt Story,* Johnston & DePaola, 1996）。小檔案目錄：「我們睡覺時在做什麼？」談談你的家人上床的習慣。

4. 《傳家寶被》（*The Keeping Quilt,* Polacco, 2010，中文版由遠流出版公司出版）。小檔案目錄：「我們家人間的距離有多遙遠？」數一數有多少家庭成員，包括了父母、兄弟姊妹、祖父母、叔叔、阿姨與堂兄弟姊妹，他們住在：(1)靠近你家；(2)芝加哥的某處；(3)美國的某處；(4)另一個國家。

◉《傳家寶被》
文・圖／派翠西亞・波拉蔻
譯者／廖春美
出版／遠流出版公司

⬆ 老師在團體時間朗讀《傳家寶被》，並搭配地球儀及俄羅斯相關文物進行文化教學。

⬆ 孩子們指出俄羅斯的地理位置。

（照片提供：紐約蒙特梭利學校）

　　當克麗絲的計畫進行時，她了解這個計畫對她來說是一個完美的機會，可以去嘗試我們在專業研討發展會中所討論過的「書籍矩陣」問題。這個策略是利用一種圖表的架構，它會在所挑選的叢書間發揮像是文本對自我、文本對文本，以及文本對世界的一張連結地圖。在決定了一套核心的書籍後，老師草擬了一張列有三到五個問題的清單，它適用於所有的書籍。將這份清單寫在一張大張的海報紙上，並且在進行單元或計畫期間都持續展示。當讀完每本書，孩子會討論並同意將每個問題的要點記錄下來。表 8.2 呈現出這個計畫的矩陣。

表 8.2　「家庭拼布小檔案」計畫的書籍矩陣

書名與作者	在製作拼布被時有誰參與？	為誰做的拼布被？	在拼布被中能夠發現哪種「家庭故事」？
《拼布被》 Valerie Flournoy 著	大部分是由祖母和泰雅製作，其他的家庭成員幫忙	泰雅	拼布的布料是從哪裡來的故事；拼布被如何完成的故事。
《姓名的拼布被》 Phyllis Root 著	莎蒂與她的祖母	莎蒂，取代在火災中失去的那一條	從較年長的親戚那裡聽來、過去發生的故事。
《拼布被的故事》 Tony Johnston 與 dePaola 著	阿比蓋兒的媽媽或祖母	原本是為阿比蓋兒做的，但是多年後屬於一個發現它的孩子	有關於如何拿一些像拼布被這樣珍貴的物品，以便在新家中感到舒適的故事。
《傳家寶被》 Patricia Polacco 著	曾祖母安娜	四代以來的新生兒，傳到旁白者的嬰兒	有關家族如何來到美國的故事，以及他們在那裡的生活。

　　克麗絲很高興這個團體很快便開始看出連結的關係，當每次閱讀一個新故事時，連結的移動不只貫穿每一列，也貫穿了每一行。他們不需要被提供任何引導的問題，就能去討論《拼布被》與《姓名的拼布被》都是關於祖母與孫女分享家族的故事，只不過莎蒂是從較年長的親戚那裡聽來的故事，而泰雅是聽身邊的家人說的故事。當片語「鑽進床裡」（tucking into bed）在《拼布被的故事》中出現時，有孩子將它與在《姓名的拼布被》中出現時的相同片語連結在一起。稍後，他們指出存在於莎蒂的經驗與《傳家寶被》的旁白者間的關係，拼布被幫助他們了解年紀較長的上一代。

雖然克麗絲沒有將其他有關拼布被的書納入這個計畫的核心書籍中，她還是將這些書放在班級圖書館中。克麗絲很高興兩個女孩帶著《路卡的拼布被》來找她，並且解釋她們覺得這本書也應該要放在這個計畫裡，因為它是有關一個祖母為她的孫女製作拼布被的故事。克麗絲不得不同意，並且在書籍矩陣圖中多加了一行。這些女孩的行動是最好的證明，證明了循序地釋放責任是成功的，她們顯然承擔了自己學習的自主權。結果有力地顯示每個人都投入在優質的智力工作中。

我們從拼布被學到什麼？

我們這樣仔細檢查的兩個拼布被課程本身就是一種拼布。就像是不同的印花、細長條的或純色多彩多姿的織品被剪成正方形或三角形，當它們被安排成拼布被的圖案時，將會被集合在一起。課程也同樣包含了各種學科，像是讀寫能力、數學、科學與社會學科能夠融合在一起成為一種統整的課程。圖案在被剪裁前，越仔細考量效果越好。

最優質的拼布會讓我們走近一看再看；每一次，或許我們會新發現圖案中有重複的特定布料或顏色。舉例來說，沒有兩條拼布被是一樣的，一條得獎的作品與另一條看起來必定截然不同。每一條拼布被的製作者都需要面對複雜的選擇，決定使用哪種色調與印染，所以每一個布塊有一半看起來比較淺，而另一半看起較深，這些布塊被排列組合，所以在一條拼布被上深色淺色互相輝映，形成一件完整的作品。

有效的課程也以一種相似的方式來設計，所以學習者會重複觀看相同的成分，每一次都會發現些微的不同。現代主義建築大師密斯・凡德羅（Mies Van Der Rohe）有一句關於建築的名言：「少即是多。」這句話也適用於課程計畫，「較深入的研究」比起粗淺的學習更有效。

因此在三年級的計畫中，Stroud 所著的《拼布被之路》有助於開展單

元，但是當它持續發展時，我們會來回反覆地檢視。學生們在幾何課程中所實驗建構的圖案是由此而來的；以一張地圖幫助我們通過難關的隱喻，從地下鐵路延伸到學生自己的生活背景中。同樣地，克麗絲覺得專注在只有幾本關於拼布被與家庭故事的書籍上，會幫助她的一年級學生較容易將它們與自己的家庭連結。

從許多方面來說，一條美麗的拼布被對於一個統整的課程研究來說不僅是一種隱喻，它同樣也是一種適合代表教與學動態的複雜與單純基礎的象徵。

- 我們透過提問、觀察、反思與理解來獲悉我們周遭的世界。
- 透過一種去了解一個現象或概念的渴望，我們投資參與得越多，似乎更能敏銳地觀察、反思，以及最終有所學習。
- 一般說來，吸引學習者無比熱情的問題並不會只落在單一的教條原則；他們需要從各種透鏡去檢視一個問題。雖然重要的是每片透鏡都要能夠清楚地聚焦，但同樣重要的是需要有一些製作精巧的統一原則或問題可以將提問的成分結合。
- 同時，最好的提問能夠證明開放性問題的力量，也就是我們學得越多，想要知道的就越多，並且能夠更有能力地形成下一個問題。就像科學家一樣，我們不斷地問更好的問題。
- 我們需要確實地「量身訂做」一個提問，以便我們能夠感受到學習社群的需要、興趣，甚至偶發的事件。

嘗試與應用

1 │ 確認一個節日與歷史或文化事件、傳統或人物的關係。考量你的班級學習社群的發展階段與家庭文化，集思廣益地討論開放性的提問去探索相關的節日。決定哪一個節日主題在你的班級中可能最有收穫，然

後做這些事：

◇ 為這個提問精心製作多元豐富的教與學目標陳述方式。

◇ 設計一個開展活動與一個高潮活動，讓這個提問合乎水準，像是一個優質的智力工作。

◇ 簡述其他的學科，包括讀寫能力、數學與科學可以如何融入這個課程中。

◇ 找出四到八本優質的故事或兒童文學作品，運用這些來發展提問。

2 ▍針對你在班上會使用的兩個拼布被計畫中的一個，寫下一個你可能如何編織的感想意見。或者討論為什麼對你或你的學生使用拼布被似乎不是一個有生產力的焦點。試著確認另一個你可能使用的焦點。

CHAPTER

誰最強壯？

什麼讓故事成為有助於優質的智力工作的有效工具

～ 例 證 ～

我在一個家庭讀寫課程中使用寓言故事〈誰最強壯〉〔Who's the Strongest；按：這個故事由 Gerald McDermott 繪著成故事書《石匠塔沙古》（*The Stonecutter*），中文版由上誼出版社出版〕，成員包括了有幼兒的家庭、他們的家庭訪視員、課程管理員，以及一兩位贊助者。

我透過問誰喜歡變得強壯，並且展示我的肌肉作為開場。孩子立刻和幾位大人舉起手來。提到有許多不同的方法可以變得強壯，我開始說一個卑微的石匠在烈日下工作的故事，他發現了一個關著精靈的瓶子。當他釋放出精靈獲得了一個願望，石匠要求成為一個全天下最強的人，但精靈告訴他必須說得更明確。石匠想起太陽的力量，要求變成太陽。「霹浮、啪浮、啵浮！」（Piffle, Paffle, Poff！）精靈將他變成了太陽，石匠非常高興直到一片雲遮住了陽光。石匠召回精靈，並且要求變成雲，但他發現雲會被風吹走。當他變成了風，很沮喪地發現沒有辦法越過山。孩子和一些成人很快加入精靈的「霹浮、啪浮、啵浮」魔法把戲，也模仿當石匠一直召他回來時漸增的懷疑表情。當我開始模仿一座腳痛的山時，故事照著幾種可預期的模式循環回到故事的開端——當石匠了解山的疼痛是因為像他一樣的石匠在鑿山時，他做了最後一次變身的要求。由於石匠強調這是他最後一次的要求，精靈將他變回了他自己，從此石匠過著幸福快樂的生活，他以能夠成為最好及最強的自己為榮。這與我向每一位聽故事的成員所保證的一樣，他們只要發揮自己最大的長處做自己就好。

當我說完這個故事後沒多久，幾個孩子又要求我再說一次，於是我提出了一個更好的計畫——我們一起將它再說一遍。由四組的孩子與大人運用以下各組所得到的材料，共同演出故事中的一幕。

- 第一組由一人擔任旁白負責開場，而其他成員以啞劇表演石匠發現了瓶子，將精靈釋放出來，並且要求變身成太陽。

- 第二組畫一張圖，表現出當石匠從太陽變成雲的過程。他們可以決定要製作一張大壁畫，或將它分割成卡通格式。

- 第三組利用音樂與動作表現出包含了風的部分。他們可以創作一首歌，或使用鼓、手搖鈴，以及使用鍋蓋、錫罐及日常用品來代替鐃鈸。

- 第四組使用紙盤、大壓舌板、紙袋、硬紙板、剪刀與膠帶製作偶戲，負責表演最後一幕。

當我在團體中巡查時，要確保每個人所呈現的都體很棒、確認他們需做些什麼，並且問一些問題好幫助他們思考所定的計畫。沒有人被排除在活動外，也沒有人被指定去負責團體。這個課程的管理者與贊助者在音樂團體中快樂地結束，他們聽從一位年輕父親的意見，一起以饒舌音樂表演他們所負責的一幕。

我要求一位家庭訪視員拍下一張每個家庭一起工作的照片，讓他們帶回家，並且準備一本有關這個故事的簡易版本以反覆閱讀，還有一張參加活動的證書以及兩本童書。

十五分鐘後，我們整個團體集合在一起，並做了一場最棒的表演。就像我們所預期的一樣，每個團體都表現出色。我們感謝所有參與的家庭，並讓他們知道，我們表演故事的方式是一份禮物，這是幫助他們的孩子在學校中表現良好的最佳方式。在課程的交流互動與點心時間裡，許多人談到，他們之前從未想過要去欣賞一個喜愛的故事、創作音樂，或是和孩子進行一個簡單的動作活動是一件這麼容易的事。

何謂以故事去吸引學習者進行令人滿意的提問？

當介紹《兒童文學的啟發式教學：運用圖畫書引導提問》這本書時，故事〈誰最強壯〉是一個能夠傳達出這本書的目的的最佳範例。儘管大家都認為我是一個優秀的說故事人，其實成功吸引孩子的想法以及將他們的心思放在故事上的真正關鍵是：只採用好的故事。事實上，我花在思考哪些是適合的故事，比起我說這些故事的時間還多。我一再回到關鍵點，也就是第五章中所談的，有關評量文本品質的方式：最好的故事的主題與情節是以人類經驗的觀點提出能夠吸引與引人注目的問題，並且以真誠的方式去解決問題，它們邀請讀者去反思與回應。再次強調，〈誰最強壯〉這個故事能夠幫助我們針對這個觀點的應用做更深入的探究。

〈誰最強壯〉是我個人最喜歡說的故事之一；我選擇它是因為這個故事能促進研討課程將焦點放在讓父母為他們的孩子朗讀。這個活動本身與延伸的活動順著由投入到探索到評量的 3E 軌道走。同時，故事中所提出的爭論點需要具有遊戲與學習特性的 SIP 支持。也就是，透過故事所引起的提問有助於 SIP。

動人的故事如何支持一種正面的學習意向？

在第一章，我們注意到所有的學習都始於知的需求。如果需求是受到外在的因素所強迫的，並且帶有負面的情緒，如：害怕、焦慮、生氣、怨恨或不喜歡，那麼大腦所分泌的化學物質會使情緒處於受虐的狀態，並且會抑制學習。相反來說，具有好奇與愉快特性的正面意向會激發負責思考的大腦前額葉。沒有什麼比一個豐富的故事更能激勵學習。

我在家庭工作坊中說這個故事時，常會先問：「誰喜歡成為強壯的？」這是「好的想法」中的眾多問題之一，它促發了所有的年齡與階段中大量的人類行為。剛開始建立起自主性的幼兒會對這個問題深感著迷。

因為他們仍然是具體運思的思考者，故事中透過強大的自然力量所代表的長處與力量能夠讓他們理解：

- 太陽的隱喻就像是有時人們想要擊敗其他的人，或是讓他們逃走尋找蔭庇一樣。

- 雲和所帶來的雨的隱喻就像是在其他時候，人們想成為能夠提供幫助或慰藉的人一樣，但有時它們的力量會讓人感覺被控制或被擊垮，就像是細雨可能會轉變成暴風雨和洪水一樣。

- 風也是一種類似的自然隱喻，就像是能提供舒適或控制感的人一樣，看它吹得輕柔或強烈。它很容易吸引別人朝向它認為最好的方向移動。

- 最終，我們常想要有一種穩定的安全感與依靠感，就像山一樣不會受到其他的力量影響。同樣重要的是，我們也需要有可依靠的他人。然而，有時不固著、彈性變化的想法也很重要。

越成熟的傾聽者似乎很快就能視寓言為對重要的抽象或形而上學問題的一種隱喻：「很強是什麼意思？我所渴望的長處是什麼？我個人可能以什麼方式變得很強？」這些問題非常瑣碎，沒有一個清楚單一的答案。就像這個故事明顯表達的，我們在某種形式的情況中所取得的答案，或許在另一種不同的情況中並不如人意。這個故事的隱喻特性有效地提供我們一種方式去玩味這些問題。

 豐富的故事如何吸引我們去解決問題？

在稍早的章節中，我們看到為了學業成就的教學與為了理解的教學間的不同。當學業成就依賴於用某人的標準去評量時，終身學習者使自己擁有並感到自我的主權。他們發現接收問題會使自己感到滿足，就像是好的遊戲即使具有挑戰性，卻依然令人感到滿足一樣。這就像是一場遊戲經常

會導致另一場遊戲，解決一個問題也有可能引起另一個問題。

　　「誰最強壯」字面的結構像是對基本的人性問題提出疑問，這個問題的答案不像開架式的藥品，不需醫師的處方箋即可隨意獲得。這個比喻使用了一個循環式的模式，讓聽故事的人可能邊聽邊「編造」出這個故事。當故事被說出來時，那些從未聽過這故事的人開始去預測它。當我說這個故事時，會讓我的身體語言與聲音傳達出石匠如何從極滿意變成沮喪絕望。我製造出些微的停頓，邀請聆聽者去期待接下來會發生什麼，並且加入一起說出重複的句子。結果清楚顯示，即使是還不會真正閱讀的人，都能像專業讀者一樣，使用一種技巧去做不同程度的閱讀。他們會使用故事的細節與已有的知識去預測故事的模式，以及它的循環架構所傳達出來的意義。

為什麼動人的語言和表情非常重要？

　　第五章中所談有關優良語言與表達的定義很值得再三閱讀，並聚焦在以意義建構的觀點來看品質的功能。一個故事或想法的品質很容易分辨，就看它們表現的影響力讓讀者有多樂意投入其中。音樂與詩總有極大的啟發與安慰的力量，也能「安撫內在未經馴服的野獸」。好的演說者往往以有力的態度結束演說。

　　就實踐的層面，確認幼兒的讀寫感受經驗中包含了優良的語言，它對於孩子讀寫能力的發展具有顯著的影響力。使用所提到的像是「生動的文字與措辭」，以及強烈的意象所建立的字彙與理解力，比起所有的反覆練習或測驗都更有效。從嬰兒期開始提升的音韻覺識造成在語言與讀寫能力的發展方面極大的不同。韻文、頭韻與其他形式的語言遊戲能做有趣的舌頭活動；它們建立起區別與產生個別聲音的流暢能力，這種能力能組成文字與建立對「字族」（word family）的了解，它們使用了相同的起始音或

尾音，這些都是有關字母知識的重要部分。同樣地，吟唱與重複疊句將語言的結構與節奏以令人感到最滿足的方式，放入聆聽者的耳朵、嘴巴與身體中。栩栩如生的文字選擇、強烈的意象與愉悅的節奏對於英文學習者來說提供了同樣的益處。

事實上，就像是適合幼兒閱讀的經典作品《歌蒂拉克》或《三隻小豬》一樣，當孩子狂熱地參與重複疊句念唱時，例如來自石匠哀怨的懇求：「精靈，我做錯了……」，或者是精靈在施展另一個「霹浮、啪浮、啵浮」的變身魔法前交叉雙臂盤問：「你確定？」他們都在發展自己的表達性閱讀技巧，他們也在培養聲調會如何傳達意義的察覺力。一旦他們能夠大聲朗讀，他們直覺地了解流暢與聲調確實造成了不同。

當表達語言與聲調都像在這個例子中一樣愉快時，幼兒自然而然就會想不斷地重複聆聽或閱讀故事。事實上，語言的吸引力非常大，孩子僅僅透過聆聽或許就能重複一首歌的歌詞，或是以一個動人的語言遊戲說一個吸引人的故事。這樣的重複和背誦記憶非常不同。傳統專業用語「牢記在心」絕妙地詮釋了這個意思，它傳達出文字與訊息是如何被記住的，那是因為個人覺得它們值得記住並用一種方式說出來以表達出它們的深層意思。在說故事結束時，我通常會問：「你喜歡這個故事嗎？」當孩子們用宏亮的聲音回答：「喜歡！」時，我會用一個掃視的眼神，並且說：「那麼把這個故事拿走，它現在是你的了。你可以用你自己的文字、你自己的方式說它。」我經常聽父母說，當他們在家重複我們每週的故事時，許多人都會用我的話這樣說。

每次當一個好故事被一再閱讀時，孩子會變換不同的方式或更深入去了解它。當孩子的意象和語言一樣強烈時，他們對故事的意義顯然會做更深入的探索。

何謂使用一種受過訓練的提問方式去探索？

有許多不同的方式可以讓我們變得精熟，也有許多方式去探索、建構及表現理解。同樣地，當我們感到驚歎與迷惑時，總有可能會探索得更為深入。

 我們如何運用扮演一個豐富的故事去探索它的意義？

我們曾經描述過的許多不同策略，都是能將故事從書中帶出來，並且確實放入孩子的思維與身體中的方法；它們也意味著將故事的內涵以象徵的形式栩栩如生地表現是多麼的重要。這裡強調的是在學習機械式的閱讀技巧前，多麼需要以意義建構作為開始且成為一種心智習慣，而我們的目標是將其持續終生。將孩子的學習限定如同乒乓球比賽一樣，一來一往地理解問題，或反覆地練習學習單，會限制他們處理文本的方式。更糟的是，孩子可能會推斷在學校的背景中，書本只與正確的答案有關，毫無趣味性可言。尤其是對那些學習機械式讀寫技巧有困難，以及那些接觸文本的主要經驗都發生在學校中的孩子來說，他們未來的學業成功將深受其害。

相反地，當文本透過多元的方式，包括了戲劇的、音樂的、動作的、繪畫的或結構性的活動去探索時，孩子能從一個故事的各種可能中學習到深入與持久的力量。這些方式中的任一種，提供了學習者一個引起興趣的問題去解決，那自然會吸引他們建構出「故事對他們的意義」，考慮故事中「發生了什麼」。

家庭讀寫能力工作坊就像專業研討會一樣，成人往往會因為被要求去使用不同的方式表現故事，驚訝地發現必須要思考非常多的事情，尤其是當他們必須與其他人合作時。過程中必然會產生許多嘈雜聲、爆笑以及認真地去解決問題。就上述所討論的例證中，以饒舌音樂與偶戲表現故事的

孩子和團體都堅持要多一點時間去準備他們負責表演的部分。一旦他們了解了自己想做什麼，他們就會下決心好好地做。

　　高度吸引孩子投入的因素之一是具有創意的表現。它必須是以一種開放性的方式所制定的，而且還需要提供一些架構。結果顯示，不提供方向是達不到明確指示下所預期達成的結果。授權的訣竅在於在心中設立一個目標，當做決定時會考慮到它。舉例來說，負責〈誰最強壯〉的繪畫團體彼此爭論應該畫一張單獨的圖畫表現石匠像是太陽，或是三張一系列的圖畫。最後他們決定畫一系列的圖畫，因為這樣比較容易讓七位小組的成員都有所貢獻。團體中一個八歲的孩子很高興能集中注意力畫一個巨大的精靈，而他三歲大的弟弟正忙著用一枝橘色的蠟筆為太陽著色。

　　一個活動的目標也會影響決定提供什麼樣的材料。在包括了成人的研討會中，我總喜歡運用日常用品來製作「樂器」，就像是在家庭讀寫能力工作坊所做的一樣。對於父母與教師來說，了解孩子自然會興起創作音樂的興致非常重要。當孩子滿足這樣的興致時，不需要使用精緻的樂器或訓練。

　　只要建構的活動能夠順利進行，提供給成人的材料可以大多數都是隨機蒐集的。參與「故事巴士」研討會的人笑說，他們認為利用一堆清潔棒、少量的硬紙板與紙張、壓舌板、彩帶、膠水以及其他一些奇怪的物品去蓋一間堅固的房子是不可能的事；最後，他們對自己所蓋的精巧且出色的堅固建築物感到非常驕傲。和幼兒一起工作，很重要的是去準備一些孩子可能使用的材料，例如：製作偶或面具的紙盤與紙袋。然而孩子應該能自由地執行他們的想法。幼兒園的孩子或許沒有興趣或無法製作一些成人認為看起來足以貼在布告欄或家中冰箱上的作品。最小的孩子投入在操作的遊戲中，沒有去捏塑一隻豬，而是花了所有的時間去擠壓黏土，這樣的表現是適當的。在任何情況下，成品的優雅與否並不重要；是他們在工作

中所產生的對話刺激並支持了教與學。

再次強調階梯的概念，孩子理解與思考的發展需要在具體、圖像與象徵的層級間來回移動。當一位三年級的學生被問到：「石匠在故事的過程中如何改變？」或許能在選擇題的測驗中圈出正確的答案，但是他們很難解釋什麼是「做最好的自己」的意義。孩子需要一種有幫助的對話，讓他們將別人的評語與例子連結起來，也允許他們稍微偏離一下方向，並且使用問題去澄清與了解，以幫助他們通往更大有可為的道路。

然而，同樣的問題可以使用多元方式來呈現，能夠被有意義地探索。當一個團體為故事創作了插畫時，另一個團體可能會用啞劇的方式表現。兩種方式都必須去解決表達的問題：表現出在故事的一開始石匠不快樂地在工作，而在故事的最後他心滿意足地努力工作，這兩者之間的不同處。每一個團體必須將他們的回應轉化成繪畫或動作，這樣會使他們專注於真正的理解。這種感覺的改變透過非語言的線索來溝通，例如：臉部表情與言行舉止。這樣做似乎能讓他們去思考與討論發生了什麼事讓石匠從不快樂地希望自己是最強的，轉變成覺得做自己是最強的而感到高興。

當透過多元的表現探索一個故事的意義時，運用了多元智能（MI），這與創造活動不同，它是為了學習者的特殊風格所設計的，例如：視覺的或動覺的學習者。使用不同的型態表現，較直接地與觀點主義產生關聯；它反映出 Gardner 與其他多元智能支持者的信念，那就是智能反映出事情與知識是可以用不同的方式被了解與表現的（Chen et al., 2009; Gardner 1993, 2006）。多元型態的活動，像是在家庭讀寫能力工作坊中所使用的，能夠讓每個人運用音樂、動作或視覺藝術的方式表現得更深入，對於故事或許會有更進一步的了解。而每個人也都成為一名觀眾，去探索不同表現型態的活動，進而形成另一種觀點。每個人結束活動時，所看到的每一種表現型態都有它本身令人喜悅的部分，並且能親身體驗，以

豐富故事的意義。

探索豐富的故事如何能支持觀點主義？

遊戲能帶來許多的好處，其中最重要的是它支持「觀點主義」的方式。能以不同的觀點看事情並且去磋商共同的立場，以使活動繼續進行的能力，是屬於社會情緒發展與較高階思考的要素。這屬於一個發展的問題——當五歲以下的幼兒開始到處活動與自己獨立做事情時，會努力建立他們身體與社會的領域。他們發現很難去分辨自己的喜好、情緒以及自己與他人的需求。然而當他們適應了從五到七歲的成長改變，他們會發展出一種全新的能力去歸納與分辨相關的事情或經驗間的價值與意義。舉例來說，他們察覺如果自己單獨玩積木，可以隨心所欲地做自己喜歡的事；但是如果自己和朋友決定一起去蓋一座城堡，或許必須放棄一些自己的計畫去接納朋友的計畫。可以與孩子討論不同的選項可以產生更好的結果。事實上，你和朋友兩者都會得到更多的樂趣。

隨著年紀增長，更重要的是能夠將我們看事物的觀點改變成將別人的觀點也納入考量。以一個學習社群的方式來運作，一些過程能帶來幫助，例如：真正的對話與參與問題的解決製造了許多機會去澄清我們的想法。同樣地，我們會從別人的見識與需求中獲益（Bergen, 2002）。

〈誰最強壯〉幾乎是觀點主義所主張的概要。實際上它是繞著一個觀點在運轉，它的抽象本質是「相對的」；就像是石匠了解了即使像太陽、雲、風和山一樣的強大，周遭環境還是會讓其他的某些事物更強大。最終不可能有絕對「最強大」的事物，我們只有漸進地將自己所能的做到最好，才能變得更好。製造更多的機會去互動與重讀這個寓言故事，能夠加深我們對於什麼是強大、勇敢或重要的徹底了解，它們必須視環境與個人的價值觀而定。

從對石匠的了解延伸到深入的自我了解是一種自然的進步過程，孩子可以運用圖畫與文字製作一張海報或一本書，它們的主題與「我善於……」或「我知道我很強，因為……」有關。當然，越年幼的孩子越可能以相當具體的方式去了解抽象的本質。一個五歲的孩子曾向我解釋，當小孩比當大人好，因為小孩比較有「彈性」。我對於他了解不受限於一種方式的重要性感到印象深刻——直到他做出劈腿動作來表示他所說的意思。一個與我們聊天的九歲孩子試著向後倒立，並且以另一種方式解釋她是有彈性的，因為她知道以一些不同的方法解決複雜的數學問題。

從小學前直到成人期，這個故事提供了有力的方式去支持社會情緒的學習，也同樣增加了自我了解。這個寓言邀請讀者以不同的方式探索：

- 說故事之前問孩子：「當你說某人很強，你的意思是什麼？」然後探索這個故事可能如何改變或影響了他們對於很強的意思的了解。

- 將很強的想法與特殊的角色結合：你將如何形容一個「很強的人」、「很強的老師」、「很強的學生」？這些角色會因不同的方式而變得強大嗎？

- 閱讀與比較其他有關誰是最強大的故事，例如：Cowley 著的《老鼠娶新娘》（*The Mouse Bride,* 1995）、Kwon 著的《鼴鼠與菩薩》（*The Moles and the Mireuk,* 1993）或 DeSpain 著的《騙子的故事》（*Tales of Tricksters,* 2001）、伊索寓言有關太陽與風的故事，或是聖克里斯多福的傳說故事（Hodges, 2009）。要求學生使用一種描述一系列四件事情或力量的模式去呈現他們自己的故事，故事的進行從看似強壯，到後來因受環境的改變而變得沒那麼強壯。

〈誰最強壯〉除了具有豐富的文本與社會情緒學習的潛力，也能用來展開各種科學的調查。較年幼的孩子可以做具體程度的練習，透過探索石

匠如何表現出像是太陽、雲、雨和山的行為，反映出這些自然的現象所產生影響的方式。五歲和六歲的孩子可能有興趣去調查知識類的書籍，或其他有關的資源材料，以呈現出更多有關自然的特徵或力量，例如：太陽、雲、風或一座山為何強大的例子。在小學中，學習的任務或許是去探索自然的力量，例如：太陽、雲（雨）、風和地質學的力量如何成為有助於事物長成的「有力」因素，但是龍捲風、海嘯、火山及地震也可能具有毀滅性。一個班級可能會選擇只探索其中一種力量，或是孩子可能被分成幾個工作團體。有許多優秀的兒童文學描寫這些自然力量中的一或兩項，包括了談自然界現象的故事，例如：Aardemma 的《將雨帶到卡皮蒂平原》（*Bringing the Rain to Kapiti Plain*, 1992），它是一個有關非洲大平原氣候循環的故事；或者是 Hooper 的《我口袋裡的小鵝卵石》（*This Pebble in My Pocket*, 1996），它是一本知識類的書籍。許多二年級的學生很有興趣去研究有關自然的災害。

 ## 何謂刻意用受過訓練的提問方式運用故事？

　　無論有多少的文本或方法能夠帶出一個有效率的提問，但是最終只有一種能夠被使用。老師必須做出高度的教學決策，決定哪一個文本與哪一個活動的一致性順序最具策略性，能用來啟發特殊的學習社群學習者的特定學習目標、需要與興趣。

- 使用一個特殊文本的決定，可能是因為某一個故事看來特別吸引人去探索，或者因為研究過某文本的可能性後，發現它似乎特別適合去探索一個以地區或州的標準測驗為目標的主題或概論。
- 然而必須仔細考慮，什麼是將所選的文本或故事納入以下提問的最具策略性方法：
  ◇ 以故事的內容提問是否有意義，或是它可能對一個高潮的事件提供某些雛型或媒介。

◇ 還有什麼其他的文本可以與這個文本一起使用？

◇ 討論的許多策略中，哪一個最適合與這個文本一起使用於這個特定的學習社群投入於這個特定的提問？

如何將評量納入豐富的文本中提問？

優質的智力工作的核心條件之一是它是本質的回饋，更確切地說，就像是提問的結果讓學習者真正地產生動機去投入探索。

 ### 學習者投入哪種評量中？

年幼的學習者在評量的過程中需要得到鷹架與支持。就發展而言，孩子正開始發展能力去概括標準或做分析以應用它們。較年幼的孩子主要聚焦在具體的事物上。當他們本能地感受出一些隱喻的意思時，通常有困難表達。當問孩子是否想要當〈誰最強壯〉故事中的太陽、雲、風或山時，幼兒似乎會選擇一個能反映出他們的感覺或經驗的角色。譬如一個孩子可能會說：「我住在山上，所以我應該當山。」另一個孩子可能會聲稱：「我很害怕暴風雨，所以我不要選擇當雲。」當進入小學時，孩子似乎喜歡當和他們同性別的角色。

孩子們應該也了解比起將提問貼上標籤，例如：好或壞、對或錯的決定性評價，評量過程往往會導致一種限制或矛盾的結果。評量的過程非常適合用來發現一個文本或活動比起另一個更能吸引孩子，或對他們有意義。即使孩子有可能不特別喜愛探索過程中的某些部分，但最後的結果會發現它確實對於孩子最終的理解或成果產生了貢獻。

孩子需要大量的支持，了解犯錯是可以被接受的——錯誤像是一個禮物，往往能造成更棒的學習。為了讓這個訊息具有說服力，父母與老師應該自在地解釋他們不知道答案，然後談論他們或許能做些什麼去發現他們想知道些什麼。當他們犯錯時，也應該同樣迅速地以務實的態度承認，並

且後續會透過分享如何才會正確，或是從中學習到了什麼來追蹤。

如果孩子表現出困惑或誤解，老師應該使用不具批判性的問題與對話來刺激孩子的思考，而非將答案貼上像是「錯誤」的標籤或糾正它。如果豐富對話的重要習慣已建立良好，學習社群的其他學員將扮演重要的角色，去澄清與延伸彼此的理解。[1]

最後，很重要的是透過讓團體討論事情的發展，以及下次可以如何用正面的態度與不同的方法讓事情更進步，將個別的學習活動與主要的提問做明確的結束。老師或促進者扮演了一個積極的角色，強調學習社群中的不同成員用了許多方法去探索問題，雖然每一個得到的結果不同，但都很滿意。然而，結束並不一定代表共識，對於許多的問題，適用的觀點可以有不同的等級，特別是那些從社會科學或社會情緒領域中所產生的觀點。所強調的應該是不同的支持觀點表現得如何，以及它們涵蓋的範圍所顯示的一些訊息。在這樣的討論中，老師或促進者需要清楚自己也是屬於學習社群中的成員，並且分享他們是用什麼方法使自己的理解更為深入。

 老師或促進者應該如何進行評量？

致力於優質的智力工作的老師會對學生進行思考習慣與訓練過程的評量。在此我引用同事 Donna Johnson 的一句話：最好的老師永遠會努力「成為他們學生更好的學生」。他們在學習的所有階段（從計畫到應用到反思）都在進行評量。

- 當「計畫」時，老師會評量他們所教導的孩子最適合的特定學習目標是什麼。他們能敏銳地觀察出社群中每個學習者的長處、興趣與特殊的習慣，並且能考慮如何將每一個新的提問或之前所學的知

---

1 英國教育學家 Paul Swan（2001）主張老師應該將孩子的錯誤觀念視為一種幫助，甚至是發展數學的理解所必需的。同樣地，科學家常發現一個無價值的或負面的結果能夠引導一個高生產力的方式去解決問題。

識作為基礎，以及明確地與最近完成的提問或其他領域的課程相結合。他們會運用新舊素材的相關性，向他們的學習者提出概念或語言上的挑戰，並且反映如何調整一個活動的經營方式，或是可能使用過的指示與問題。在一些情況中，挑戰將會反映出在其發展階段中可能導致學習者產生誤解或困惑的觀點。其他的時候，個人的需求與挑戰都被包含在其中。最後，在這個階段中，老師會一步步地想通活動的邏輯性，以及準備任何需要的材料。

- 在「應用」的階段中，他們所策劃的所有計畫都能讓有效率的老師專心監控學習者的反應，以便他們能依需要對準、調整或改變活動。老師知道他們的角色是透過提供有效的輔導與回饋去教導或促進學習：並非如果學習者不了解，就去強加他們知識或認為他們犯錯。當出現錯誤、誤解或無法預期的不了解與胡思亂想時，他們會使用問題與對話，將整個學習社群包含在內去澄清與建立理解。

- 最後，一天結束前，好的老師會「反思」他們的教學。反思可能包含了寫日誌、看所錄的教學影帶、向同事或指導人員諮商，或者在開車回家的路上想著一天的教學。在所有的情況下，有效果的反思都是基於設立的目標為考量，聚焦於分析學習的活動。此外，反思應該總是以正面的方式開始，確認哪些發展得良好，或者至少有助於避免徹底的失敗。很重要的是去整理出哪些因素促成了有效的情形：是進階的計畫嗎？是文本或活動的性質嗎？是投入的程度嗎？不要忘記也將班級的意向與自己感興趣與熱情的程度納入考量。

當老師思考下一次可能會有不同的做法時，也應該將以上的因素考慮在內。最好的練習意指了解錯誤是一種禮物。Dweck（2007）在她有關思維模式的研究中指出，那些具成長思維模式的練習最顯著的特徵就是他們

將錯誤或誤判當作是學習的機會；老師們聚焦在「問題解決」而非對問題的惋惜上。不論一個課程進行得如何順利，這種思維模式總能隨時用來反思與發現如何改變使用的材料，或者建構某些不同的活動，以促進未來更多的學習。

　　或許老師所進行的最重要的評量是嚴密監控學生在應用與反思階段學習的證據。再多的樂趣對孩子來說都不嫌多，這樣的情形屢試不爽，遊戲是重要的事，並且進行良好時，所得到的益處或收穫都很顯著。以同樣的觀點來看，如果結果顯示個人或團體並沒有因設計好的提問而發展出進一步的理解的話，這樣的訊息同樣也很重要。分析評量包括了對所認識的學習者做各項因素的分析，同樣也考慮哪些有關發展的或語言的挑戰可能會納入其中。

什麼讓教與學具有動態？

　　在這最後一章是在探討寓言故事〈誰最強壯〉如何作為一個「實踐」的例子，也就是一套學科教學的實作，它反映出整本書所探索的、徹底抱持的有關教與學的信念。圖 9.1 呈現出如何聚焦在優良的智力工作上，將它視為一種遊戲的重要形式，以及如何聚焦在豐富文本上，將它視為一種高效能的工具，以一種動態的方式，同時應用 3E 與 SIP 原則，讓終身學習者的這種能力持續不斷地增強。

　　我必須特別指出，這本書的所有例子反映出我個人特定與獨特的經驗，包括了有時能幸運地擔任一個說故事人的角色，以及歸屬於許多不同的優秀學習社群中。因此這整本書中利用教與學的動態去促進優質的智力工作的所有方法，絕對適用於從老到少的學習者。如果你喜歡這樣的實踐方式，那麼請帶走它，讓它成為你的，以你自己的方式應用在你自己的學習社群上。

投入（Engagement）

自我提問：強調個人的感情範圍

令人滿意的

3E：投入、探索、評量

遊戲／優質的智力工作

SIP

探索（Exploration）

提問到提問／提問到文本：喚
起之前的知識去發展與應用探
索的過程

有意圖的

評量（Evaluation）

提問到世界：評量問題解決的
結果

問題解決

圖 9.1　優質的智力工作的動態

嘗試與應用

1 選擇一個神話或寓言，例如：〈誰最強壯〉，並且發展一個豐富的提
問，透過一系列的活動，可以吸引學習者探索文本對自我、文本對文
本、文本對世界的關係。如果可以的話，與一個學習社群（孩子或同
事）一起去實行，並且從學習者與你自己的角度寫下發生了什麼事與
你學到了什麼的反思。

2 發展一篇有關觀點的書面報告，在其中探討本書所描述的實踐方法，
並且親自實踐與練習。你是否發現它在某方面特別引人注目？你自己
用什麼方式去調整或改變它？

ABC 的本質

時常保持對話（**Always Be Conversing**）
時常保持連結（**Always Be Connecting**）
時常建立起能力（**Always Build Competence**）

A 是「提問」（**Asking**）：好的問題比起正確的答案帶來更多的學習。

B 是「受益」（**Benefit**）：學習本質的獎賞勝過星星貼紙與高分。

C 是「具體的─圖像的─象徵的」（**C-P-S**）軌道：學習剛開始是「具體的」（Concrete），然後轉化成「圖像的」（Pictorial），之後轉化成「象徵的」（Symbolic）。

D 是「**D & D**」：正面的「意向」（Disposition）會導致「深入的」（Deepening）理解；它同樣意謂著「愉快的」（Delight）學習導致一個正面的「意向」（Disposition）。

E 是「3E」──「投入」（**Engage**）、「探索」（**Explore**）、「評量」（**Evaluate**）：連同第四個 E「錯誤」（Error），3E 比起 3R──「閱讀」（Reading）、「寫作」（'Riting）、「算術」（'Rithmetic）更有效，3R 也被稱為「記憶正確的回應」（Rote Right Responses）。

F 是「聚焦」（**Focus**）：聚焦在特殊的學習目標，能夠發展與促進概念的理解，比起在不太相關的假設中搖擺更有效。

G 是「**GI**」到「**GRR**」原則：「引導式的提問」（Guided Inquiry）導致

「責任的漸進釋放」（Gradual Release of Responsibility）——學習者被授予漸增的責任去建構他們的理解力，擁有他們學得的知識的所有權。

H 是「心智習慣」（Habits of Mind）：終身學習者總是「好奇的」。他們知道「挖得較深」與「堅持」通過無可避免的問題考驗，伴隨而來的「問題解決」結果能提升「自信」與「勝任感」。

I 是「提問」（Inquiry）：它發揮了如同階梯的作用，讓學習朝思考與理解的不同程度上下左右移動。

J 是學習者的「喜樂」（Joy）：如果在幼兒期種下了種籽，並滋養它，它終生將結出果子。

K 是「敏銳的」（Keen）觀察：在教與學動態中，保持對細微差異的仔細觀察是一種必要的因素。

L 是「學習社群」（Learning Communities）：以一個學習社群的功能，比起爭取頂尖的成績，能導致更多的學習——這是針對每個人而言，包含了老師（促進者）。

M 是「多元智能」（Multiple Intelligences）：每個人的檔案是獨一無二的，並且總是開放著去做改變。

N 是不要「原本的」數字（No Naked Numbers）：「原本的」數字就像是原本的事實一樣，是沒有意義的。故事中有素材的問題情境能導引出有效的問題解決。

O 是「開放性」的問題（Open Questions）創造「所有權」（Ownership）：提出開放性的問題，並且對學習社群所擁有的問題開放討論。

P 是「問題解決」（Problem Solving）是一種過程（Process）：第一步是去確認一個真實的問題情形；策略性地選擇可能的方法去解決問題；嘗試與評量結果；在所有可能的情況中，將過程一再循環。

Q 是「優質的」（Quality）智力工作：學習者積極地專注於一個受過訓

練的提問上，這導致一種表現、成果或討論，它們的意義超過了在教室中所學的。

R 是「RPP」原則：接收先於產出的理解（Receptive Precedes Productive）。

S 是「SIP」：遊戲與學習都具備「令人滿意的」（Satisfying）、「有意圖的」（Intentional）與「問題解決」（Problem Solving）的特性。

T 是「經過思考的談話」（Thoughtful Talk）：持續地問「為什麼你這麼想？」建立提問的習慣與培養高階的思考。

U 是「理解力」（Understanding）：更深入地探究比起知道很多事的皮毛更具有生產力。

V 是「視覺的」（Visual）與「言語的」（Verbal）一樣「確實有效」（Validation）：學習的證據不應被局限於「言語的」（Verbal）陳述；知識的「視覺的」（Visual）（與運動感覺的）表現是同樣「有效的」（Valid）。

W 是「好奇的探索」（Wondering）與「天馬行空的想像」（Wandering）：終身學習者發現他們自己超越學習範圍的方法。

X 是「探索」（'Xploring）：當科學的「好的想法」（big idea）的問題與人類的和社會科學的那些不一樣時，都需要透過一個受過訓練的提問去探索。

Y 是「仍未……」（Yet）：儘管可能有堅強的信念，總是還有一個「仍未……」，即另一個觀點或可能的方式去進行，那使得學習成為一種重複的螺旋狀進行的過程。

Z 是「ZPD」：Vygotsky 的「近側發展區」（Zone of Proximal Development）認為學習是一種持續的過程，它尊重 GQ（歌蒂拉克商數）——一個有效的學習任務既不是太容易也不是太難，但對於挑戰學習者，讓他們將能力延伸到一種新的理解程度來說「剛剛好」。

兒童文學參考書目

這份清單包含參考的作品，包括了列在每一章「嘗試與應用」中的書單。其中經典故事的多元版本或與拼布被相關的故事並未全數涵蓋；許多新的版本不斷地出版。不同的「石頭湯」版本雖然已在「例證」中特別說明，但這裡也列在「其他的兒童文學」中。「誰最強壯」的版本列在「為什麼的故事」中。

經典故事的版本

《三隻小豬》

Artell, M. (2006). *Three little Cajun pigs*. New York: Dial.

Davis, D. (2007). *The pig who went home on Sunday: An Appalachian folktale*. Little Rock: August House.

Galdone, J. C., & Galdone, P. (1979). *The three little pigs*. New York: Clarion Books.

Gay, M. (2004). *The three little pigs*. New York: Groundwood Books.

Hooks, W. H. (1997). *The three little pigs and the fox*. New York: Aladdin.

King-Smith, D. (2008). *All pigs are beautiful*. Cambridge, MA: Candlewick..

Knight, B. T. (1998). *From mud to house*. Danbury, CT: Children's Press.

Laird, D. (1990). *Three little Hawaiian pigs and the magic shark*. Honolulu: Barnaby Books.

London, J. (2004). *The eyes of gray wolf*. San Francisco: Chronicle Books.

Lowell, S. (1992). *The three little javelinas*. Flagstaff. AZ: Northland.

Scieszka, J. (1996). *The true story of the three little pigs*. New York: Puffin Books.

Trivizas, E. (1997). *The three little wolves and the big bad pig*. New York: McElderry.

Walton, R. (2003). *Pig, pigger, piggest*. Salt Lake City, UT: Gibbs Smith.

Whatley, B. (2005). *Wait! No paint*. New York: HarperCollins.

Wiesner, D. (2001). *The three pigs*. New York: Clarion Books.

Zemach, M. (1991). *The three little pigs: An old story*. New York: Farrar, Straus, & Giroux.

《仙度瑞拉》

Climo, S. (1990). *The Irish Cinderlad.* New York: HarperCollins.

Climo, S. (1991). *The Egyptian Cinderella.* New York: HarperCollins.

Climo, S. (1996). *The Korean Cinderella.* New York: HarperCollins.

Coburn, J. R. (2000). *Domitila: A Cinderella tale from the Mexican tradition.* Walnut Creek, CA: Shen's Books.

Craft, K. Y. (2000). *Cinderella.* San Francisco: Chronicle Books.

Fleischman, P. (2007). *Glass slipper, gold sandal: A worldwide Cinderella.* New York: Henry Holt.

Greaves, M., & Chamberlain, M. (2000). *Tattercoats.* London: Frances Lincoln.

Huck, M. (1994). *Princess Furball.* New York: Greenwillow Books.

Martin, R. (1998). *The rough-face girl.* New York: Putnam Juvenile.

Louie, A. (1996). *Yeh-Shen: A Cinderella story from China.* New York: Putnam Juvenile.

Perrault, C., & Koopmans, L. (2002). *Cinderella.* New York: North-South Books.

Pollock, P., & Young, E. (1996). *The turkey girl: A Zuni Cinderella story.* Boston: Little, Brown.

Schroeder, A., & Sneed, B. (2000). *Smoky Mountain Rose: An Appalachian Cinderella.* New York: Puffin Books.

Sierra, J. (1992). *Cinderella.* Phoenix, AZ: Oryx Press.

Souci, R. D. S. (1989). *The talking eggs.* New York: Dial.

Souci, R. D. S. (2002). *Cendrillon: A Caribbean Cinderella.* New York: Aladdin.

Steptoe, J. (1993). *Mufaro's beautiful daughters* (Big Book ed.). New York: HarperCollins Festival.

Tomlinson, H. (2010). *Toads and diamonds.* New York: Henry Holt.

《歌蒂拉克》

Arnosky, J. (1996). *Every autumn comes the bear.* New York: Putnam Juvenile.

Aylesworth, J. (2003). *Goldilocks and the three bears.* New York: Scholastic. Press.

Barton, B. (1999). *The three bears.* New York: HarperCollins Festival.

Brett, J. (1987). *Goldilocks and the three bears.* New York: Putnam.

Buehner, C. (2009). *Goldilocks and the three bears* (Reprint ed.). New York: Puffin Books.

dePaola, T. (2004). *Tomie's three bears and other tales.* New York: Putnam Juvenile.

Ernst, L. C. (2003). *Goldilocks returns.* New York: Simon & Schuster.

Fearnley, J. (2002). *Mr. Wolf and the three bears.* New York: Harcourt Children's Books.

Galdone, P. (1985). *The three bears.* New York: Sandpiper.

George, J. C. (1998). *Look to the North: A wolf pup diary.* New York: HarperCollins.

Gorbachev, V. (2003). *Goldilocks and the three bears.* New York: North-South Books.

Greenaway, T. (1992). *Amazing bears: Eyewitness junior.* New York: Knopf.

Hopkins, J. M. (2007). *Goldie Socks and the three libearians.* New York: Upstart Books.

London, J. (1998). *Honey Paw and Lightfoot.* San Francisco: Chronicle Books.

Lowell, S. (2004). *Dusty Locks and the three bears.* New York: Owlet Paperbacks.

Opie, I., & Opie, T. L. P. (1980). *The classic fairy tales.* New York: Oxford University Press.

Ransom, C. (2005). *Goldilocks and the three bears/Ricitos de oro y los tres osos.* Greensboro, NC: Carson-Dellosa.

Rosales, M. (1999). *Leola and The Honeybears: An African-American retelling of Goldilocks.* New York: Scholastic.

Sander, S. (2009). *Goldilocks and the three bears*. New York: Grosset & Dunlap.
Simon, S. (2002). *Wild Bears: Level 1*. San Francisco, CA: Chronicle.
Stanley, D. (2007). *Goldie and the three bears*. New York: HarperCollins.
Tolhurst, M. (1990). *Somebody and the three bears*. New York: Orchard Books.
Wiley, M. (2008). *The 3 bears and Goldilocks*. New York: Atheneum.

為什麼的故事

Aardema, V. (1992). *Bringing the rain to Kapiti Plain*. New York: Puffin Books.
Aardema, V. (1994). *Misoso: Once upon a time tales from Africa* (Illus. ed.). New York: Knopf
Books for Young Readers.
Aardema, V. (1998). *Borreguita and the coyote*. New York: Dragonfly Books.
Aardema, V. (2000). *Anansi does the impossible!: An Ashanti tale*. New York: Aladdin.
Aardema, V. (2008). *Why mosquitoes buzz in people's ears*. New York: Dial
Arkhurst, J. C. (1992). *The adventures of spider: West African folktales*. Boston: Little, Brown
Badoe, A. (2008). *The pot of wisdom: Ananse stories*. New York: Groundwood Books.
Bryan, A. (1987). *Beat the story-drum, pum-pum*. New York: Atheneum.
Bryan, A. (1999). *The story of lightning and thunder*. New York: Aladdin.
Bryan, A. (2003). *Beautiful blackbird*. New York: Atheneum.
Caduto, M. J. (1997). *Earth tales from around the world*. Golden, CO: Fulcrum Publishing.
Chase, R. (2003). *The Jack tales*. New York: Sandpiper.
Courlander, H. (1996). *A treasury of Afro-American folklore: The oral literature, traditions,
recollections, legends, tales, songs, religious beliefs, customs, sayings and humor of peoples of
African descent in the Americas* (2nd ed.). New York: Marlowe.
Courlander, H., & Herzog, G. (2008). *The cow-tail switch: And other West African stories*. New
York: Square Fish.
Cowley, J. (1995). *The mouse bride*. New York: Scholastic..
Daly, N. (1995). *Why the sun & moon live in the sky*. New York: HarperCollins.
Dayrell, E. (1990). *Why the sun and the moon live in the sky*. New York: Sandpiper.
DeSpain, P. (2001). *Tales of tricksters*. Little Rock: August House.
Diakite, B. W. (2000). *The hunterman and the crocodiles*. New York: Scholastic.
Forest, H. (1996). *Wisdom tales from around the world*. Little Rock: August House.
Hamilton, M. (2005). *How & why stories*. Little Rock: August House.
Kimmel, E. (2000). *The two mountains: An Aztec legend*. San Francisco: Shen's Books.
Krauss, A. (1998). *Folktale themes and activities for children. Vol. 1: Pourquoi tales*. Englewood,
CO: Libraries Unlimited.
Kwon, H. H. (1993). *The moles and the mireuk*. New York: Houghton Mifflin.
Lester, J. (1992). *The knee-high man and other tales*. New York: Puffin Books.
MacDonald, M. (2005). *Earth care*. Little Rock: August House.
McDermott, G. (1977). *Arrow to the sun: A Pueblo Indian tale*. New York: Puffin Books.
McDermott, G. (1987). *Anansi the spider: A tale from the Ashanti* (1st ed.). New York: Henry
Holt.
McDermott, G. (1996). *Zomo the rabbit: A trickster tale from West Africa*. New York: Sandpiper.
McDermott, G. (2001). *Raven: A trickster tale from the Pacific Northwest*. New York: Sandpiper.
Oughton, J. (1996). *How the stars fell into the sky: A Navajo legend*. New York: Sandpiper.
Pinkney, J. (2009). *The lion & the mouse*. Boston: Little, Brown .
Sherlock, P. M. (1988). *West Indian folk-tales*. New York: Oxford University Press.
Wisniewski, D. (1995). *The rain player*. New York: Sandpiper.

Whitmal, E. (2006, May 1). *Knee high man wants to be sizable*. http://www.
footstepsmagazine.com

Woerksom, D. V., & Cain, E. L. (1976). *The rat, the ox, and the zodiac: A Chinese legend*. New York: Crown.

Wolfman, J. (2004). *How and why stories for readers theatre*. Portsmouth, NH: Teacher Ideas Press.

拼布被的故事

Bourgeois, P. (2003). *Oma's quilt*. Tonawanda, NY: Kid's Can Press.

Coerr, E. (1986). *The Josefina story quilt*. New York: Harper and Row

Crane, C. (2010). *The handkerchief quilt*. New York: Sleeping Bear Press.

Flournoy, V. (1985). *The patchwork quilt*. New York: Dial

Guback, G. (1994). *Luka's quilt*. New York: Greenwillow Books.

Hopkinson, D. (1995). *Sweet Clara and the freedom quilt*. New York: Dragonfly Books.

Hopkinson, D. (2005). *Under the quilt of night*. New York:Dragonfly Books.

Johnston, T., & dePaola, T. (1996). *The quilt story*. New York: Penguin.

Jonas, A. (1994). *The quilt*. New York: Puffin Books.

Lowell, S. (2008). *The elephant stitch quilt: Stitch by stitch to California*. New York: Farrar, Strauss & Giroux.

McKissack, P. C. (2008). *Stitchin'and pullin'*. New York: Random House.

Paul, A. P. (1995). *Eight hands round: A patchwork alphabet*. New York: HarperCollins.

Polacco, P. (2010). *The keeping quilt* (Rev. ed.). New York: Simon & Schuster Children's.

Ransome, C. (2002). *The promise quilt*. New York: Walker Books.

Ringgold. F. (1995). *Aunt Harriet's Underground Railroad in the sky*. New York: Dragonfly Books.

Ringgold. F. (1996). *Cassie's word quilt*. New York: Dragonfly Books.

Root, P. (2003). *The name quilt*. Boston, MA: Farrar, Strauss & Giroux.

Stroud, B. (2007). *The patchwork path: A quilt map to freedom*. Cambridge, MA: Candlewick.

Van Leeuwen, J. (2007). *Papa and the pioneer quilt*. New York: Dial.

Vaughan, M. (2001). *Secret to freedom*. New York:Lee & Low.

Wolff, F., & Savitz H. M. (2008). *The story blanket*. Atlanta: Peachtree.

Woodson, J. (2005). *Show way*. New York: Putnam.

其他的兒童文學

Allen, P. (1996). *Who sank the boat?* New York: Putnam Juvenile.

Anno, M. (1992). *Anno's counting book*. New York: Scholastic..

Aliki. (1971). *The Story of Johnny Appleseed*. New York: Aladdin.

Aylesworth, J. (2009). *The Mitten*. New York: Scholastic.

Bancroft, H. (1996). *Animals in winter: Let's read and find out*. New York: Collins.

Brett, J. (1989). *The mitten*. New York: Putnam.

Balliett, B. (2004). *Chasing Vermeer*. New York: Scholastic Press.

Boelts, M. (2007). *Those shoes*. Cambridge, MA: Candlewick Press.

Brown, M. (1997) *Stone soup*. New York: Aladdin.

Bunting, E. (1998). *Going home*. New York: HarperCollins

Christiansen, C. (2009). *The mitten tree.* New York: Fulcrum.

Choi, Y. (2003). *The name jar.* New York: Dragonfly.

Compestine, Y. C. (2007). *The real story of Stone Soup.* New York: Dutton.

Clements, A. (1988). *Big Al.* New York: Simon & Schuster.

Connor, L. (2004). *Miss Bridie chose a shovel.* New York:Houghton Mifflin Books for Children.

Crews, D. (1995). *Ten black dots.* New York: Greenwillow Books.

D'Agnese, J. (2010). *Blockhead: The life of Fibonnaci.* New York: Henry Holt

Dee, R. (1990). *Two ways to count to ten.* New York: Henry Holt.

DeSpain, P., & Lyttle, K. (1994). *Twenty-two splendid tales to tell from around the world.* Little Rock, AR: August House.

Diakite, B. W. (2003). *The magic gourd.* New York: Scholastic. Press.

Eglieski, R. (2000). *The gingerbread boy.* New York: HarperCollins .

Ehrlert, L. (1991). *Growing vegetable soup.* New York: Sandpiper.

Emberley, R. (1995). *Three cool kids.* Boston, MA: Little Brown.

Forest, H. (2005). *Stone Soup.* Little Rock, AR: August House.

Fox, M. (1994). *Tough Boris. San Diego:* Harcourt Brace.

Frasier, D. (1991). *On the day you were born.* San Diego: Harcourt Brace Jovanovich.

Frasier, D. (1990). *Miss Alianeus: A vocabulary Disaster.* New York: Sandpiper.

Fraser, M. (1996). *The ten mile day: The building of the transcontinental railroad* (Owlet ed.). New York: H. Holt.

Garland, S. (1997). *The lotus seed.* New York: Sandpiper.

Gerstein, M. (2003). *The man who walked between the towers.* New Milford, CT: Roaring Brook Press.

Giganti, P. (1998). *Each orange had 8 slices.* New York: Greenwillow Books.

Giganti, P. (1999). *How many snails?* New York: Greenwillow Books.

Gourley, R (2010). *Bring me some apples and I'll make you a pie.* New York: Clarion.

Hall, Z. (1996). *The apple pie tree.* New York: Scholastic.

Henkes, K. (1996). *Chrysanthemum.* New York: HarperTrophy.

Hodges, M. (2009). *The legend of St Christopher.* Grand Rapids, MI: Eerdmans.

Hong, L. T. (1993). *Two of everything.* Morris Grove, IL: Whitman.

Hooper, M. (1996). *This pebble in my pocket: A history of our earth.* New York: Viking.

Hurst, C. O. (2001). *Rocks in his head.* New York: Greenwillow.

Hulme, J. (2005). *Wild Fibonnaci: Nature's secret code revealed. San Francisco:* Tricycle Press.

Hutchins, P. (1994). *The doorbell rang.* New York:Greenwillow Books.

Johnson, D.B. (2000). *Henry hikes to Fitchburg.* Boston, MA: Houghton Mifflin

Kellog, S S. (2000) *The missing mitten mystery.* New York: Dial Press.

Kimmel, E. (2011) *Cactus soup.* New York: Marshall Cavendish.

Krauss, R. (2007). *The growing story.* New York: HarperCollins.

Krauss, R. (2004) *The carrot seed: 60th anniversary edition.* New York: HarperCollins.

London, P. (1998). *Honey paw and lightfoot.* New York: Chronicle Books.

MacDonald, M. R. (2004). *Three-minute tales.* Little Rock: August House.

Martin, J. B. (2009). *Snowflake Bentley* (Reprint). New York: Sandpiper.

McCully, E. A. (2006). *Marvelous Mattie: How Margaret E. Knight became an inventor* . Boston, MA: Farrar, Straus & Giroux

Merriam, E. (1996). *12 ways to get to 11.* New York: Aladdin.

Morris, A. (1998). *Shoes, shoes, shoes.*New York: HarperCollins

Mosel, A. (2007). *Tikki Tikki Tembo.* New York: Square Fish.

Muth, J. (2003). *Stone soup.* New York: Scholastic.

Nelson, R. (2004). *Float and sink* (First Step Non Fiction). New York: Lerner.

Niz, E. S. (2006). *Floating and sinking*. Mankato, MN: Capstone Press.

Pak, S. (2001). *Dear Juno*. New York: Puffin Books.

Raines, S., & Canaday, R. (1989). *Story stretchers: Activities to expand children's favorite books (Pre-K and K)*. Silver Spring, MD: Gryphon House.

Raines, S., & Isbell, R. (1999). *Tell it again: Easy to tell stories with activities for young children*. Silver Spring, MD: Gryphon House.

Raines, S., & Isbell, R. (2000). *Tell it again 2: Easy to tell stories with activities for young children*. Silver Spring, MD: Gryphon House.

Recovits, H. (2004). *My name is Yoon*. New York: Farrar, Strauss & Giroux.

Say, A. (2009). *Tea with milk* (Reprint). New York: Sandpiper.

Schertle, A. (2000). *Down the road*. New York: Sandpiper.

Scieszka, J., & Smith, L. (1995). *Math curse*. New York: Viking Juvenile.

Seeger, P. (1986). *Abiyoyo*. New York: Aladdin.

Seeger, P., & Jacobs, P. D. (2004). *Abiyoyo returns*. New York: Aladdin.

Sendak, M. (1988). *Where the wild things are*. New York: HarperCollins.

Seuss, Dr. (1957) *The cat in the hat*. New York: Random House.

Shannon, D. (1998). *No David!* New York: Blue Sky Press

Shaw, C. G. (1993). *It looked like spilt milk* (Board book). New York: HarperCollins Festival.

Sis, P. (2000). *Starry messenger: Galileo Galilei*. New York: Farrar, Straus & Giroux.

Stewart, M. (2006). *Will it float or sink?* Danbury, CT: Children's Press.

Slobodkina, E. (1996). *Caps for sale*. New York: HarperFestival.

Thompson L (2007). *The apple pie that Papa baked*. New York: Simon & Schuster.

Tompert, A. (1997). *Grandfather Tang's story*. New York: Dragonfly Books.

Tresselt, A. (1989). *The mitten*. New York: HarperCollins.

Viorst, J. (2009). *Alexander, who used to be rich last Sunday*. New York: Atheneum.

White, E. B. (2001). *Charlotte's web*. New York: HarperCollins

Williams, K. L. (2005). *Circles of hope*. Grand Rapids, MI: Eerdmans Books for Young Readers.

Williams, K. L. (2010). *My Name is Sangoel*. Grand Rapids, MI: Eerdmans Books for Young Readers.

Willis, K. (2000). *Mister and me*. New York: Putnam Juvenile.

Wilson, K. (2002). *Bear snores on*. New York: Scholastic.

Zipes, J., Paul, L., Vallone, L., Hunt, P., & Avery, G. (2005). *The Norton anthology of children's literature: The traditions in English* (Illus. ed.). New York: W. W. Norton.

參考文獻

Ackerman, D. (2000). *Deep play*. New York: Vintage.

Albert Shanker Institute. (2009). *Preschool curriculum: What's in it for children and teachers*. Retrieved from http://www.shankerinstitute.org/Downloads/Early%20 Childhood%2012-11-08.pdf

Almon, J. (2008). *The vital role of play in early childhood education*. Waldorf Research Institute. Retrieved August 1, 2009 http://www.waldorfresearchinstitute.org/pdf/ BAPlayAlmon.pdf

Alvarado, A.E. & Herr P.R. (2003) Inquiry-based learning using everyday objects: Hands-on instructional strategies that promote active learning in grades 3–8 New York: Corwin Press.

Armstrong, T. (2009). *Multiple intelligences in the classroom* (3rd ed.). Alexandria, VA: ASCD.

Bandura, A. (1997). *Self-efficacy: The exercise of control*. New York: Worth.

Barone, D. M., & Xu, S. H. (2007). *Literacy instruction for English language learners pre-K–2*. New York: Guilford Press.

Beilock, S. L., Gunderson, L. A., Ramirez, G., & Levine, S. C. (2011). *Female teachers' math anxiety impacts girls' math achievement*. Proceedings of the National Academy of Sciences, USA. www.pnas.org/cgi/doi/10.1073/pnas.0910967107

Bergen, D. (2002), The role of pretend play in children's cognitive development. *ECRP* 4(1), http://ecrp.uiuc.edu/v4n1/bergen.html

Bergen, D., & Maurer, D. (2000). Symbolic play, phonological awareness, and literacy skills at three age levels. In J. F. Christie (Ed.), *Play and literacy in early childhood: Research from multiple perspectives* (pp. 45–62). Mahwah. NJ: Erlbaum.

Bernstorf, E. (2004). *The music and literacy connection*. Lanham, MD: Rowman & Littlefield Education.

Bloom, B. S. (1956). *Taxonomy of educational objectives, Handbook 1: Cognitive domain* (2nd ed.). Addison Wesley.

Boushey, G., & Moser, J. (2006). *The daily five*. Portland, ME: Stenhouse.

Bowen, E. (2006.). *Student engagement and its relation to quality work design: A review of the literature*. Retrieved from http://chiron.valdosta.edu/are/ebowenLitReview.pdf

Brackman, B. (2006). *Facts and fabrications: Unraveling the history of quilts and slavery: 8 projects, 20 blocks, first-person accounts*. Concord, CA: C&T Publishing.

Brophy, J. (1988). Research linking teacher behavior to student achievement: Potential implications for instruction of Chapter 1 students. *Educational Psychologist, 23*(3), 235–286.

Brown, S., & Vaughan, C. (2009). *Play: How it shapes the brain, opens the imagination, and invigorates the soul*. New York: Avery.

Bruner, J. (1987). *Actual minds, possible worlds*. Cambridge, MA: Harvard University Press.

Bruner, J. (1992). *Acts of meaning: Four lectures on mind and culture*. Cambridge, MA: Harvard University Press.

Buhrow, B., & Garcia, A. U. (2006). *Ladybugs, tornadoes, and swirling galaxies* (illus. ed.). Portland, ME: Stenhouse.

Burns, E., & Bouchard, S. (2003). *Underground railroad sampler*. Paducah, KY: Quilt In A Day.

Burns, M. M., & Flowers, A. A. (1999, September/October). Whatever happened to . . . ? A list of recovered favorites and what makes a book memorable after all. *The Horn Book Magazine, 75*, 574–586.

Burns, M. (2004) *Math and literature, grades K–1*. Sausolito, CA: Math Solutions.

Burns, M., Sheffield, S. (2004). *Math and literature, grades 2–3*. Sausalito, CA: Math Solutions

Bybee, R. (2006, August 13–15). *Enhancing science teaching and student learning: A BSCS perspective*. Paper presented at the 2006 ACER Research Conference, Canberra, Australia.

Camilli, G., Vargas, S., Ryan, S., & Barnett, W. S. (2010,). Meta-analysis of the effects of early education interventions on cognitive and social development. *Teachers College Record, 112* (3), 579–620. Retrieved from http://www.tcrecord.org/Content.asp?ContentID=15440

Carlson, A. (n.d.). *Concept books and young children*. Retrieved from http://comminfo.rutgers.edu/professional-development/childlit/books/CARLSON.pdf

Celic, C. (2009). *English language learners day by day*. Portsmouth, NH: Heinemann.

Chen, J., & Chang, C. (2006). A comprehensive approach to technology training for early childhood teachers. *Early Education and Development, 17*(3), 443–465.

Chen, J., & McNamee, G. (2007). *Bridging: Assessment for teaching and learning in early childhood classrooms*. Thousand Oaks CA: Corwin Press.

Chen, J., Moran, S., & Gardener G. (Eds). (2009). *Multiple intelligences around the world*. San Francisco, CA: Jossey-Bass.

Chouinard, M.M. (2009). *Children's questions: A mechanism for cognitive development* (Monographs of the Society for Research in Child Development) Boston, MA: Blackwell Publishing.

Clements, D. H., & Sarama, J. A. (2009). *Learning and teaching early math: The learning trajectories approach*. New York: Routledge.

Cooper, P. J., & Allen, N. B. (1999). *The quilters: Women and domestic art: An oral history*. Lubbock: Texas Tech University Press.

Cooper, P. M. (1993). *When stories come to school: Telling, writing, & performing stories in the early childhood classroom*. New York: Teachers & Writers Collaborative.

Cooper, P. M. (2009). *The classrooms all young children need: Lessons in teaching from Vivian Paley*. Chicago: University of Chicago Press.

Cooper, P. M., Capo, K., Mathes, B., & Gray, L. (2007). One authentic early literacy practice and three standardized tests: Can a storytelling curriculum measure up? *Journal of Early Childhood Teacher Education, 28*(3), 251–275.

Cross, C. T., Woods, T. A., & Schweingruber, H. (Eds.); Committee on Early Childhood Mathematics; National Research Council. (2009). *Mathematics learning in early childhood: Paths toward excellence and equity*. Washington, DC: National Academies Press.

Csikszentmihalyi, M. (1997). *Creativity: Flow and the psychology of discovery and invention* (4th ed.). New York: HarperCollins.

Csikszentmihalyi, M. (1998). *Finding flow: The psychology of engagement with everyday life*. New York: Basic Books.

Dau, E. (Ed.). (2001). *Child's play*. Baltimore, MD: Brookes.

Davis, R. D., & Braun, E. M. (2010). *The gift of dyslexia: Why some of the smartest people can't read . . . and how they can learn* (Rev. ed.). New York: Perigee Trade.

Developmental Studies Center. *Making meaning: Being a writer*. Oakland, CA: Developmental Studies Center.

Dockett, S. (2001). Thinking about play, playing about thinking. In E. Dau (Ed.), *Child's Play* (pp. 28–46). Baltimore: Brookes.

Douglas, R., Klentschy, M. P., Worth, K., & Binder, W. (Eds.). (2006). *Linking science and literacy in the K–8 classroom*. National Science Teachers Association Press.

Duckworth, E. (2001). *Tell me more: Listening to learners explain*. New York: Teachers College Press.

Duckworth, E. (2006). *The having of wonderful ideas: And other essays on teaching and learning* (3rd ed.). New York: Teachers College Press.

Duke, N. K., & Kays, J. (1998). "Can I say 'Once upon a time'?": Kindergarten children developing knowledge of information book language. *Early Childhood Research Quarterly, 13*(2), 295–318.

Duncan, G. J., Dowsett, C. J., Claessens, A., Magnuson, K., Huston, A. C., Klebanov, P., et al. (2007). School readiness and later achievement. *Developmental Psychology, 43*(6), 1428–1446.

Duron-Flores, M., & Maciel, E. (2006). English language development and the science-literacy connection. In R. Douglas, M. P. Klentschy, K. Worth, & W. Binder (Eds.), *Linking science and literacy in the K–8 classroom* (pp. 321–336). Washington, DC: NSTA Press.

Duschl, R. A., Schweingruber, H. A., & Shouse, A. W. (Eds.). (2007). *Taking science to school: Learning and teaching science in grades K–8*. Washington, DC: National Academies Press.

Dweck, C. S. (2007). *Mindset: The new psychology of success*. New York: Ballantine Books.

Dweck, C. S., & Bempechat, J. (1983). Children's theories of intelligence: Implications for learning. In S. Paris, G. Olson, & H. Stevenson (Eds.), *Learning and motivation in children*. Hillsdale. NJ: Erlbaum.

Edwards, C., Gandini, L., & Forman, G. (1998). *The hundred languages of children: The Reggio Emilia approach—advanced reflections* (2nd ed.). Elsevier Science.

Elkind, D. (2007). *The power of play: Learning what comes naturally*. Philadelphia, PA: Da Capo Press.

Ely, R. (2005). Language and literacy in the school years. In J. B. Gleason (Ed.), *The development of language* (6th ed., pp. 395–443). Boston: Allyn & Bacon.

Epstein, A. S. (2007). *Intentional teacher: Choosing the best strategies for young children's learning*. Washington, DC: National Association for the Education of Young Children.

Erikson, E. H. (1998). *The life cycle completed: Extended version with new chapters on the ninth stage of development by Joan M. Erikson*. New York: W. W. Norton.

Fisher, D., & Frey, N. (2008). *Better learning through structured teaching: A framework for the gradual release of responsibility*. Alexandria, VA: ASCD.

Fleer, M. (2001). Universal fantasy: The domination of Western theories of play. In E. Dau (Ed.), *Child's Play* (pp. 67–80). Baltimore: Brookes.

Fosnot, C. T., & Dolk, M. (2001). *Young mathematicians at work: Constructing number sense*. Portsmouth, NH: Heinemann.

Freeman, J. (2007). *Once upon a time: Using storytelling, creative drama, and reader's theater with children in grades pre-K–6* (annot. ed.). Westport, CT: Libraries Unlimited.

Galinsky, E. (2010). *Minds in the making: The seven essential life skills every child needs*. New York: HarperCollins .

Gallagher, J. J., & Ascher, M. J. (1963). A preliminary report on analyses of classroom interaction. *Merrill-Palmer Quarterly, 9*(1), 183–194.

Gallas, K. (1995). *Talking their way into science: Hearing children's questions and theories, responding with curricula*. New York: Teachers College Press.

Gamse, B. C., Bloom, H. S., Kemple, J. J., & Jacob, R. T. (2008). *Reading First impact study: Interim report* (NCEE 2008-4016). Washington, DC: National Center for Education Evaluation and Regional Assistance, Institute of Education Sciences, U.S. Department of Education. Retrieved from http://www.eric.ed.gov/ERICWebPortal/contentdelivery/servlet/ERICServlet?accno=ED501218

Gardner, H. E. (1993). *The unschooled mind: How children think and how schools should teach.* New York: Basic Books.

Gardner, H. E. (2006). *Multiple intelligences: New horizons in theory and practice.* New York: Basic Books.

Gartrell, D. (2003). *The power of guidance: Teaching social-emotional skills in early childhood classrooms.* Florence, KY: Wadsworth.

Genishi, C., & Dyson, A. H. (2009). *Children, language, and literacy: Diverse learners in diverse times.* New York: Teachers College Press.

Ginsburg, H. P. (2006). Mathematical play and playful mathematics. In D. G. Singer, R. M. Golinkoff, & K Hirsch-Pasek (Eds.), *Play-learning: How play motivates and enhances children's cognitive and social-emotional growth* (pp. 145–168). New York: Oxford University Press

Goodman, K. S., (1987). *Language and thinking in school: A whole-language curriculum.* Somers, NY: Richard C. Owen.

Goodman, K. S. (2006). *The truth about DIBELS: What it is, what it does.* Portsmouth, NH: Heinemann

Gopnik, A. (2009). *The philosophical baby: What children's minds tell us about truth, love, and the meaning of life.* Farrar, Straus & Giroux.

Grennan, K., & Jablonski, M. (2002) Collaboration between student affairs and faculty on student-related research. *New Directions For Student Services, 1999*(85), 73–81.

Grouws, Douglas A., & Cebulla, K. (2000). Elementary and middle school mathematics at the crossroads. In T. L. Good (Ed.), *American education: Yesterday, today, and tomorrow* (pp. 209–255). Chicago: University of Chicago Press.

Guccione, L. (2011). Integrating literacy and inquiry for English learners. *The Reading Teacher 64*(8), pp 567–577.

Hall, C., & Coles, M. (1997). Gendered readings: Helping boys develop as critical readers. *Gender and Education, 9*(1), 61–68.

Halpern, R. (2008). *The means to grow up: Reinventing apprenticeship as a developmental support in adolescence.* New York: Routledge.

Hamilton, M., & Weiss, M. (2005). *Children tell stories: Teaching and using storytelling in the classroom* (2nd ed.). Somers, NY: Richard C. Owen.

Hannaford, C. (2005). *Smart moves: Why learning is not all in your head* (2nd ed). Arlington, VA: Great River Books.

Hansen, D., & Bernstorf, E. (2002). Linking music learning to reading instruction. *Music Educators Journal, 88*(5), 17–21.

Hansen, D. Bernstorf, E., & Stuber, G. M. (2004). *The music and literacy connection.* (ERIC document reproduction service No: ED488727)

Haraksin-Probst, L. (2008). *Making connections: Movement, music & literacy.* High/Scope Press.

Harman, M. (n.d.). Music and movement—instrumental in language development. *Early Childhood News.* Retrieved June 7, 2010, from http://www.earlychildhoodnews.com/earlychildhood/article_view.aspx?ArticleID=601

Haroutunian-Gordon, P. S. (2009). *Learning to teach through discussion: The art of turning the soul.* New Haven, CT: Yale University Press.

Hart, B., & Risley, T. R. (2003). The early catastrophe: 30 million word gap by age 3. *American Educator, 27*(1), 95–118. Retrieved from http://www.aft.org/pdfs/americaneducator/spring2003/TheEarlyCatastrophe.pdf

Hartman, D. (2002). *Using informational books in the classroom. Letting the facts (and research) speak for themselves.* Red Brick Learning. Retrieved from http://www.capstonepub.com/CAP/downloads/misc/LNCB_HartmanPaper.pdf

Harvey, S., & Goudvis, A. (2007). *Strategies that work: Teaching comprehension for understanding and engagement* (2nd ed.). Portland, ME: Stenhouse. (Original work published 2000)

Helm, J. H. & Benneke, S. (2003). *The power of projects: Meeting contemporary challenges in early childhood classrooms—strategies and solutions*. New York: Teachers College Press.

Helm, J. H., & Katz, L. (2001). *Young investigators: The project approach in the early years*. New York: Teachers College Press.

Hirsh-Pasek, K., Golinkoff, R. M., Berk, L. E., & Singer, D.G. (2009). *A mandate for playful learning in preschool*. New York, NY: Oxford University Press.

Hughes, J. N., Luo, W., Kwok, O-M., & Loyd, L. K. (2008). Teacher-student support, effortful engagement, and achievement: A 3-year longitudinal study. *Journal of Educational Psychology, 100*(1), 1–14.

Hyde, A. (2006). *Comprehending math: Adapting reading strategies to teach mathematics, K–6*. Portsmouth, NH: Heinemann.

Hynes, A., & Hynes-Berry, M. (2011). *Bibliopoetry therapy: The interactive process, a handbook* (2nd ed.). St. Cloud, MN: North Star Press.

Hynes-Berry, M., & Itzkowich, R. (2009). The gift of error. In A. Gibbons & C. Gibbs (Eds.), *Conversations on early childhood teacher education* (pp. 104–112). Redmond, WA: Teaching Strategies.

Immordino-Yang, M. H. (2008). The smoke around mirror neurons: Goals as sociocultural and emotional organizers of perception and action in learning. *Mind, Brain, and Education, 2*(2), 67–73.

Immordino-Yang, M. H., & Damasio, A. R. (2007). We feel, therefore we learn: The relevance of affective and social neuroscience to education. *Mind, Brain, and Education, 1*(1), 3–10.

Jalongo, M. R. (2004). *Young children and picture books*. Washington, DC: National Association for the Education of Young Children.

Jensen, E. (2000). *Music with the brain in mind*. Thousand Oaks, CA: Corwin. Press.

Johns, V. (2001). Embarking on a journey: Aboriginal children and games. In E. Dau (Ed.), *Child's play* (pp. 60–66). Baltimore: Brookes.

Johnson, A. P. (1998). How to use creative dramatics in the classroom. *Childhood Education, 75*(1), 2–6. Retrieved from http://findarticles.com/p/articles/mi_qa3614/is_199810/ai_n8822428/

Karasel, N., Ayda, O., & Tezer, M. (2010). The relationship between mathematics anxiety and mathematical problem solving skills among primary school students. *Procedia–Social and Behavioral Sciences, 2*(2), 5804–5807. doi:10.1016/j.sbspro.2010.03.946

Karelitz, E. B. (1993). *The author's chair and beyond: Language and literacy in a primary classroom*. Portsmouth, NH: Heinemann.

Katz, L. G. (1998). What can we learn from Reggio Emilia? In C. Edwards, L. Gandini, & G. Forman (Eds.), *The hundred languages of children: The Reggio Emilia approach—advanced reflections* (2nd ed.). San Francisco: Elsevier Science.

Katz, L.G., & Chard, S. (2000). *Engaging children's minds: The project approach*. Denver, CO: Praeger.

Katz, L. G. (2010). Knowledge, understanding, and the disposition to seek both. *Exchange, 32*(6), 46–47.

Katz, S. A., & Thomas, J. A. (2003). *The word in play: Language, music and movement in the classroom* (2nd ed.). Baltimore: Brookes.

Keene, E. O., & Zimmermann, S. (2007). *Mosaic of thought: The power of comprehension strategy instruction* (2nd ed.). Portsmouth, NH: Heinemann. (Original work published 1987)

Kohn, A. (1999). *Punished by rewards: The trouble with gold stars, incentive plans, A's, praise, and other bribes* (2nd ed.). New York: Mariner Books.

Kohn, A. (2000). *The schools our children deserve: Moving beyond traditional classrooms and "tougher standards."* New York: Mariner Books.

Kohn, A. (2006). *Beyond discipline: From compliance to community* (10th ed.). Alexandria, VA: Association for Supervision & Curriculum Development.

Kraus, A. (1998). *Folktale themes and activities for children: Vol. 1. Pourquoi tales* (annot. ed.). Santa Barbara, CA: Libraries Unlimited.

Kuhlthau, C. C., Maniotes, L. K., & Caspari, A. K. (2007). *Guided inquiry: Learning in the 21st century.* Santa Barbara, CA: Libraries Unlimited.

Logue, M.E., & Detour, A. (2011). You be the bad guy: a new role for teachers in supporting children's dramatic play. *Early Childhood Research and Practice, 13*(1). Retreived from http://ecrp.uiuc.edu/v13n1/logue.html

MacDonald, M. R. (1982). *The storyteller's sourcebook: A subject, title, and motif index to folklore collections for children.* Florence, KY: Gale.

MacDonald, M. R. & Sturm, B. (1999). *The storyteller's sourcebook: A subject, title, and motif index to folklore collections for children.* Florence, KY: Gale.

MacDonald, M. R. (2005). *Three minute tales.* Little Rock: August House.

Manzo, K. K. (2008). Reading First doesn't help pupils "get it." *Education Week, 27*(36), 1, 14.

Martinez, M. (1998). What is problem-solving? *Phi Delta Kappan, 79*(8), 605–609.

Marzano, R. J. (1992). *A different kind of classroom: Teaching with dimensions of learning.* Alexandria, VA: Association for Supervision & Curriculum Development.

Marzano, R. J. (2007). *The art and science of teaching: A comprehensive framework for effective instruction.* Alexandria, VA: Association for Supervision & Curriculum Development.

Marzano, R. J., & Kendall, J. S. (2006). *The new taxonomy of educational objectives* (2nd ed.). Thousand Oaks CA: Corwin Press.

McCaslin, N. (2006). *Creative drama in the classroom and beyond* (8th ed.). Boston: Allyn & Bacon.

McDonald, J. (2007). Selecting counting books: Mathematical perspectives. *Young Children, 62*(3), 38–42.

Mendoza, J., & Reese, D. (2001). Examining multicultural picture books for the early childhood classroom: Possibilities and pitfalls. *Early Childhood Research and Practice, 3*(2), 1–27.

Michaels, S., Shouse, A., & Schweingruber, H. (2007). *Ready, set, science!: Putting research to work in K–8 science classrooms.* Washington, DC: National Academies Press.

Miller, D. (2002). *Reading with meaning.* Portland, ME: Stenhouse.

Miller, D. (2008). *Teaching with intention.* Portland, ME: Stenhouse.

Miller, E., & Almon, J. (2009). *Crisis in the kindergarten: Why children need to play in school.* New York: Alliance for Childhood.

Mooney, M. E. (2004). *A book is a present: Selecting text for intentional teaching.* Somers, NY: Richard C. Owen.

Mullis, I. V. S., Jenkins, F., & Johnson, E. G. (1994). *Effective schools in mathematics: Perspectives from the NAEP 1992 assessment.* Research and Development Report. (Report No. NAEP-23-RR-01). Princeton, NJ: National Assessment of Educational Progress. (ERIC Document Reproduction Service No. ED377059)

National Council of Teachers of English (NCTE). (2011). *NCTE Orbis Pictus Award for Outstanding Nonfiction for Children.* NCTE website. Retrieved from http://www.ncte.org/awards/orbispictus

Newmann, F. M. (1996). *Authentic achievement: Restructuring schools for intellectual quality.* Jossey-Bass.

Newmann, F. M., Lopez, G., & Bryk, A. S. (1998). *The quality of intellectual work in Chicago schools: A baseline report.* Chicago: Consortium on Chicago School Research.

Noddings, N. (2005). *The challenge to care in schools: An alternative approach to education* (2nd ed.). New York: Teachers College Press.

Noddings, N. (2008, February). All our students thinking: Teaching students to think [Special issue]. *Educational Leadership, 65*(5), 8–13. Retrieved from http://www.ascd.org/publications/educational_leadership/feb08/vol65/num05/All_Our_Students_Thinking.aspx

Nodelman, P. (1990). *Words about pictures: The narrative art of children's picture books*. Athens: University of Georgia Press.

Nodelman, P., & Reimer, M. (2002). *The pleasures of children's literature* (3rd ed.). Boston: Allyn & Bacon.

Olness, R. (2004). *Using literature to enhance content area instruction: A guide for K–5 teachers*. Newark, DE: International Reading Association.

Opitz, M., & Guccione, L. (2009) *Comprehension and English language learners: 25 oral reading strategies that cross proficiency levels*. Portsmouth, NH: Heinemann.

Paley, V. G. (1993). *You can't say you can't play*. Cambridge, MA: Harvard University Press.

Paley, V. G. (2005). *A child's work: The importance of fantasy play*. Chicago: University of Chicago Press.

Paley, V. G., & Coles, R. (1991). *The boy who would be a helicopter*. Cambridge, MA: Harvard University Press.

Paradise, R., & Rogoff, B. (2009). Side by side: Learning by observing and pitching in. *Ethos, 37*(1), 102–138. doi:10.1111/j.1548-1352.2009.01033.x

Pearson, P. D., & Gallagher, M. C. (1983). The instruction of reading comprehension. *Contemporary Educational Psychology, 8*, 317–344.

Piaget, J. (1970). Piaget's theory. in P. Mussen (Ed.), *Carmichael's manual of child psychology* (Vol. 1). New York: John Wiley & Sons

Piaget, J (1972). *Play, dreams and imitation in childhood*. New York: Norton.

Piaget, J., & Inhelder, B. (2000). *The psychology of the child* (2nd ed.). New York: Basic Books.

Pianta, R. C., La Paro, K. M., & Hamre, B. K. (2007). *Classroom assessment scoring system (CLASS) manual, pre-K*. Baltimore: Brookes.

Polya, G. (2009). *How to solve it: A new aspect of mathematical method*. Princeton, NJ: Princeton University Press.

Ravitch, D. (2000). *Left back: A century of battles over school reform*. New York: Simon & Schuster.

Ravitch, D. (2010). *The death and life of the great American school system*. New York: Basic Books.

Rea, D., & Mercuri, S. (2006). *Research-based strategies for English language learners: How to reach goals and meet standards, K–8*. New York: Heinemann.

Reyhner, J. (2008). *The reading wars: Phonics versus whole language*. http://jan.ucc.nau.edu/~jar/Reading_Wars.html

Risley, T. R., & Hart, B. (1995). *Meaningful differences in the everyday experience of young American children*. Baltimore: Brookes.

Rogoff, B. (1991). *Apprenticeship in thinking: Cognitive development in social context*. New York: Oxford University Press.

Rogoff, B. (2003). *The cultural nature of human development*. New York: Oxford University Press.

Rojas, J. (2006). Una jornada de aprendizaje valiosa para compartir (A learning journey worth sharing out). In R. Douglas, M. P. Klentschy, & K. Worth (Eds.), *Linking science and literacy in the K–8 classroom* (pp. 285–295). Alexandria, VA: NSTA Press.

Roseberry, A. S., & Hudicourt-Barnes, J. (2006). Using diversity as a strength in the science classroom. In R. Douglas, M. P. Klentschy, K. Worth (Eds.), *Linking science and literacy in the K–8 classroom* (pp. 305–320). Alexandria VA: NSTA Press.

Routman, R. (1999). *Conversations: Strategies for teaching, learning, and evaluating* (annot. ed.). Portsmouth, NH: Heinemann.

Sahn, L.S., & Reichel, A.G. (2008). Read all about it: A classroom newspaper integrates the curriculum. *Young Children 63*(2), 12–18.

Saul, W., Reardon, J., & Pearce, C. (2002). *Science workshop: Reading, writing, and thinking like a scientist* (2nd ed.). Portsmouth, NH: Heinemann.

Schaps, E., Battistich, V., & Solomon, D. (1997). School as a caring community: A key to character. In A. Molnar (Ed.), *The construction of children's character*. Ninety-sixth yearbook of the National Society for the Study of Education (pp. 127–139). Chicago: National Society for the Study of Education.

Schlechty, P. C. (2001). *Inventing better schools: An action plan for educational reform*. San Francisco, CA: Jossey-Bass.

Schlechty, P. C. (2002). *Working on the work: An action plan for teachers, principals, and superintendents*. San Francisco, CA: Jossey-Bass.

Schulman, L. S. (1987). Knowledge and teaching: Foundations of the new reform. *Harvard Educational Review, 57*(1), 1–22.

Schweber, S. (2008, October). "What happened to their pets?": Third graders encounter the Holocaust. *Teachers College Record, 110*(10), 2073–2115.

Shatzer, J. (2008, May). Picture book power: Connecting children's literature and mathematics. *Reading Teacher*. Available at http://www.readwritethink.org/resources/resource-print.html?id=20948&tab=1

Siena, M. (2009). *From reading to math: How best practices in literacy can make you a better math teacher, grades K–5*. Sausalito, CA: Math Solutions.

Singer, D., Golinkoff, R, M., & Hirsch-Pasek, K. (Eds). (2009). *Play = learning: How play motivates and enhances children's cognitive and social-emotional growth*. New York: Oxford University Press.

Sierra, J. (1992). *Cinderella*. Westport, CT: Oryx Press.

Sipe, L. R. (2007). *Storytime: Young children's literary understanding in the classroom*. New York: Teachers College Press.

Sliva, J. (2003). *Teaching inclusive mathematics to special learners K–6*. Thousand Oaks, CA: Corwin.

Small, M. (2010). Beyond one right answer. *Educational Leadership, 68*(1), 29–32.

Smilansky, S. (1968). *The effects of sociodramatic play on disadvantaged preschool children*. New York: John Wiley.

Sousa, D. (2005). *How the brain learns*. Thousand Oaks, CA: Corwin Press.

Sousa, D. (2006). *How the special needs brain learns*. Thousand Oaks CA: Corwin Press.

Sousa, D. (2009, June). Brain-friendly learning for teachers. Revisiting teacher learning [Special issue]. *Educational Leadership, 66*. Retrieved from http://www.ascd.org/publications/educational_leadership/summer09/vol66/num09/Brain-Friendly_Learning_for_Teachers.aspx

Spolin, V. (1986). *Theater games for the classroom: A teacher's handbook*. Evanston, IL: Northwestern University Press.

Sullivan, M. (2009). *Connecting boys with books 2: Closing the reading gap*. Chicago, IL: American Library Association.

Swan, M. (2001). Dealing with misconceptions in mathematics. In P. Gates (Ed.), *Issues in mathematics teaching* (pp. 147–165). London: Routledge Falmer.

Sweeney, L. B. (2001). *When a butterfly sneezes: A guide for helping kids explore interconnections in our world through favorite stories*. Denver, CO: Pegasus Press.

Stone Soup Network. (1999). *Annual report to the Annenberg Schools Challenge*. Unpublished document.

Tingting. (2009, November 11). Teaching the Cinderella fairytale: China vs. America. *ChinaSmack*. Retrieved from http://www.chinasmack.com/2009/stories/teaching-cinderella-fairytale-china-vs-america-differences.html

Tobin, J. L., & Dobard, R. G. (1999). *Hidden in plain view: A secret story of quilts and the underground railroad*. New York: Anchor Books.

Tomlinson, C. A., & McTighe, J. (2006). *Integrating differentiated instruction & understanding by design: Connecting content and kids*. Alexandria, VA: ASCD.

Turkle, S. (2008). *Falling for science: Objects in mind*. Cambridge, MA: MIT Press.

Van den Heuvel-Panhuizen, M. (2000). Mathematics in the Netherlands, a guided tour. *Freudenthal Institute CD-Rom for ICME9*. Utrecht: Utrecht University. Available at http://www.fi.uu.nl/en/rme/TOURdef+ref.pdf

Van den Heuvel-Panhuizen, M., & Buys, K. (2008). *Young children learn measurement and geometry: A learning-teaching trajectory with intermediate attainment targets for the lower grades in primary school*. Rotterdam: Sense.

Van Hoorn, J., Nourot, P. M., Scales, B., & Alward, K. (2006). *Play at the center of the curriculum* (4th ed.). Upper Saddle River, NJ: Prentice-Hall.

Vogler, K. (2008, Summer). Asking good questions. Thinking skills now [Special issue]. *Educational Leadership, 65(Online)*. Retrieved from http://www.ascd.org/publications/educational_leadership/summer08/vol65/num09/Asking_Good_Questions.aspx

Vygotsky, L. S. (1978). *Mind in society: Development of higher psychological processes* (14th ed.). Cambridge, MA: Harvard University Press.

Wagner, B. J. (1999). *Dorothy Heathcote: Drama as a learning medium* (Rev. ed.). Portsmouth, NH: Heinemann.

Washburn, K. (2010). Guest blog: Report from the learning and the brain conference. *Blogs: Betty Ray*. Retrieved from http://www.edutopia.org /kevin-washburn-learning-brain-intelligence-factors

Wenger, E. (2006). *Communities of practice: A brief introduction*. Retrieved from http://www.ewenger.com/theory/

Weinbaum, A., Allen, D., Blythe, T., Simon, K. Siedel, S., & Rubin, C. (2004). *Teaching as inquiry*. New York: Teachers College Press.

Whitin, D. J., & Piwko, M. (2008, March). Mathematics and poetry: The right connections. *Beyond the Journal: Young Children on the Web*. Retrieved from http://www.naeyc.org/files/yc/file/200803/BTJ_Whitin.pdf

Whitin, D., & Wilde, S. (1995a). *It's the story that counts*. Portsmouth NH: Heinemann

Whitin D. & Wilde, S. (1995b). *Read any good math lately?: Children's books for mathematical learning*. Portsmouth NH: Heinemann.

Wiggins, G., & McTighe, J. (2005). *Understanding by design* (2nd ed.). Upper Saddle River, NJ: Prentice-Hall.

Wilburne, J. M., Napoli, M., Keat, J. B., Dile, K., Trout, M., & Decker, S. (2007). Journeying into mathematics through storybooks: A kindergarten story. *Teaching Children Mathematics, 14*(4), 232–237.

Williams, M., Cross, D., Hong, J., Aultman, L., Osborn, J., & Schultz, P. (2008). "There are no emotions in math": How teachers approach emotions in the classroom. *Teachers College Record, 110*(8), 1574–1610.

Willingham, D. (2008/2009, Winter). Ask the cognitive scientist: What will improve a student's memory? *American Educator,32*, 17–25, 44. Retrieved from http://www.aft.org/pdfs/americaneducator/winter0809/willingham.pdf

Worthy, J. (2005). *Readers theater for building fluency: Strategies and scripts for making the most of this highly effective, motivating, and research-based approach to oral reading*. Teaching Strategies.

Zambo, D. (2008). Mathematics thinkers and doers: Everyone needs a positive story. *Teaching Children Mathematics, 15*(4), 226-234.

Zhao, Y. (2009). *Catching up or leading the way: American education in the age of globalization*. Association for Supervision & Curriculum Development.

Zins, J. E., Weissberg, R. P., Wang, M. C., & Walberg, H. J. (2004). *Building academic success on social and emotional learning: What does the research say?* New York: Teachers College Press.

國家圖書館出版品預行編目（CIP）資料

兒童文學的啟發式教學：運用圖畫書引導提問／Mary Hynes-
Berry 著；葉嘉青編譯. —初版. —新北市：心理, 2016.1
　　面；　　公分. —（幼兒教育系列；51181）
　　譯自：Don't leave the story in the book: using literature to
guide inquiry in early childhood classrooms
　　ISBN 978-986-191-691-0（平裝）

1. 閱讀指導　2. 說故事　3. 學前教育

523.23　　　　　　　　　　　　　　　　　　　104023091

幼兒教育系列 51181

兒童文學的啟發式教學：運用圖畫書引導提問

作　　　者：Mary Hynes-Berry
編 譯 者：葉嘉青
執 行 編 輯：林汝穎
總 編 輯：林敬堯
發 行 人：洪有義
出 版 者：心理出版社股份有限公司
地　　　址：231 新北市新店區光明街 288 號 7 樓
電　　　話：(02) 29150566
傳　　　真：(02) 29152928
郵撥帳號：19293172 心理出版社股份有限公司
網　　　址：http://www.psy.com.tw
電子信箱：psychoco@ms15.hinet.net
駐美代表：Lisa Wu（lisawu99@optonline.net）
排 版 者：菩薩蠻數位文化有限公司
印 刷 者：正恒實業有限公司
初版一刷：2016 年 1 月
Ｉ Ｓ Ｂ Ｎ：978-986-191-691-0
定　　　價：新台幣 280 元